华商律师 |文库|
CHINA COMMERCIAL LAW FIRM

1993-2023
30TH ANNIVERSARY

私募基金
法律实务解析

ANALYSIS OF LEGAL PRACTICE
IN PRIVATE EQUITY FUNDS

华商律师事务所基金法律专业委员会／编

法律出版社 LAW PRESS · CHINA
北京

图书在版编目(CIP)数据

私募基金法律实务解析 / 华商律师事务所基金法律专业委员会编. -- 北京 : 法律出版社, 2024
ISBN 978-7-5197-8633-5

Ⅰ. ①私… Ⅱ. ①华… Ⅲ. ①证券投资基金法-法律解释-中国 Ⅳ. ①D922.287.5

中国国家版本馆 CIP 数据核字(2023)第 238875 号

私募基金法律实务解析
SIMU JIJIN FALÜ SHIWU JIEXI

华商律师事务所基金法律专业委员会 编

策划编辑 邢艳萍
责任编辑 张 颖
装帧设计 臧晓飞

出版发行 法律出版社
编辑统筹 法律应用出版分社
责任校对 朱海波
责任印制 刘晓伟
经　　销 新华书店

开本 710 毫米×1000 毫米 1/16
印张 17　　字数 294 千
版本 2024 年 1 月第 1 版
印次 2024 年 1 月第 1 次印刷
印刷 三河市兴达印务有限公司

地址:北京市丰台区莲花池西里 7 号(100073)
网址:www.lawpress.com.cn
投稿邮箱:info@lawpress.com.cn
举报盗版邮箱:jbwq@lawpress.com.cn

销售电话:010-83938349
客服电话:010-83938350
咨询电话:010-63939796

书号:ISBN 978-7-5197-8633-5　　定价:78.00 元
凡购买本社图书,如有印装错误,我社负责退换。电话:010-83938349

谨以此书献给华商律师事务所成立三十周年

华商律师文库
编审委员会

本书编委会

编委介绍

吴　波

华商律师事务所执行合伙人、高级合伙人、华商律师事务所基金法律专业委员会主任。

执业领域：私募基金、政府及企业法律顾问、资本市场与投融资、争议解决。

郑天河

华商律师事务所合伙人、华商律师事务所基金法律专业委员会执行主任。

执业领域：私募基金、公司治理与股权投资、资本市场与证券、争议解决。

付晶晶

华商律师事务所合伙人、华商律师事务所基金法律专业委员会副主任。

执业领域：资本市场与证券、公司治理与股权投资、私募基金、争议解决。

李岳峰

华商律师事务所律师、华商律师事务所基金法律专业委员会副主任。

执业领域：私募基金、资本市场与投融资、企业运营与治理、争议解决。

李成娇

华商律师事务所合伙人、华商律师事务所基金法律专业委员会副主任。

执业领域：公司运营与治理、资本市场与证券、基金法律、国企及政府法律服务。

徐培培

华商律师事务所律师、华商律师事务所基金法律专业委员会副秘书长。

执业领域：私募基金、投融资、财富传承、民商事诉讼。

张仲羽

华商律师事务所律师、华商律师事务所基金法律专业委员会委员。

执业领域：诉讼仲裁、公司治理和投融资。

赵五平

华商（北京）律师事务所合伙人、华商律师事务所基金法律专业委员会委员。

执业领域：私募基金、金融投资与消费、中小型科技企业法律服务、税法、争议解决等。

总　　序

弹指之间，华商律师事务所（以下简称华商）已行三十载。三十载风雨征程，我们从初心开始书写答卷。这份答卷以一书一卷开始，向具有前沿视野的国际型律所演进，从深圳强所到聚焦国际，华商厚植专业根基，目前已有48家分支机构，我们始终上下求索、攀登不息，不断丰富诠释华商“法律创造价值”的职业价值观。

三十年间，华商以创业者的探索、勇敢者的担当、改革者的步伐，逐步成长为从区域迈向全国乃至全球的规模律师事务所，并在律师事业升级与融合的发展变革中，成就了不少亮眼成绩。

千帆竞渡争卓越，前沿视野创一流。近年来，面临百年未有之大变局，在全球化趋势反复拉锯的过程中，行业也迎来了前所未有的新形态与新问题。越是不确定，华商越是坚定信心，越是沉着勇毅，在时代的风云中屹立不倒，敢于亮剑，敢于前进，志所向，皆可往，路虽远，行必达。华商以适度规模化、深度专业化、重推国际化的前沿发展战略稳步迈入高质量发展阶段！

经多个专业委员会、多个专业团队和多位专业律师构思、策划、组织和编撰，这套涵盖公司、国企改革、东南亚国家投资法、婚姻家庭继承、证券、合规体系、基金法律、土地开发、尽职调查等热门领域的华商律师事务所三十周年实务丛书与读者见面。作为华商三十周年献礼，本套丛书的问世将是华商专业化建设的又一次具有重要理论和现实意义的里程碑，更是百年华商征程中的专业与文化积淀。

新时代赋予律所新的使命，华商肩鸿任钜，法治的道路不断延伸，华商不会停下脚步。就像我曾经写过的一首诗,“风不顾一切,时光勇往直前,我,我们,跟着一路长跑”。

是为序。

简称对照

简称	全称
全国人大	全国人民代表大会
全国人大常委会	全国人民代表大会常务委员会
中国证监会	中国证券监督管理委员会
国家发改委	国家发展和改革委员会
原中国银监会	原中国银行业监督管理委员会
原中国保监会	原中国保险监督管理委员会
原中国银保监会	原中国银行保险监督管理委员会
财政部	中华人民共和国财政部
科技部	中华人民共和国科学技术部
中国基金业协会	中国证券投资基金业协会
上交所	上海证券交易所
深交所	深圳证券交易所
北交所	北京证券交易所
全国股转公司	全国中小企业股份转让系统有限责任公司
中国结算	中国证券登记结算有限责任公司
AMBERS 系统	资产管理业务综合报送平台
《基金会员管理办法》	《中国证券投资基金业协会会员管理办法》
《管理办法征求意见稿》	《证券期货经营机构私募资产管理业务管理办法(征求意见稿)》
《新八条底线》	《证券期货经营机构私募资产管理业务运作管理暂行规定》
《备案关注要点》	《私募股权、创业投资基金备案关注要点》

续表

简称	全称
《资管新规》	《关于规范金融机构资产管理业务的指导意见》
《监管暂行办法》	《私募投资基金监督管理暂行办法》
《加强基金监管规定》	《中国证券监督管理委员会公告》〔2020〕71 号——关于加强私募投资基金监管的若干规定
《登记指引第 3 号》	《私募基金管理人登记指引第 3 号——法定代表人、高级管理人员、执行事务合伙人或其委派代表》
《九民纪要》	《全国法院民商事审判工作会议纪要》
《备案管理规范第 2 号》	《证券期货经营机构私募资产管理计划备案管理规范第 2 号——委托第三方机构提供投资建议服务》
《2 号指引》	《私募基金管理人登记指引第 2 号》
《登记备案办法》	《私募投资基金登记备案办法》
《登记清单》	《私募基金管理人登记申请材料清单》
高管	高级管理人员

《私募基金法律实务解析》概述

我国私募投资基金(以下简称私募基金)行业在过去10年取得了长足快速的发展,这10年也是私募基金行业逐步规范、监管趋向严格的过程。根据中国基金业协会发布的数据,截至2023年4月,私募基金管理人为22,270家,私募基金产品为153,539只,私募基金规模为20.75万亿元;截至2023年第一季度,私募基金产品数量在各类型资产管理业务存量产品中的占比达75.99%,私募基金管理总规模占比达30.77%,私募基金可以说是资管行业极其重要的构成部分。在服务实体经济、支持创业创新方面,私募基金发挥了重要积极作用,与此相伴而生的不乏各类以“私募基金”之名行非法集资之实等非法金融活动,以及在私募基金管理过程中的违规行为。为此,将私募基金业务活动纳入法治化、规范化轨道进行监管,有利于更好地保护投资者合法权益,促进行业规范健康发展,以及加强监督管理和发展政策的协同配合,对不同类别私募基金特别是创业投资基金实施差异化监管是当前私募基金行业发展的主旋律。

从私募基金的监管发展历程来看,2023年是行业监管全面升级的革新之年。2014年1月,中国证监会授权中国基金业协会对私募基金进行自律管理,中国基金业协会发布了《私募投资基金管理人登记和基金备案办法(试行)》(已废止),正式建立了我国私募基金管理人登记制度。2014年1月至2022年3月,中国基金业协会逐步建立了从私募基金管理人登记、私募基金备案到信息披露、募集行为、从业人员管理、投资顾问业务等多维度规则体系,构成私募基金领域的基础执行规范。2014年8月,中国证监会发布《私募投资基金监督管理暂行办法》,是私募基金监管领域的部门规章,是我国私募基金监管领域的里程碑式事件,标志着私募基金进入了规范化发展轨道;2021年1月,中国证监会发布《关于加强私募投资基金监管的若干规定》,系专门规范私募基金监管的部门规范性文件,对私募基金管理人的设立、私募基金募集、私募基金投资及负面清单等六个方面全面强化监管要求。2023 年 1 月,中国基金业协会发布《私募投资基金登记备案办法》及其配套 3 个指引,对私募基金管理人登记、私募基金备案及信息披露和报送等作出更加严格、全面的监管要求,其中对于私募基金管理人设立了更加严苛的门槛条件,对于私募基金管理人的管理及私募基金运营合规性作出更加严格的要求,这意味着私募基金行业进入了高门槛、强监管时代。2023 年 7 月,国务院发布《私募投资基金监督管理条例》,系私募基金监管领域的首部行政法规。至此,私募基金构成了从法律、行政法规、部门规章、规范性文件、行业自律规则的相对完整的监管体系。与此同时,首次公开募股(Initial Public Offering,IPO)注册制于 2022 年全面实施,对于拟上市企业发展过程中涉及的私募基金融资行为提出了新的监管要求,也对私募基金的投资及投后管理提出了新课题。

毫无疑问,2023 年可以被认定为中国私募基金监管的新元年,是承前启后、继往开来的关键阶段。基于此,在监管规则新旧交替之际,对于新规则的理解难免心存困惑,对于旧规则项下的监管红线仍应保持敬畏之心,本书结合新的监管规则并结合过去私募基金领域的实务经验,立足于私募基金的募、投、管、退 4 个生命周期,就其中的重点实务问题逐一进行了阐释与分析,以期能够为新监管时代的私募基金参与者提供法律实践思路和参考。

本书共六个章节,第一章总概主要是厘清当前私募基金最新的监管规则体系,从法律、行政法规、部门规章、规范性文件到行业自律规则,系本书所讨论相关实务问题之规则框架基础。第二章聚焦于新规下的私募基金管理人登记内容,私募管理人登记新规是对 2014 年以来登记过程中出现情形的总结及全面升级。本书第二章从出资人到实际控制人、高级管理人员、普通员工,从内控制度到冲突业务处理、关联交易及同业竞争处理,多个维度对私募基金管理人登记要求进行了梳理,为新设私募基金管理人或办理私募基金管理人登记提供参考。第三章关注私募基金的募集及新规下的私募基金设立及备案,私募基金募集环节历来是重点监管的部分,在中国证监会及中国基金业协会的各项检查中也是重点关注的部分,从公布的行政处罚、行政监管措施、行业自律处分案例看,有关私募基金募集违法违规行为层出不穷,可以说私募基金募集是监管重点关注且容易出现风险的部分。本书第三章就私募基金募集过程中的关注要点、合格投资者标准、募集过程中可能存在的违规行为、基金募集说明书要点、私募基金备案的相关要求、政府投资基金及不动产私募基金的设立要点等进行了梳理，其中针对“保本保收益及刚性兑付”的“擦边球”条款进行了重点分析。第四章以私募基金投资为核心主题，法律法规层面对于私募基金投资的监管规定较少，投资过程更多的是私募基金管理人内部规章制度的自我要求。本书第四章从投资流程着手，对尽职调查要点、投资协议核心条款、股权投资交割要点及常见的对赌约定分别进行了分析，此外，私募基金收购上市公司及私募证券投资基金中的“老鼠仓”问题，也作为本章内容予以讨论。第五章着眼于私募基金管理人的运营及基金管理，对于实务中出现的私募基金管理人涉及刑事犯罪的后续处理、私募基金管理人从事投资顾问业务要点、私募基金存续过程中变更私募基金管理人等事项，结合法律实务及监管规则进行了分析和研究，同时对于私募基金投后管理及维持协议中特殊权利条款的有效性作出解答。第六章落脚于私募基金的退出问题，一般情况下基金合同中均涉及有关退出的具体安排，但实务中退出情形复杂多样，如投资人强制退出或投资标的破产等，这也要求私募基金管理人应当在其内控制度中作出相关预备和安排。本书第六章对清算的基本程序、投资人强制退出、私募基金实物分配股票操作、私募基金应对破产清算、托管人在清算中的法律责任等基金退出及清算过程中可能发生的事项逐一予以剖析，希望能够对实务操作有所裨益。

目 录

第一章 总 概

一 私募基金法律法规体系

本书收集整理了目前私募基金相关的法律法规体系，见表1。

表1 私募基金法律法规体系

序号	文件名称	发布主体	发布时间
(一)综合法规			
1	《证券投资基金法》	全国人大常委会	2015年4月24日
2	《私募投资基金监督管理条例》	国务院	2023年7月3日
3	《国务院办公厅转发发展改革委等部门关于创业投资引导基金规范设立与运作指导意见的通知》	国务院办公厅	2008年10月18日
4	《私募投资基金监督管理暂行办法》	中国证监会	2014年8月21日
5	《关于加强私募投资基金监管的若干规定》	中国证监会	2020年12月30日
6	《创业投资企业管理暂行办法》	国家发改委、科技部、财政部、商务部、中国人民银行、国家税务总局[1]、国家工商行政管理总局、原中国银监会、中国证监会、国家外汇管理局	2005年11月15日

[1] 现为市场监督管理总局。

续表

序号	文件名称	发布主体	发布时间
7	《新兴产业创投计划参股创业投资基金管理暂行办法》	财政部、国家发改委	2011 年 8 月 17 日
8	《政府投资基金暂行管理办法》	财政部	2015 年 11 月 12 日
9	《政府出资产业投资基金管理暂行办法》	国家发改委	2016 年 12 月 30 日
(二)内部控制			
1	《私募投资基金管理人内部控制指引》	中国基金业协会	2016 年 2 月 1 日
(三)登记备案			
1	《私募投资基金登记备案办法》	中国基金业协会	2023 年 2 月 24 日
2	《私募基金管理人登记指引第 1 号——基本经营要求》	中国基金业协会	2023 年 2 月 24 日
3	《私募基金管理人登记指引第 2 号——股东、合伙人、实际控制人》	中国基金业协会	2023 年 2 月 24 日
4	《私募基金管理人登记指引第 3 号——法定代表人、高级管理人员、执行事务合伙人或其委派代表》	中国基金业协会	2023 年 2 月 24 日
5	《私募投资基金备案指引第 1 号——私募证券投资基金》	中国基金业协会	2023 年 9 月 28 日
6	《私募投资基金备案指引第 2 号——私募股权、创业投资基金》	中国基金业协会	2023 年 9 月 28 日
7	《私募投资基金备案指引第 3 号——私募投资基金变更管理人》	中国基金业协会	2023 年 9 月 28 日
8	《关于改进私募基金管理人登记备案相关工作的通知》	中国基金业协会	2014 年 12 月 31 日
9	《关于规范私募基金管理人登记填报工作的通知》	中国基金业协会	2015 年 1 月 4 日
10	《关于进一步优化私募基金登记备案工作若干举措的通知》	中国基金业协会	2015 年 7 月 3 日
11	《关于进一步规范私募基金管理人登记若干事项的公告》	中国基金业协会	2016 年 2 月 5 日

续表

序号	文件名称	发布主体	发布时间
12	《关于落实〈关于进一步规范私募基金管理人登记若干事项的公告〉首批私募基金管理人注销事项相关工作安排的通知》	中国基金业协会	2016 年 4 月 29 日
13	《关于对参与上市公司并购重组纾解股权质押问题的私募基金提供备案“绿色通道”相关安排的通知》	中国基金业协会	2018 年 10 月 21 日
14	《关于发布私募基金登记备案相关常见问题解答的通知》	中国基金业协会	2015 年 6 月 4 日
15	《私募基金登记备案相关问题解答(八)》	中国基金业协会	2016 年 3 月 18 日
16	《私募基金登记备案常见问题解答》	中国基金业协会	2016 年 5 月 27 日
17	《私募基金登记备案相关问题解答(十)》	中国基金业协会	2016 年 6 月 30 日
18	《私募基金登记备案相关问题解答(十五)》	中国基金业协会	2018 年 8 月 29 日
19	《关于便利申请办理私募基金管理人登记相关事宜的通知》	中国基金业协会	2020 年 2 月 28 日
20	《关于疫情防控期间私募基金登记备案相关工作安排的通知》	中国基金业协会	2020 年 2 月 1 日
21	《关于私募基金管理人登记备案工作相关事宜的通知》(部分失效)	中国基金业协会	2022 年 6 月 2 日
22	《不动产私募投资基金试点备案指引(试行)》	中国基金业协会	2023 年 2 月 20 日
23	《关于发布私募投资基金合同指引的通知》	中国基金业协会	2016 年 4 月 18 日
24	《私募投资基金合同指引 1 号(契约型私募基金合同内容与格式指引)》	中国基金业协会	2019 年 12 月 22 日
25	《私募投资基金合同指引 2 号(公司章程必备条款指引)》	中国基金业协会	2019 年 12 月 22 日
26	《私募投资基金合同指引 3 号(合伙协议必备条款指引)》	中国基金业协会	2019 年 12 月 22 日

续表

序号	文件名称	发布主体	发布时间
27	《私募投资基金电子合同业务管理办法（试行）》	中国基金业协会	2022年6月2日
（四）投资者适当性管理			
1	《证券期货投资者适当性管理办法》	中国证监会	2022年8月12日
2	《关于实施〈证券期货投资者适当性管理办法〉的规定》	中国证监会	2016年12月12日
3	《基金募集机构投资者适当性管理实施指引（试行）》	中国基金业协会	2017年6月28日
（五）基金募集			
1	《私募投资基金募集行为管理办法》	中国基金业协会	2016年4月15日
（六）投资运作			
1	《监管规则适用指引——上市类第1号》	中国证监会	2020年7月31日
2	《监管规则适用指引——发行类第4号》	中国证监会	2023年2月17日
3	《关于与并购重组行政许可审核相关的私募投资基金备案的问题与解答》	中国证监会	2015年3月6日
4	《私募基金监管问答——关于首发企业中创业投资基金股东的认定标准》	中国证监会	2017年6月2日
5	《证券公司和证券投资基金管理公司合规管理办法》	中国证监会	2017年4月27日
6	《上市公司创业投资基金股东减持股份的特别规定》	中国证监会	2020年3月6日
7	《证券期货经营机构私募资产管理业务管理办法》	中国证监会	2023年1月12日
8	《证券期货经营机构私募资产管理计划运作管理规定》	中国证监会	2023年1月12日
9	《关于保险资金投资创业投资基金有关事项的通知》	原中国保监会	2014年12月12日
10	《关于设立保险私募基金有关事项的通知》（已修改）	原中国保监会	2015年9月10日

续表

序号	文件名称	发布主体	发布时间
11	《保险资金运用管理办法》	原中国保监会	2018年1月24日
12	《关于加强创业投资企业备案管理严格规范创业投资企业募资行为的通知》	国家发改委	2009年7月10日
13	《关于进一步做好支持创业投资企业发展相关工作的通知》	国家发改委办公厅	2014年5月13日
14	《关于进一步做好政府出资产业投资基金信用信息登记工作的通知》	国家发改委办公厅	2017年11月8日
15	《关于规范金融机构资产管理业务的指导意见》	中国人民银行、原中国银保监会、中国证监会、国家外汇管理局	2018年4月27日
16	《关于进一步明确规范金融机构资产管理产品投资创业投资基金和政府出资产业投资基金有关事项的通知》	国家发改委、中国人民银行、财政部、原中国银保监会、中国证监会、国家外汇管理局	2019年10月19日
17	《关于私募投资基金进入银行间债券市场有关事项的通知》	中国人民银行金融市场司	2015年6月15日
18	《关于私募基金管理人开立证券账户有关事项的通知》	中国结算	2016年4月21日
19	《关于加强私募投资基金等产品账户管理有关事项的通知》	中国结算	2018年1月19日
20	《关于加强参与全国股转系统业务的私募投资基金备案管理的监管问答函》	全国股转公司	2015年3月20日
21	《关于金融类企业挂牌融资有关事项的通知》	全国股转公司	2016年5月27日
22	《全国中小企业股份转让系统公开转让说明书信息披露指引第2号——私募基金管理机构(试行)》	全国股转公司	2016年9月5日
23	《私募机构全国股转系统做市业务试点专业评审方案》	全国股转公司	2016年9月14日

续表

序号	文件名称	发布主体	发布时间
24	《证券公司私募投资基金子公司管理规范》	中国证券业协会	2016 年 12 月 30 日
25	《证券公司另类投资子公司管理规范》	中国证券业协会	2016 年 12 月 30 日
26	《关于实行私募基金管理人分类公示制度的公告》	中国基金业协会	2015 年 3 月 19 日
27	《证券期货经营机构私募资产管理计划备案管理规范第 1—3 号》	中国基金业协会	2016 年 10 月 21 日
28	《证券期货经营机构私募资产管理计划备案管理规范 4 号》	中国基金业协会	2017 年 2 月 13 日
29	《私募投资基金命名指引》	中国基金业协会	2018 年 11 月 20 日
30	《私募投资基金非上市股权投资估值指引(试行)》	中国基金业协会	2018 年 3 月 30 日
31	《关于提交〈绿色投资指引(试行)〉自评估报告的通知》	中国基金业协会	2019 年 3 月 18 日
32	《关于适用中国证监会〈关于加强私募投资基金监管的若干规定〉有关事项的通知》	中国基金业协会	2021 年 1 月 26 日
33	《证券期货经营机构私募资产管理计划备案办法》	中国基金业协会	2023 年 7 月 14 日
(七)财税			
1	《关于有限合伙制创业投资企业法人合伙人企业所得税有关问题的公告》	国家税务总局	2015 年 11 月 16 日
2	《关于明确金融　房地产开发　教育辅助服务等增值税政策的通知》	财政部、国家税务总局	2016 年 12 月 21 日
3	《关于资管产品增值税政策有关问题的补充通知》	财政部、国家税务总局	2017 年 1 月 6 日
4	《关于资管产品增值税有关问题的通知》	财政部、国家税务总局	2017 年 6 月 30 日

续表

序号	文件名称	发布主体	发布时间
5	《关于创业投资企业和天使投资个人有关税收政策的通知》	财政部、国家税务总局	2018 年 5 月 14 日
6	《关于创业投资企业个人合伙人所得税政策问题的通知》	财政部、国家税务总局、国家发改委、中国证监会	2019 年 1 月 10 日
7	《关于延续执行创业投资企业和天使投资个人投资初创科技型企业有关政策条件的公告》	财政部、国家税务总局	2023 年 8 月 1 日
8	《私募基金监管问答——关于享受税收试点政策的创业投资基金标准及申请流程》	中国证监会	2017 年 7 月 7 日
（八）信息披露			
1	《私募投资基金信息披露管理办法》	中国基金业协会	2016 年 2 月 4 日
2	《私募投资基金信息披露内容与格式指引 1 号（适用于私募证券投资基金）》	中国基金业协会	2016 年 2 月 4 日
3	《私募投资基金信息披露内容与格式指引 2 号——适用于私募股权（含创业）投资基金》	中国基金业协会	2016 年 11 月 14 日
4	《关于私募基金信息披露备份系统定向披露功能上线相关事项的通知》	中国基金业协会	2019 年 12 月 2 日
（九）基金服务			
1	《私募投资基金服务业务管理办法（试行）》	中国基金业协会	2017 年 3 月 1 日
（十）从业人员			
1	《关于基金从业人员投资证券投资基金有关事项的规定》	中国证监会	2012 年 6 月 12 日
2	《基金从业人员管理规则》	中国基金业协会	2023 年 11 月 24 日
3	《关于实施〈基金从业人员管理规则〉有关事项的规定》	中国基金业协会	2023 年 11 月 24 日
4	《基金经营机构及其工作人员廉洁从业实施细则》	中国基金业协会	2020 年 3 月 12 日

续表

序号	文件名称	发布主体	发布时间
5	《基金从业人员执业行为自律准则》	中国基金业协会	2014 年 12 月 15 日
(十一)从业资格			
1	《基金从业资格考试管理办法(试行)》	中国基金业协会	2015 年 7 月 24 日
2	《关于私募证券投资基金管理机构投资管理人员投资业绩填报有关事项的通知》	中国基金业协会	2018 年 1 月 19 日
3	《基金经营机构及其工作人员廉洁从业实施细则》	中国基金业协会	2020 年 3 月 12 日
(十二)会员管理			
1	《中国证券投资基金业协会会员管理办法》	中国基金业协会	2021 年 12 月 14 日
2	《中国证券投资基金业协会会费收缴办法》	中国基金业协会	2021 年 12 月 14 日
3	《私募证券投资基金管理人会员信用信息报告工作规则(试行)》	中国基金业协会	2018 年 1 月 12 日
4	《私募股权、创业投资基金管理人会员信用信息报告工作规则(试行)》	中国基金业协会	2019 年 11 月 11 日
(十三)行业自律			
1	《关于进一步加强私募基金行业自律管理的决定》	中国基金业协会	2018 年 3 月 27 日
2	《关于进一步规范异常经营专项法律意见书出具行为的通知》	中国基金业协会	2020 年 3 月 23 日
3	《关于私募基金管理人在异常经营情形下提交专项法律意见书的公告》	中国基金业协会	2018 年 3 月 27 日
4	《中国证券投资基金业协会投资基金纠纷调解规则》	中国基金业协会	2021 年 12 月 30 日
5	《中国证券投资基金业协会投诉处理办法》	中国基金业协会	2021 年 12 月 30 日
6	《关于加强经营异常机构自律管理相关事项的通知》	中国基金业协会	2022 年 1 月 30 日
7	《中国证券投资基金业协会自律管理和纪律处分措施实施办法》	中国基金业协会	2022 年 12 月 30 日

续表

序号	文件名称	发布主体	发布时间
8	《中国证券投资基金业协会自律检查规则》	中国基金业协会	2023年7月14日
9	《私募基金管理人失联处理指引》	中国基金业协会	2023年7月14日

二 厘清：证监会体系之下的“创业投资基金”与发改委体系之下的“创业投资企业”

（一）引言

近期，有私募机构反映在设立私募创业投资基金过程中，某地市场监督管理部门要求其按照《创业投资企业管理暂行办法》的相关规定办理工商注册登记事宜，即需经政府发改部门备案、满足实收资本不低于3000万元人民币等条件。经本书分析答疑，该私募机构后续顺利办妥了创业投资基金有限合伙企业新设事宜。

考虑到各地政府对于“创业投资基金”的要求不尽相同，导致私募基金行业同人在区分中国证监会体系之下的“创业投资基金”与国家发改委体系下的“创业投资企业”时难免有所困扰，本书旨在梳理和总结二者之间的异同，以期为相关从业机构及人员在展业活动中进行有效厘清与应对提供参考。

（二）创业投资基金简述

在我国，创业投资是指处于创建或重建过程中的未上市成长性创业企业进行股权投资，以期所投资创业企业发育成熟或相对成熟后，主要通过股权转让获取资本增值收益的投资方式。其中，天使投资是指除被投资企业职员及其家庭成员和直系亲属以外的个人以其自有资金直接开展的创业投资活动[1]，其属于一种典型的创业投资形式。按照接受投资的企业所处阶段，创业投资可分为种子期、初创期、成长期及成熟期。就近年来的实践而言，创业投资活动在我国具有广阔的土壤，其与初创企业亦相得益彰。

1. 我国创业投资基金的发展渊源及监管规则

自改革开放确立市场经济体制以来，我国经济金融等相关领域可谓开启了波澜

---

〔1〕《国务院关于促进创业投资持续健康发展的若干意见》（国发〔2016〕53号），载中央人民政府，http://www.gov.cn/zhengce/content/2016-09-20/content_5109936.htm。

壮阔的画卷。在此进程中,私募基金作为“舶来品”不断适应我国国情和实际,为我国资产管理业务制度的建立健全及投融资活动注入了源源不竭的能量,特别是为中小型创业企业的成长与发展带来诸多机遇。

通常意义上,创业投资基金(Venture Capital Fund)在我国被译为“风险投资基金”,其作为一种典型的私募基金活动,系以非公开方式向合格投资者募集资金并以特定目标为投资对象,主要从事创业投资业务,即通过委托创业投资企业或创业投资管理企业管理,或通过股权投资方式投向创业投资企业。

我国现行《证券投资基金法》规定国务院证券监督管理机构依法对证券投资基金活动实施监督管理,并赋予中国基金业协会自律性组织的法律地位。自中国基金业协会 2018 年 8 月 29 日公布《私募基金登记备案相关问题解答(十五)》以后,我国正式确立了以投资标的为划分标准的私募基金分类,即包括“私募股权基金”“创业投资基金”“私募证券基金”“其他私募基金”“私募资产配置基金”。

2. 中国证监会体系之下的“创业投资基金”含义

我国《监管暂行办法》对于“创业投资基金”有明确定义,即指主要投资于未上市创业企业普通股或者依法可转换为普通股的优先股、可转换债券等权益的股权投资基金。

私募基金领域首部行政法规——《私募投资基金监督管理条例》,明确创业投资基金是指符合下列条件的私募基金:(1)投资范围限于未上市企业,但所投资企业上市后基金所持股份的未转让部分及其配售部分除外;(2)基金名称包含“创业投资基金”字样,或者在公司、合伙企业经营范围中包含“从事创业投资活动”字样;(3)基金合同体现创业投资策略;(4)不使用杠杆融资,但国家另有规定的除外;(5)基金最低存续期限符合国家有关规定;(6)国家规定的其他条件。《登记备案办法》对此亦有相似阐述。

3. 国家发改委体系之下的“创业投资企业”含义

不同于中国证监会体系之下的“创业投资基金”,国家发改委体系下的“创业投资企业”主要规制依据为《创业投资企业管理暂行办法》,其调整对象既包括基金类创业投资企业,又包括由单个投资者及与其全资子机构设立的非基金类创业投资企业[1]。

《创业投资企业管理暂行办法》第2条规定，本办法所称创业投资企业，系指在中华人民共和国境内注册设立的主要从事创业投资的企业组织；创业投资，系指向创业企业进行股权投资，以期所投资创业企业发育成熟或相对成熟后主要通过股权转让获得资本增值收益的投资方式；创业企业，系指在中华人民共和国境内注册设立的处于创建或重建过程中的成长性企业，但不含已经在公开市场上市的企业。

（三）中国证监会体系之下的“创业投资基金”与国家发改委体系之下的“创业投资企业”比较

如前所述，基于调整对象及监管规则的差别，中国证监会体系下的“创业投资基金”与国家发改委体系下的“创业投资企业”具有其自身特性，以下就二者在实务中的主要法定要素加以具体区分（见表2）。

表2 中国证监会体系之下的“创业投资基金”与国家发改委体系之下的“创业投资企业”区分

区分要素	中国证监会体系之下的“创业投资基金”	国家发改委体系之下的“创业投资企业”
1. 管理部门	国务院证券监督管理机构（监督管理主体）；中国基金业协会（依法办理非公开募集基金的登记备案）	创业投资企业的备案管理部门分国务院管理部门和省级（含副省级城市）管理部门两级。国务院管理部门为国家发改委；省级（含副省级城市）管理部门由同级人民政府确定，报国务院管理部门备案后履行相应的备案管理职责，并在创业投资企业备案管理业务上接受国务院管理部门的指导
2. 管理方式	私募基金备案（资产管理业务综合报送平台，即AMBERS系统）	创业投资企业备案（全国创业投资企业备案管理信息系统）

[1] 《国家发展改革委有关负责人就颁布实施进一步规范试点地区股权投资企业发展和备案管理工作通知答记者问》，载https://www.ndrc.gov.cn/xxgk/jd/t2011-02-22_1183123.html。

续表

区分要素	中国证监会体系之下的"创业投资基金"	国家发改委体系之下的"创业投资企业"
3. 备案条件	(1)投资范围限于未上市企业,但所投资企业上市后基金所持股份的未转让部分及其配售部分除外;(2)基金合同体现创业投资策略;(3)不使用杠杆融资,但国家另有规定的除外;(4)基金最低存续期限符合国家有关规定;(5)法律、行政法规、中国证监会和中国基金业协会规定的其他条件	(1)已在工商行政管理部门办理注册登记。(2)经营范围符合本办法第12条规定。(3)实收资本不低于3000万元人民币,或者首期实收资本不低于1000万元人民币且全体投资者承诺在注册后的5年内补足不低于3000万元人民币实收资本。(4)投资者不得超过200人。其中,以有限责任公司形式设立创业投资企业的,投资者人数不得超过50人。单个投资者对创业投资企业的投资不得低于100万元人民币。所有投资者应当以货币形式出资。(5)有至少3名具备2年以上创业投资或相关业务经验的高管承担投资管理责任。委托其他创业投资企业、创业投资管理顾问企业作为管理顾问机构负责其投资管理业务的,管理顾问机构必须有至少3名具备2年以上创业投资或相关业务经验的高管对其承担投资管理责任。 前款所称"高管",系指担任副经理及以上职务或相当职务的管理人员
4. 备案所需提交文件	(1)基金合同;(2)托管协议或者保障基金财产安全的制度措施相关文件;(3)募集账户监督协议;(4)基金招募说明书;(5)风险揭示书以及投资者适当性相关文件;(6)募集资金实缴证明文件;(7)投资者基本信息、认购金额、持有基金份额的数量及其受益所有人相关信息;(8)中国证监会、中国基金业协会规定的其他材料	(1)公司章程等规范创业投资企业组织程序和行为的法律文件;(2)工商登记文件与营业执照的复印件;(3)投资者名单、承诺出资额和已缴出资额的证明;(4)高管名单、简历。 由管理顾问机构受托其投资管理业务的,还应提交下列文件:(1)管理顾问机构的公司章程等规范其组织程序和行为的法律文件;(2)管理顾问机构的工商登记文件与营业执照的复印件;(3)管理顾问机构的高管名单、简历;(4)委托管理协议

续表

区分要素	中国证监会体系之下的“创业投资基金”	国家发改委体系之下的“创业投资企业”
5. 组织形式	有限合伙企业、有限责任公司等法律规定的企业组织形式	有限责任公司、股份有限公司或法律规定的其他企业组织形式
6. 经营范围	创业投资基金名称应当包含“创业投资基金”,或者在公司、合伙企业经营范围中包含“从事创业投资活动”字样	(1)创业投资业务;(2)代理其他创业投资企业等机构或个人的创业投资业务;(3)创业投资咨询业务;(4)为创业企业提供创业管理服务业务;(5)参与设立创业投资企业与创业投资管理顾问机构。 不得从事担保业务和房地产业务,但是购买自用房地产除外
7. 投资限制	(1)从事或者变相从事信贷业务,或者直接投向信贷资产,中国证监会、中国基金业协会另有规定的除外;(2)通过委托贷款、信托贷款等方式从事经营性民间借贷活动;(3)私募基金通过设置无条件刚性回购安排变相从事借贷活动,基金收益不与投资标的的经营业绩或者收益挂钩;(4)投向保理资产、融资租赁资产、典当资产等与私募基金相冲突业务的资产、资产收(受)益权,以及投向从事上述业务的公司的股权;(5)投向国家禁止或者限制投资的项目,不符合国家产业政策、环境保护政策、土地管理政策的项目;(6)通过投资公司、合伙企业、资产管理产品等方式间接从事或者变相从事本款第1项至第5项规定的活动;(7)不属于本办法第2条第2款规定的私募基金,不以基金形式设立和运作的投资公司和合伙企业;(8)以员工激励为目的的设立的员工持股计划和私募基金管理人的员工跟投平台;(9)中国证监会、中国基金业协会规定的其他情形	创业投资企业对单个企业的投资不得超过创业投资企业总资产的20%
8. 存续期限	除另有规定外,不得少于5年。鼓励私募基金管理人设立存续期不少于7年	创业投资企业可以事先确定有限的存续期限,但是不得少于7年

续表

区分要素	中国证监会体系之下的“创业投资基金”	国家发改委体系之下的“创业投资企业”
9. 重大事项变更/报告	私募基金下列信息发生变更的，私募基金管理人应当自变更之日起10个工作日内，向中国基金业协会履行变更手续：(1)基金合同约定的存续期限、投资范围、投资策略、投资限制、收益分配原则、基金费用等重要事项；(2)私募基金类型；(3)私募基金管理人、私募基金托管人；(4)负责份额登记、估值、信息技术服务等业务的基金服务机构；(5)影响基金运行和投资者利益的其他重大事项	管理部门已备案的创业投资企业及其管理顾问机构，应当在每个会计年度结束后的4个月内向管理部门提交经注册会计师审计的年度财务报告与业务报告，并及时报告投资运作过程中的重大事件。 前款所称重大事件，系指：(1)修改公司章程等重要法律文件；(2)增减资本；(3)分立与合并；(4)高管或管理顾问机构变更；(5)清算与结业
10. 监管措施	私募基金管理人未按照要求履行信息披露、信息报送、信息变更和重大事项报告义务的，中国基金业协会可以采取书面警示、要求限期改正、公开谴责、暂停办理备案、限制相关业务活动等自律管理或者纪律处分措施；对直接负责的主管人员和其他责任人员采取书面警示、警告、公开谴责等自律管理或者纪律处分措施。 私募基金管理人披露、报送的信息存在虚假记载、误导性陈述或者重大遗漏的，中国基金业协会可以采取书面警示、要求限期改正、公开谴责、暂停办理备案、限制相关业务活动、撤销私募基金管理人登记等自律管理或者纪律处分措施；对直接负责的主管人员和其他责任人员采取公开谴责、不得从事相关业务、加入黑名单、取消基金从业资格等自律管理或者纪律处分措施	管理部门应当在每个会计年度结束后的5个月内，对创业投资企业及其管理顾问机构是否遵守第二、第三章各条款规定，进行年度检查。在必要时，可在第二、第三章相关条款规定的范围内，对其投资运作进行不定期检查。 对未遵守第二、第三章（“创业投资企业的设立与备案”“创业投资企业的投资运作”）各条款规定进行投资运作的，管理部门应当责令其在30个工作日内改正；未改正的，应当取消备案，并在自取消备案之日起的3年内不予受理其重新备案申请

（四）小结

综上所述，在现行创业投资领域及其监管规范下，创业投资基金归类于中国证监会体系，创业投资企业则归属于国家发改委体系。因此，基于实际业务开展的需求，私募基金管理人、创业投资企业应当结合监管规则予以有效区分，以实现既定发展目标。

第二章 私募基金管理人登记

一、私募基金管理人的出资人的要求

本书收集了有关私募基金管理人的出资人的要求,见表3。

表3 私募基金管理人的出资人的要求

<table>
<tr><th>相关内容</th><th>控股股东/普通合伙人/实际控制人</th><th>主要出资人*</th><th>其他股东/合伙人</th></tr>
<tr><td>信用良好</td><td colspan="3">具有良好的信用记录</td></tr>
<tr><td>出资规范</td><td colspan="3">不得存在:未以合法自有资金出资,以委托资金、债务资金等非自有资金出资,违规通过委托他人或者接受他人委托方式持有股权、财产份额,存在循环出资、交叉持股、结构复杂等情形,隐瞒关联关系等情形</td></tr>
<tr><td>治理结构健全</td><td colspan="3">不得存在:治理结构不健全,运作不规范、不稳定、不具备相应出资能力等情形</td></tr>
<tr><td>财务状况良好</td><td colspan="3">不得存在:不具备良好的财务状况,资产负债和杠杆比例不适当,不具有与私募基金管理人经营状况相匹配的持续资本补充能力等情形</td></tr>
<tr><td>特殊身份限制</td><td colspan="3">法律行政法规、国家相关部门对相关人员有出资限制或执业限制</td></tr>
<tr><td>无出资或执业限制</td><td colspan="2">存在上市公司监管任职限制或金融机构任职限制</td><td>—</td></tr>
<tr><td>从业经验</td><td>5年及以上经营、管理或者从事资产管理、投资、相关产业等相关经验(实际控制人为自然人时适用)</td><td>—</td><td>—</td></tr>
</table>

续表

相关内容	控股股东/普通合伙人/实际控制人	主要出资人*	其他股东/合伙人
冲突业务	最近5年不得从事过冲突业务		涉及冲突业务的股东持股比例合计不超过25%
任职限制	不得担任非关联私募基金管理人		—
否定性条件	因犯有贪污贿赂、渎职、侵犯财产罪或者破坏社会主义市场经济秩序罪，被判处刑罚		
	最近3年因重大违法违规行为被金融管理部门处以行政处罚		
	被中国证监会采取市场禁入措施，执行期尚未届满		
	最近3年被中国证监会采取行政监管措施或者被中国基金业协会采取纪律处分措施，情节严重；不适当人选、中国基金业协会黑名单且期限尚未届满/撤销基金从业资格		
	对所任职的公司、企业因经营不善破产清算或者因违法被吊销营业执照负有个人责任的董事、监事、高管、执行事务合伙人或其委派代表，自该公司、企业破产清算终结或者被吊销营业执照之日起未逾5年		
	因违法行为或者违纪行为被开除的基金管理人、基金托管人、证券期货交易场所、证券公司、证券登记结算机构、期货公司等机构的从业人员和国家机关工作人员，自被开除之日起未逾5年		
	因违法行为被吊销执业证书或者被取消资格的律师、注册会计师和资产评估等机构的从业人员、投资咨询从业人员，自被吊销执业证书或者被取消资格之日起未逾5年		
	因违反诚实信用、公序良俗等职业道德或者存在重大违法违规行为，引发社会重大质疑或者产生严重社会负面影响且尚未消除；对所任职企业的重大违规行为或者重大风险负有主要责任未逾3年		
	因为下列情形而被终止私募基金管理人登记的机构的控股股东、实际控制人、普通合伙人、法定代表人、执行事务合伙人或其委派代表、负有责任的高管和直接责任人员，自该机构被终止私募基金管理人登记之日起未逾3年： (1)提供有虚假记载、误导性陈述或者重大遗漏的信息、材料，通过欺骗、贿赂或者以规避监管、自律管理为目的与中介机构违规合作等不正当手段办理相关业务；(2)未经登记开展基金募集、投资管理等私募基金业务活动		

续表

相关内容	控股股东/普通合伙人/实际控制人	主要出资人*	其他股东/合伙人
否定性条件	因下列情形被注销登记的私募基金管理人的控股股东、实际控制人、普通合伙人、法定代表人、执行事务合伙人或其委派代表、负有责任的高管和直接责任人员，自该私募基金管理人被注销登记之日起未逾3年：重大违法犯罪行为；提供有虚假记载等不正当业务行为；金融部门要求注销；因失联被中国基金业协会公示；不配合行政监管或者自律管理，情节严重；未按要求提交法律意见书		
	所负债务数额较大且到期未清偿，或者被列为严重失信人或者被纳入失信被执行人名单		
	被中国基金业协会采取撤销私募基金管理人登记的纪律处分措施，自被撤销之日起未逾3年		
	存在重大经营风险或者出现重大风险事件		
	从事的业务与私募基金管理存在利益冲突		
	有重大不良信用记录尚未修复		

注：* 主要出资人系指在管理人中持股25%及以上的股东或合伙人。

二　私募基金管理人的实际控制人的认定标准

《2号指引》就实际控制人的认定作出了详细的规定，在兼顾常规组织形式下实际控制人认定标准及路径外，同时就国有企业、政府等特殊情形作出特别规定。

（一）哪些主体可以被认定为实际控制人

实际控制人应当追溯至自然人、国有企业、上市公司、金融管理部门批准设立的金融机构、大学及研究院所等事业单位、社会团体法人、受境外金融监管部门监管的机构等。

（二）当控股股东或实际控制人为国有企业时，最终实际控制人应当如何认定

根据《2号指引》的规定，政府及其授权机构控制的私募基金管理人的实际控制人应当追溯至有效履行相关职责的相关主体，包括追溯至财政部、各地财政厅（局）或者国务院国资委、各地方政府、各地国资委等直接控股企业主体。因层级过多或

者股权结构复杂，导致前款主体无法履行实际控制人职责的，应当充分说明合理性和必要性，追溯至能够实际有效履行实际控制人责任的主体；因行政管理需要导致实际控制人认定的股权层级与行政管理层级不一致的，应当提供相关说明。

对于多层次国有企业股权结构，中国基金业协会在培训中明确了以下认定路径：

1. 对于最终实际控制人为国家级国资控股的，其向下穿透一层至三层的企业均可作为实际控制人；

2. 对于最终实际控制人为省级国资控股的，其向下穿透一层至二层的企业均可作为实际控制人；

3. 对于最终实际控制人为市、县(区)级国资控股的，以其向下穿透一层的企业作为实际控制人。

(三)私募基金管理人出资过于分散，如何认定实际控制人

若因出资过于分散通过正常路径无法认定实际控制人的，则有两种实际控制人认定方案：其一为由占出资比例最大的出资人按照相关认定路径依次穿透认定并承担实际控制人责任，其二为由所有出资人共同指定一名或者多名出资人，按照本指引规定穿透认定并承担实际控制人责任，且满足实际控制人相关要求。

(四)是否允许不存在实际控制人

私募基金管理人应当根据指引相关规定和内部决策实际情况，客观、审慎、真实地认定实际控制人，无合理理由不得认定为无实际控制人。

(五)公司制私募基金管理人如何认定实际控制人

公司制私募基金管理人按照下列路径依次认定实际控制人：

1. 持股50%以上的；

2. 通过一致行动协议实际行使半数以上股东表决权的；

3. 通过行使表决权能够决定董事会半数以上成员当选的或者能够决定执行董事当选的。

(六)合伙制私募基金管理人如何认定实际控制人

私募基金管理人为合伙企业的，认定其执行事务合伙人或者最终控制该合伙企业的单位或者自然人为实际控制人；执行事务合伙人无法控制私募基金管理人的，结合合伙协议约定的对合伙事务的表决办法、决策机制，按照能够实际支配私募基金管理人行为的合伙人路径进行认定。

（七）通过一致行动协议安排认定实际控制人的，有哪些注意事项

若通过一致行动协议安排认定实际控制人的，协议不得存在期限安排。不得滥用一致行动协议、股权架构设计等方式规避实际控制人认定，不得通过表决权委托等方式认定实际控制人。

通过公司章程或者合伙协议、一致行动协议以及其他协议或者安排共同控制的，共同控制人签署方应当按照《2号指引》第11条和第12条关于实际控制人认定的具体路径规定，同时穿透认定私募基金管理人的共同实际控制人。无合理理由不得通过直接认定单一实际控制人的方式规避实际控制人的相关要求。

（八）实际控制人为境外机构时，有哪些要求

证券类私募基金管理人的实际控制人为境外机构的，应当追溯至与中国证监会签署合作备忘录的境外金融监管部门监管的机构。

股权类私募基金管理人的实际控制人为境外机构或者自然人的，应当追溯至与中国证监会签署合作备忘录的境外金融监管部门监管的机构、境外上市公司或者自然人。

三 私募新规下管理人高管的从业资格、资质要求及兼职限制

《登记备案办法》已于2023年5月1日实施，其中高管的从业资格、资质要求及兼职限制与之前规定大致保持一致，但也存在部分调整。

（一）高管的范围

《登记备案办法》第80条规定，高管是指公司的总经理、副总经理、合规风控负责人和公司章程规定的其他人员，以及合伙企业中履行前述经营管理和风控合规等职务的相关人员；虽不使用前述名称，但实际履行前述职务的其他人员，视为高管。

根据《关于进一步规范私募基金管理人登记若干事项的公告》的规定，高管包括法定代表人/执行事务合伙人（委派代表）、总经理、副总经理、合规/风控负责人等。

（二）高管的从业资格

《登记备案办法》第10条规定："有下列情形之一的，不得担任私募基金管理人的法定代表人、高级管理人员、执行事务合伙人或其委派代表：（一）最近5年从事过冲突业务；（二）不符合中国证监会和协会规定的基金从业资格、执业条件；（三）没

有与拟任职务相适应的经营管理能力，或者没有符合要求的相关工作经验；（四）法律、行政法规、中国证监会和协会规定的其他情形。私募证券基金管理人法定代表人、执行事务合伙人或其委派代表、经营管理主要负责人以及负责投资管理的高级管理人员应当具有5年以上证券、基金、期货投资管理等相关工作经验。私募股权基金管理人法定代表人、执行事务合伙人或其委派代表、经营管理主要负责人以及负责投资管理的高级管理人员应当具有5年以上股权投资管理或者相关产业管理等工作经验。私募基金管理人合规风控负责人应当具有3年以上投资相关的法律、会计、审计、监察、稽核，或者资产管理行业合规、风控、监管和自律管理等相关工作经验。私募基金管理人负责投资管理的高级管理人员还应当具有符合要求的投资管理业绩。”

中国基金业协会于2022年5月10日发布了《基金从业人员管理规则》，其中规定：证券类私募管理人的高管应当具备从业资格；私募股权/创投类管理人的法定代表人（含执行事务合伙人或其委派代表）、合规风控负责人应当具备从业资格。实操中，为充分体现私募管理人的专业能力，通常要求私募股权/创投类管理人的投资类高管也应当具备基金从业资格。

除此之外，新规对高管的工作经验与业绩也作了详细要求，详见本章节“（三）高管的资质要求”。

（三）高管的资质要求

《登记备案办法》第10条规定了私募管理人高管的工作经验与投资业绩要求，《登记清单》进一步明确了工作经验及投资业绩的材料要求。

为了杜绝高管挂靠行为，《登记清单》明确高管在24个月内为3家及以上非关联单位（不论是否为私募管理人）任职的，相关工作经验不予认可；在24个月内为2家及以上已登记私募管理人提交相同业绩材料的不予认可。因此，管理人在选聘高管时，既要判断候选人的工作经验及投资业绩是否符合要求，还要特别关注其是否存在频繁离职、投资业绩已被其他管理人使用的情况。

根据高管岗位性质的不同，高管通常分为投资高管、合规风控负责人、非投资高管。不同类别的高管，其工作经验与投资业绩要求各有不同。

1. 投资类高管

（1）证券投资类高管

①工作经验

在《登记备案办法》的配套文件《登记指引第3号》第4条中，对私募证券基金管理人 5 年以上证券、基金、期货投资管理经验的要求进行明确，且负责投资管理的高管至少具备以下第 a 项至第 d 项规定的相关工作经验之一：

a. 在商业银行、证券公司、基金管理公司、期货公司、信托公司、保险公司及相关资产管理子公司等金融机构从事证券资产管理、自有资金证券期货投资等相关业务，并担任基金经理、投资经理、信托经理等以上职务，或者担任前述金融机构高管或者具有相当职位管理经验；

b. 在地市级以上政府及其授权机构控制的企业、上市公司从事证券期货投资管理相关工作并担任投资负责人，或者担任高管或者具有相当职位管理经验；

c. 在私募证券基金管理人从事证券期货投资并担任基金经理以上职务，或者担任高管，其任职的私募基金管理人应当运作正常、合规稳健，任职期间无重大违法违规记录；

d. 在受境外金融监管部门监管的资产管理机构从事证券资产管理等相关业务，其任职的资产管理机构应当具备良好的国际声誉和经营业绩；

e. 在政府部门、事业单位从事经济管理等相关工作，并具有相应的管理经验，或者在第 a 项规定的金融机构担任其他业务部门负责人；

f. 在经中国证监会备案的律师事务所、会计师事务所从事证券、基金、期货相关的法律、审计等工作，并担任合伙人以上职务不少于 5 年；

g. 中国证监会、中国基金业协会规定的其他情形。

②业绩要求

《登记指引第 3 号》第 7 条第 2 款规定了私募证券基金管理人负责投资管理的高管的业绩要求，即 10 年内连续 2 年以上的投资业绩，单只产品或者单个账户的管理规模不低于 2000 万元人民币。多人共同管理的，应提供具体材料说明其负责管理的产品规模；无法提供相关材料的，按平均规模计算。

《登记指引第 3 号》还特别指出，前述业绩应为高管作为基金经理或者投资决策负责人管理的证券基金期货产品业绩或者证券自营投资业绩，或者在私募基金管理人作为投资经理管理的私募证券基金业绩，或者其他符合要求的投资管理业绩；若为个人或者其他企业自有资金证券期货投资、作为投资者投资基金产品、管理他人证券期货账户资产相关投资、模拟盘交易等其他无法体现投资管理能力或者不属于证券期货投资的则不属于规定所指的投资业绩。

(2)股权投资类高管

①工作经验

《登记备案办法》要求私募股权基金管理人的高管具备5年以上股权投资管理或者相关产业管理等工作经验,而《登记指引第3号》的第5条同样对此类工作经验进行了明确,并要求负责投资管理的高管至少具备下述第a项至第e项规定的相关工作经验之一:

a. 在商业银行、证券公司、基金管理公司、期货公司、信托公司、保险公司及相关资产管理子公司等金融机构从事资产管理、自有资金股权投资、发行保荐等相关业务,并担任基金经理、投资经理、信托经理、保荐代表人等以上职务,或者担任前述金融机构高管或者具有相当职位管理经验;

b. 在地市级以上政府及其授权机构控制的企业、上市公司从事股权投资管理相关工作并担任投资负责人,或者担任高管或者具有相当职位管理经验;

c. 在私募股权基金管理人从事股权投资并担任基金经理以上职务,或者担任高管,其任职的私募基金管理人应当运作正常、合规稳健,任职期间无重大违法违规记录;

d. 在受境外金融监管部门监管的资产管理机构从事股权投资等相关业务,其任职的资产管理机构应当具备良好的国际声誉和经营业绩;

e. 在运作良好、合规稳健并具有一定经营规模的企业担任股权投资管理部门负责人,或者担任高管或者具有相当职位管理经验,或者在具备一定技术门槛的大中型企业担任相关专业技术职务,或者是科研院校相关领域的专家教授、研究人员;

f. 在政府部门、事业单位从事经济管理等相关工作,并具有相应的管理经验,或者在第a项规定的金融机构担任其他业务部门负责人;

g. 在经中国证监会备案的律师事务所、会计师事务所从事证券、基金、期货相关的法律、审计等工作,并担任合伙人以上职务不少于5年;

h. 中国证监会、中国基金业协会规定的其他情形。

②业绩要求

《登记指引第3号》第8条第1款规定了私募股权基金管理人负责投资管理的高管应具备"10年内至少2起主导投资于未上市企业股权的项目经验,投资金额合计不低于3000万元人民币,且至少应有1起项目通过首次公开发行股票并上市、股权并购或者股权转让等方式退出,或者其他符合要求的投资管理业绩"的投资业绩或其他符合要求的投资管理业绩，且该高管在投资项目中应当负责主持、决策等重要工作。

同时，《登记指引第3号》第8条第3款还明确了上述项目经验不包括投向国家禁止或者限制行业的股权投资、投向与私募基金管理相冲突行业的股权投资、作为投资者参与的项目投资等其他无法体现投资管理能力或者不属于股权投资的相关项目经验。

《登记清单》对负责投资管理的高管的工作经验和业绩要求都作出了详细的规定，此处不再赘述。但《登记备案办法》及《登记清单》实施后，管理人登记的难度进一步加大，就证券类申请机构而言，个人或者企业自有资金证券期货投资、作为投资者投资基金产品、管理他人证券期货账户资产相关投资、模拟盘交易等业绩依然不被认可，对于股权类申请机构而言，虽然中国基金业协会仍接受企业自有资金股权投资的业绩，但增加了“运作良好、合规稳健并具有一定经营规模”的限制，且要提供材料说明该企业的资产规模、收入利润、持有知识产权专利、行业排名（如有）、上市安排（如有）、股权投资规模及投资项目情况，实际上提高了自有资金投资工作经验与业绩的门槛，一些规模较小的投资公司、合伙企业的投资工作经验与业绩将不会被认可。

2. 合规风控负责人

《登记备案办法》重申合规风控负责人应当具有3年以上投资相关的法律、会计、审计、监察、稽核，或者资产管理行业合规、风控、监管和自律管理等相关工作经验，具体包含：

（1）在银行、证券、基金、期货、信托、保险及其资产管理子公司等金融机构从事投资相关的合规管理、风险控制、监察稽核、法律事务等相关工作；

（2）在私募管理人从事合规管理、风险控制、监察稽核、法律事务等相关工作，其任职的私募管理人应当运作正常、合规稳健，任职期间无重大违法违规记录；

（3）在律师事务所、会计师事务所从事证券、基金、期货相关的法律、审计等工作，或者在上市公司从事投资相关的法律事务、财务管理等相关工作；

（4）在金融管理部门及其派出机构从事金融监管工作，或者在资产管理行业自律组织从事自律管理工作；

（5）中国证监会、中国基金业协会规定的其他情形。

《登记清单》进一步规定了上述工作经验要求的证明材料，包括但不限于原机构盖章的任职材料、离职材料、社保缴纳材料等,曾在私募管理人从事合规风控、监察稽核、法律事务还需要额外提供材料说明该管理人是否运作正常、合规稳健,任职期间是否无重大违法违规记录。显而易见,《登记备案办法》及《登记清单》实施后,市场上的适格合规风控负责人可能将大大减少,尤其是曾在未上市企业(不论规模多大)、非管理人的投资公司担任合规风控、法务、财务,在私募管理人担任投资、财务、运营等人员,均不再符合合规风控负责人的任职资格。本书建议,私募管理人在选聘合规风控负责人时,一定要提前确认该合规风控负责人的工作经验及证明材料是否符合《登记备案办法》及《登记清单》的要求。

3. 非投资类高管

除投资类高管、合规风控负责人外,部分私募管理人会设置仅行使管理职能的高管岗位,如股东向管理人委派的法定代表人、执行事务合伙人或其委派代表。该类高管虽不具体负责管理人的投资业务,但代表股东行使管理职能,负责公司的经营管理。对于这一类高管,同样需要具备 5 年以上与拟任职务相关的工作经验,其中证券类应当为证券、基金、期货投资管理等工作经验,股权类应当为股权投资管理或者相关产业等工作经验。《登记备案办法》第 10 条及《登记指引第 3 号》第 4 条、第 5 条对此进行了详细规定。

(四)高管的兼职限制

以往的规定中,法定代表人可以兼职,其他高管原则上不得兼职;即便兼职具备合理性,也规定了一系列负面清单:(1)高管兼职应当具备合理性,不能违反竞业禁止规定;(2)兼职高管数量不得超过高管总数的 1/2;(3)不得在非关联的私募机构兼职;(4)不得在冲突业务机构兼职。但《登记备案办法》对高管的兼职规定做了较大的调整。

《登记备案办法》第 11 条规定:“私募基金管理人的法定代表人、高级管理人员、执行事务合伙人或其委派代表应当保证有足够的时间和精力履行职责,对外兼职的应当具有合理性。私募基金管理人的法定代表人、高级管理人员、执行事务合伙人或其委派代表不得在非关联私募基金管理人、冲突业务机构等与所在机构存在利益冲突的机构兼职,或者成为其控股股东、实际控制人、普通合伙人。合规风控负责人应当独立履行对私募基金管理人经营管理合规性进行审查、监督、检查等职责,不得从事投资管理业务,不得兼任与合规风控职责相冲突的职务;不得在其他营利性机构兼职,但对本办法第十七条规定的私募基金管理人另有规定的,从其规定。”

第12条规定："私募基金管理人的法定代表人、高级管理人员、执行事务合伙人或其委派代表以外的其他从业人员应当以所在机构的名义从事私募基金业务活动，不得在其他营利性机构兼职，但对本办法第十七条规定的私募基金管理人另有规定的，从其规定。"

此外，《登记指引第3号》第10条还规定了对外兼职的除外情形："私募基金管理人的法定代表人、高级管理人员、执行事务合伙人或其委派代表、其他从业人员的下列情形，不属于《登记备案办法》第十一条、第十二条规定的兼职范围：(一)在高等院校、科研院所、社会团体、社会服务机构等非营利性机构任职；(二)在其他企业担任董事、监事；(三)在所管理的私募基金任职；(四)协会认定的其他情形。"

《登记指引第3号》的第6条第2款还对合规风控负责人作出了规定："合规风控负责人不得担任私募基金管理人的总经理、执行董事或者董事长、执行事务合伙人或其委派代表等职务。"据此，可以看出《登记备案办法》对高管外部兼职的要求更为合理，法定代表人、高管(合规风控负责人除外)、执行事务合伙人或其委派代表在具备合理理由、保证足够的精力和时间履职的前提下，均可以有外部兼职。实操中比较常见的高管外部兼职情形：一是在管理人的控股股东、子公司、关联方担任职务，按照《登记备案办法》的规定，这一类外部兼职，不论是私募机构、一般的投资机构，还是实业企业，只要兼职机构不是冲突业务机构，都属于中国基金业协会允许的兼职情形；二是在非关联的机构兼职，根据《登记备案办法》的规定，此类外部兼职，只要兼职机构不是非关联私募管理人、冲突业务机构等与所在机构存在利益冲突的机构，同样属于中国基金业协会接受的兼职情形，包括在非关联的实业企业兼职、在既往工作经历中的投资项目上兼职。但需要注意考虑高管外部兼职需要遵循的前提条件，高管外部兼职数量不宜过多，否则会引起中国基金业协会的关注与质询。

就合规风控负责人而言，《登记备案办法》仍然强调应当独立履职，对内不得从事投资管理业务、不得兼任与合规风控职责相冲突的职务，也即不得兼任总经理、执行董事或董事长、法定代表人、执行事务合伙人或其委派代表，不得兼任投资总监等投资管理岗位，但可以以合规风控负责人身份担任投资决策委员会(以下简称投决会)委员，可以担任所在机构在管基金的委派代表；对外不得在其他营利性机构兼职，但集团化管理人另有规定的，从其规定。至于营利性机构的定义，参考《登记指引第 3 号》第 10 条列举的高等院校、科研院所、社会团体、社会服务机构等非营利性机构的范围，我们理解，营利性机构应当包括公司法人、合伙企业、个人独资企业等机构，如拟任合规负责人在前述外部机构兼职的应当要求予以整改。

综上，新规出台后，私募基金管理人高管的任职资格更为严格，新设机构的管理人登记申请及存量管理人的高管变更难度将随之增大，核查时应依据相关规定逐条比对，以确保高管符合任职要求。

四 私募基金管理人高管的从业要求

与《公司法》项下的高管范围相比，私募新规对私募基金管理人的高管的范围进一步扩充和明确，包括公司的总经理、副总经理、合规风控负责人及公司章程规定的其他人员，以及合伙企业中履行前述经营管理和风控合规等职务的相关人员（见表4）。此外，《登记备案办法》秉持“实质重于形式”的原则，即使相关人员的职务不使用前述名称，但实际履行相关职务的人员也将视为高管。

表 4　私募基金管理人高管的从业要求

<table>
<tr><th>相关内容</th><th>法定代表人/执行事务合伙人或其委派代表</th><th>负责投资的高管</th><th>其他高管</th></tr>
<tr><td>冲突业务</td><td colspan="3">不存在：最近 5 年从事过冲突业务</td></tr>
<tr><td>兼职限制</td><td colspan="3">不存在：在非关联私募基金管理人、冲突业务机构兼职，或成为其控股股东/实际控制人/普通合伙人；
合规风控负责人不得担任总经理、执行董事或者董事长、执行事务合伙人或其委派代表等职务</td></tr>
<tr><td>执业限制</td><td colspan="3">不存在：法律行政法规、国家相关部门对相关人员有出资限制或执业限制（如厅局级以上领导干部配偶及其子女）</td></tr>
<tr><td rowspan="2">工作经验</td><td colspan="2">证券类：5 年以上证券、基金、期货投资管理等相关工作经验</td><td rowspan="2">合规负责人具有 3 年以上投资相关法律、会计、审计、检查或资管行业合规风控等相关工作经验</td></tr>
<tr><td colspan="2">股权类：5 年以上股权投资管理或相关产业管理经验</td></tr>
</table>

续表

相关内容	法定代表人/执行事务合伙人或其委派代表	负责投资的高管	其他高管
投资管理业绩	—	证券类:最近10年内连续2年以上可追溯的产品投资业绩; 单只产品或单个账户管理规模不低于2000万元; 担任基金经理或投资决策负责人	—
		股权类:最近10年内主导至少2起投资于未上市企业股权的项目; 投资金额合计不低于3000万元; 至少1起项目通过IPO等方式退出; 参与了尽职调查、投资决策等重要环节,并发挥了关键性作用	—
否定性条件	因犯有贪污贿赂、渎职、侵犯财产罪或者破坏社会主义市场经济秩序罪,被判处刑罚		
	最近3年因重大违法违规行为被金融管理部门处以行政处罚		
	被中国证监会采取市场禁入措施,执行期尚未届满		
	最近3年被中国证监会采取行政监管措施或者被中国基金业协会采取纪律处分措施,情节严重,包括:(1)被中国证监会及其派出机构认定为不适当人选或者被中国基金业协会采取加入黑名单的纪律处分措施,期限尚未届满; (2)被中国证监会撤销基金从业资格或者被协会取消基金从业资格; (3)其他社会危害性大、严重损害投资者合法权益和社会公共利益的情形		
	对所任职的公司、企业因经营不善破产清算或者因违法被吊销营业执照负有个人责任的董事、监事、高管、执行事务合伙人或其委派代表,自该公司、企业破产清算终结或者被吊销营业执照之日起未逾5年		
	因违法行为或者违纪行为被开除的基金管理人、基金托管人、证券期货交易场所、证券公司、证券登记结算机构、期货公司等机构的从业人员和国家机关工作人员,自被开除之日起未逾5年		
	因违法行为被吊销执业证书或者被取消资格的律师、注册会计师和资产评估等机构的从业人员、投资咨询从业人员,自被吊销执业证书或者被取消资格之日起未逾5年		
	因违反诚实信用、公序良俗等职业道德或者存在重大违法违规行为,引发社会重大质疑或者产生严重社会负面影响且尚未消除;对所任职企业的重大违规行为或者重大风险负有主要责任未逾3年		

续表

相关内容	法定代表人/执行事务合伙人或其委派代表	负责投资的高管	其他高管
否定性条件	因为下列情形而被终止私募基金管理人登记的机构的控股股东、实际控制人、普通合伙人、法定代表人、执行事务合伙人或其委派代表、负有责任的高管和直接责任人员，自该机构被终止私募基金管理人登记之日起未逾3年： (1)提供有虚假记载、误导性陈述或者重大遗漏的信息、材料，通过欺骗、贿赂或者以规避监管、自律管理为目的与中介机构违规合作等不正当手段办理相关业务；(2)未经登记开展基金募集、投资管理等私募基金业务活动		
	因下列情形被注销登记的私募基金管理人的控股股东、实际控制人、普通合伙人、法定代表人、执行事务合伙人或其委派代表、负有责任的高管和直接责任人员，自该私募基金管理人被注销登记之日起未逾3年： (1)因非法集资、非法经营等重大违法犯罪行为被追究法律责任； (2)提供有虚假记载、误导性陈述或者重大遗漏的信息、材料，通过欺骗、贿赂或者以规避监管、自律管理为目的与中介机构违规合作等不正当手段办理相关业务； (3)金融管理部门要求协会注销登记； (4)因失联状态被中国基金业协会公示，公示期限届满未与协会取得有效联系； (5)采取拒绝、阻碍中国证监会及其派出机构、中国基金业协会及其工作人员依法行使检查、调查职权等方式，不配合行政监管或者自律管理，情节严重； (6)未按照中国基金业协会要求提交专项法律意见书，或者提交的法律意见书不符合要求或者出具否定性结论		
	所负债务数额较大且到期未清偿，或者被列为严重失信人或者被纳入失信被执行人名单		

五 浅谈风控合规及内控制度与律师尽职调查要求

（一）前言

随着《登记备案办法》于2023年5月1日正式落地施行，有关私募基金管理人的合规要求达到了新的高度，如新规实施当月仅有2家机构新登记为基金管理人，出现了自2014年有私募基金登记备案规则以来的最少记录，与此同时既存的基金管理人注销数目却节节攀升。

《登记备案办法》除了在限制借壳、实缴资本、基金规模、信息披露等方面提出新要求，关于基金管理人内部治理特别是风控合规及内部控制制度的规定亦有新变化，本书将着重梳理现行规则体系下相关制度要点，以及律师就此开展尽职调查工作的规范要求。

（二）风控合规及内部控制制度之“前世今生”

2014 年 8 月 21 日，中国证监会发布并实施《监管暂行办法》，要求中国证监会及其派出机构依照《证券投资基金法》、该办法和中国证监会的其他有关规定，对私募基金业务活动实施监督管理，建立促进经营机构规范开展私募基金业务的风险控制和自律管理制度。

2016 年 2 月 1 日，中国基金业协会发布《私募投资基金管理人内部控制指引》，明确私募基金管理人内部控制是指私募基金管理人为防范和化解风险，保证各项业务的合法合规运作，实现经营目标，在充分考虑内外部环境的基础上，对经营过程中的风险进行识别、评价和管理的制度安排、组织体系和控制措施。

2016 年 2 月 5 日，中国基金业协会发布《关于进一步规范私募基金管理人登记若干事项的公告》，要求新申请私募基金管理人登记、已登记的私募基金管理人发生部分重大事项变更，需通过私募基金登记备案系统提交中国律师事务所出具的法律意见书。法律意见书对申请机构的风险管理制度和内部控制制度、外包情况、合法合规情况等逐项发表结论性意见。

2016 年 3 月 18 日，中国基金业协会发布并施行《私募基金登记备案相关问题解答（八）》，为支持私募基金管理人特色化、差异化发展，保障私募基金管理人风险管理和内部控制制度的有效执行，中国基金业协会鼓励私募基金管理人结合自身经营实际情况，通过选择在中国基金业协会备案的私募基金外包服务机构的专业外包服务，实现本机构风险管理和内部控制制度目标，降低运营成本，提升核心竞争力。

2016 年 5 月 27 日，中国基金业协会发布《私募基金登记备案常见问题解答》，细化了私募基金管理人登记时需要制定的基本制度，并要求参照《私募投资基金管理人内部控制指引》《私募基金管理人登记法律意见书指引》等规定制定并上传相关制度，具体包括但不限于（视具体业务类型而定）运营风险控制制度、信息披露制度、机构内部交易记录制度、防范内幕交易、利益冲突的投资交易制度、合格投资者风险揭示制度、合格投资者内部审核流程及相关制度、私募基金宣传推介、募集相关规范制度，以及适用于私募证券投资基金业务的公平交易制度、从业人员买卖证券申报制度等。

2017 年 8 月 30 日,原国务院法制办公室(含国务院法制局)公布的《私募投资基金管理暂行条例(征求意见稿)》规定,私募基金管理人应当有完善的风控合规、内部稽核监控和信息安全等制度。

2018 年 3 月 27 日,中国基金业协会发布《关于进一步加强私募基金行业自律管理的决定》,其中附件《关于私募基金管理人在异常经营情形下提交专项法律意见书的公告》要求,严重违反法律法规和《私募基金管理人内部控制指引》等自律规则的相关规定,经营管理失控,出现重大风险,损害投资者利益的,可能影响私募基金管理人持续符合登记规定时,应当向中国基金业协会提交专项法律意见书。

2023 年 5 月 1 日实施的《登记备案办法》重申,私募基金管理人应当建立健全内部控制、风险控制和合规管理等制度,保持经营运作合法、合规,保证内部控制健全、有效。私募基金管理人应当完善防火墙等隔离机制,有效隔离自有资金投资与私募基金业务,与从事冲突业务的关联方采取办公场所、人员、财务、业务等方面的隔离措施,切实防范内幕交易、利用未公开信息交易、利益冲突和利益输送。

此外,《登记备案办法》第 44 条第 2 款明确规定,私募基金管理人的资本实力、专业人员配备、投资管理能力、风险控制水平、内部控制制度、场所设施等,应当与其业务方向、发展规划和管理规模等相匹配。不匹配的,中国基金业协会可以采取前款规定的措施;情节严重的,采取暂停办理其私募基金备案的自律管理措施。

2023 年 6 月 16 日,国务院第 8 次常务会议通过《私募投资基金监督管理条例》,该部行政法规要求私募基金管理人建立有效的风险控制制度,国务院证券监督管理机构根据私募基金管理人持续合规情况、风险控制情况等,对私募基金管理人实施差异化监督管理,如发现私募基金管理人违法违规,或者其内部治理结构和风险控制管理不符合规定的,区别具体情形分别采取责令限期改正、责令暂停部分或者全部业务等措施。

综上,我国私募基金有关风控合规、内部控制制度体系由此得以建立,基金管理人及相关从业人员在私募基金募集、投资、管理等环节中需逐一落实执行。

(三)风控合规及内部控制制度及其主要内容

根据《登记备案办法》新规配套指引即《私募基金管理人登记指引第 1 号——基本经营要求》的规定,私募基金管理人应当按照中国证监会和中国基金业协会相关要求,建立健全风险控制机制,完善风险控制措施,保持经营运作合法、合规,保证内部控制健全、有效。

私募基金管理人应当建立科学合理、运转有效的内部控制、风险控制和合规管理制度,包括运营风险控制、信息披露、机构内部交易记录、关联交易管理、防范内幕交易及利益输送、业务隔离和从业人员买卖证券申报等制度,以及私募基金宣传推介及募集、合格投资者适当性、保障资金安全、投资业务控制、公平交易、外包控制等基本制度。

以下就私募基金的风控合规及内部控制制度主要内容进行简要陈述(见表5),同时提示关注相关要点。

表5 私募投资基金的风控合规及内部控制制度及其主要内容

序号	内部控制、风险控制和合规管理制度	主要内容
1	运营风险控制制度	私募基金管理人应当遵循专业化运营原则,主营业务清晰,不得兼营与私募基金管理无关或存在利益冲突的其他业务
2	信息披露制度	维护信息沟通渠道的畅通,保证向投资者、监管机构及中国基金业协会所披露信息的真实性、准确性、完整性和及时性,不存在虚假记载、误导性陈述或重大遗漏
3	机构内部交易记录制度	机构内部交易遵循的原则包括实行集中交易制度;审核投资指令,确认其合法、合规与完整后方可执行;建立交易监测系统、预警系统和交易反馈系统;执行公平的交易分配制度;建立完善的交易记录制度;建立科学的交易绩效评价体系。内部交易记录档案分为基金合同、会计档案、交易记录、投资业务档案、客户资料等。交易记录及档案保管期限分为永久、长期两类,长期保存的期限自私募基金清算终止之日起不得少于10年
4	关联交易管理制度	私募基金管理人应当健全治理结构,防范不正当关联交易、利益输送和内部人控制风险,保护投资者利益和自身合法权益
5	防范内幕交易及利益输送制度	私募基金管理人应建立健全相关机制,防范管理的各私募基金之间的利益输送和利益冲突,公平对待管理的各私募基金,保护投资者利益

续表

序号	内部控制、风险控制和合规管理制度	主要内容
6	私募基金宣传推介及募集制度	私募基金管理人自行募集私募基金的，应设置有效机制，切实保障募集结算资金安全；私募基金管理人应当建立合格投资者适当性制度。 私募基金管理人委托募集的，应当委托获得中国证监会基金销售业务资格且成为中国基金业协会会员的机构募集私募基金，并制定募集机构遴选制度，切实保障募集结算资金安全；确保私募基金向合格投资者募集以及不变相进行公开募集
7	合格投资者适当性制度	私募基金管理人应当建立合格投资者适当性制度，根据投资者的风险承受能力销售不同风险等级的基金产品或者服务，把合适的基金产品或者服务卖给合适的投资者。投资者适当性审核内容包括了解投资者的相关情况并评估其风险承受能力；了解拟提供的产品或服务的相关信息；向投资者提供与其风险承受能力相匹配的产品或服务，并进行持续跟踪和管理；提供产品或服务前，向投资者介绍产品或服务的内容、性质、特点、业务规则等，进行有针对性的投资者教育；揭示产品或服务的风险，与合格投资者签署《风险揭示书》
8	保障资金安全制度	私募基金由基金托管人托管的，私募基金管理人应建立健全私募基金托管人遴选制度，切实保障资金安全。 基金合同约定私募基金不进行托管的，私募基金管理人应建立保障私募基金财产安全的制度措施和纠纷解决机制
9	投资业务控制制度	保证投资决策严格按照法律法规规定，符合基金合同所规定的投资目标、投资范围、投资策略、投资组合和投资限制等要求
10	公平交易制度	私募基金管理人应当以公平交易为原则，公平对待不同产品、不同客户，建立和完善公平的交易分配制度，防范管理的各私募基金之间的利益输送和利益冲突，保护投资者利益
11	外包控制制度	私募基金管理人开展业务外包应制定相应的风险管理框架及制度。私募基金管理人根据审慎经营原则制定其业务外包实施规划，确定与其经营水平相适宜的外包活动范围。 私募基金管理人应建立健全外包业务控制，并至少每年开展一次全面的外包业务风险评估。在开展业务外包的各个阶段，关注外包机构是否存在与外包服务相冲突的业务，以及外包机构是否采取有效的隔离措施

续表

序号	内部控制、风险控制和合规管理制度	主要内容
12	业务隔离和从业人员买卖证券申报制度(适用于私募证券投资基金)	规范董事、监事、高管及机构其他从业人员本人及其配偶、利害关系人的个人投资及信息申报行为,维护基金份额持有人的合法权益,防范利益冲突和道德风险。 机构确定指定的证券经纪商后,机构人员本人、配偶、利害关系人原则上需在机构指定的证券经纪商处开立证券交易账户。因特殊原因无法在指定证券经纪商处开立证券交易账户的,需向合规风控负责人特别说明原因并备案。对员工、配偶及利害关系人进行股权投资、证券投资应做严格的交易记录与跟踪分析,明确投资禁止行为的范围

最后,根据《私募投资基金管理人内部控制指引》的要求,私募基金管理人应当保存私募基金内部控制活动等方面的信息及相关资料,确保信息的完整、连续、准确和可追溯,保存期限自私募基金清算终止之日起不得少于10年。

(四)律师如何开展尽职调查工作

根据中国基金业协会发布的《私募基金登记备案相关问题解答(八)》规定,律师事务所及其经办律师在对申请机构的风险管理和内部控制制度开展尽职调查时,应当核查和验证包括但不限于以下内容:(1)申请机构是否已制定《私募基金管理人登记法律意见书指引》第4条第8项所提及的完整的涉及机构运营关键环节的风险管理和内部控制制度;(2)判断相关风险管理和内部控制制度是否符合中国基金业协会《私募投资基金管理人内部控制指引》的规定;(3)评估上述制度是否具备有效执行的现实基础和条件。例如,相关制度的建立是否与机构现有组织架构和人员配置相匹配,是否满足机构运营的实际需求等。

此外,中国基金业协会发布《私募基金登记备案常见问题解答》,要求法律意见书中律师事务所应根据公司实际情况对制度是否具备有效执行的现实基础和条件出具意见。若私募基金管理人现有组织架构和人员配置难以完全自主有效执行相关制度,该机构可考虑采购外包服务机构的服务,包括律师事务所、会计师事务所等的专业服务。若存在上述情况,请在申请私募基金管理人登记时,同时提交外包服务协议或外包服务协议意向书。

2019年12月22日,中国基金业协会发布并实施《私募基金管理人登记法律意见书指引》,再次明确经办执业律师及律师事务所应在充分尽职调查的基础上,就申请机构是否已制定风险管理和内部控制制度等内容逐项发表法律意见,并就对私募基金管理人登记申请是否符合中国基金业协会的相关要求发表整体结论性意见。不存在相关事项的,也应明确说明。若引用或使用其他中介机构结论性意见的应当独立对其真实性进行核查。

综上,风控合规及内部控制制度对于私募基金管理人至关重要,律师在尽职调查过程中应当秉持审慎尽责的原则,协助基金管理人建立并完善相关制度,这将有助于基金管理人及管理团队在私募投资基金业务活动中对风控合规及内部控制制度切实遵守并落实到位。

(五)事例分析

在风控合规及内部控制制度方面,中国基金业协会仅 2022 年度共作出纪律处分 97 人次,处分的理由主要包括经营失控不再符合管理人登记要求、高管违规兼职及未妥善保存私募基金相关文件等。[1]

中国基金业协会于 2018 年 4 月 12 日出具《关于对恩力集昌及其登记法律意见书的核查报告》,查明该公司的内部制度制定时间早于其援引的相关规定的出台时间,其中运营风险控制制度、信息披露制度、机构内部交易记录制度、关于防范内幕交易及利益冲突交易的制度制定时间均为 2013 年 3 月 6 日。以上制度所援引的规定如《监管暂行办法》于 2014 年 8 月 21 日公布并施行,《私募投资基金管理人内部控制指引》于 2016 年 2 月 1 日施行,《关于进一步规范私募基金管理人登记若干事项的公告》于 2016 年 2 月 5 日发布,"私募基金管理暂行条例"为不存在的法律文件名称。显然,该公司制度的制定时间远早于制度中援引的相关规定的出台时间,其真实性、合法性存疑。

在此,本书建议基金管理人及其管理团队结合《私募投资基金管理人内部控制指引》的要求,针对内部控制等制度实施情况开展定期、不定期的跟踪检查及监督评价工作,及时改进缺陷和问题,确保内部控制制度得以有效实施。

(六)结尾

当前,内控合规管理活动在各行各业如火如荼地展开,以《私募投资基金监督管理条例》《登记备案办法》等新规出台为标志,私募基金领域的合规要求已然进入一个新的阶段。风控合规及内控制度对于私募基金而言,其可以作为衡量业务合规与

---

〔1〕 具体见中国基金业协会 2023 年 2 月 8 日公布的《2022 年度基金业协会自律案件办理情况综述》。

否的重要参考，故基金管理人及其管理团队务必加以重视，在律师尽职调查的基础之上持续夯实制度根基并扎实践行风控合规及内控制度。

六　私募基金管理人普通员工的从业要求

（一）普通员工如何定义

除高管外，私募基金管理人的普通员工需要满足专职员工的要求，“专职员工”是指与私募基金管理人签订劳动合同并缴纳社保的正式员工，包括签订劳动合同或者劳务合同的外籍员工、退休返聘员工，以及国家机关、事业单位、政府及其授权机构控制的企业委派的高管。

（二）普通员工数量有何要求

专职员工不少于5人，即满足专职要求的高管和其他普通员工的数量合计不少于5人。

（三）普通员工是否可以在外兼职

私募基金管理人的法定代表人、高管、执行事务合伙人或其委派代表以外的其他从业人员应当以所在机构的名义从事私募基金业务活动，不得在其他营利性机构兼职，但集团化私募基金管理人有特别规定的除外。

兼职不包括在其他营利性机构担任董事、监事以及在所管理的私募基金任职。

（四）普通员工是否需要取得基金从业资格

根据中国基金业协会于2022年5月发布的《基金从业人员管理规则》及配套规则，下列从业人员应当注册取得从业资格：(1)私募证券投资基金管理人中从事与基金业务相关的基金销售、产品开发、研究分析、投资管理、交易、风险控制、份额登记、估值核算、清算交收、监察稽核、合规管理、信息技术、财务管理等专业人员，包括相关业务部门的管理人员；(2)私募股权（含创投）投资基金管理人的法定代表人、执行事务合伙人（委派代表）、合规风控负责人等高管。

由此可见，普通员工，是指证券类私募基金管理人中从事与基金业务相关的基金销售、产品开发、研究分析、投资管理、交易、风险控制、份额登记、估值核算、清算交收、监察稽核、合规管理、信息技术、财务管理等专业人员，包括相关业务部门的管理人员应当取得基金从业资格，股权类私募基金管理人的普通员工未有强制性要求。

七 历史上曾从事冲突业务的相关事项处理

长期以来,中国基金业协会发布的相关文件对于拟登记的私募基金管理人的业务要求限制为专业化经营,不得兼营冲突业务等其他非私募基金管理业务;而后出台的一系列规定在强调私募基金管理人从事冲突业务为登记红线的同时,明确将冲突业务的规范化扩大到了关联方、出资人、高管等主体。

(一)冲突业务的含义及界定

私募基金管理人冲突业务包括与私募投资基金业务存在冲突的业务、与“投资管理”的买方业务存在冲突的业务两大类。其中,与私募投资基金业务存在冲突的业务包括民间借贷、民间融资、融资租赁、配资业务、小额理财、小额借贷、P2P/P2B[peer to peer lending(点对点网络借款)/person-to-business(互联网融资服务平台)]、众筹、保理、担保、房地产开发、交易平台等业务。

私募基金管理人冲突业务的含义,在中国基金业协会近年来发布的文件中,存在部分细微的差异(见表6)。

表6 中国基金业协会近年来发布的文件中私募基金管理人冲突业务的含义

文件名	冲突业务含义
《私募基金管理人登记法律意见书指引》	第4条 经办执业律师及律师事务所应在充分尽职调查的基础上,就下述内容逐项发表法律意见,并就对私募基金管理人登记申请是否符合中国基金业协会的相关要求发表整体结论性意见。不存在下列事项的,也应明确说明。若引用或使用其他中介机构结论性意见的应当独立对其真实性进行核查。 …… (3)申请机构是否符合《私募投资基金监督管理暂行办法》第22条专业化经营原则,说明申请机构主营业务是否为私募基金管理业务;申请机构的工商经营范围或实际经营业务中,是否兼营可能与私募投资基金业务存在冲突的业务、是否兼营可能与“投资管理”的买方业务存在冲突的业务、是否兼营其他非金融业务。 ……

续表

文件名	冲突业务含义
《私募基金管理人登记须知》①	第 4 条 机构名称及经营范围相关要求 …… (2)【冲突业务】为落实《私募投资基金监督管理暂行办法》关于私募基金管理人防范利益冲突的要求,对于兼营民间借贷、民间融资、融资租赁、配资业务、小额理财、小额借贷、P2P/P2B、众筹、保理、担保、房地产开发、交易平台等业务的申请机构,因上述业务与私募基金属性相冲突,为防范风险,协会对从事冲突业务的机构将不予登记。 ……
《加强基金监管规定》	第 4 条 私募基金管理人不得直接或者间接从事民间借贷、担保、保理、典当、融资租赁、网络借贷信息中介、众筹、场外配资等任何与私募基金管理相冲突或者无关的业务,中国证监会另有规定的除外。
《私募证券投资基金管理人登记申请材料清单》、《私募股权、创业投资基金管理人登记申请材料清单》②	申请机构需承诺自身不涉及民间借贷、担保、保理、典当、融资租赁、网络信贷信息中介、众筹、场外配资、民间融资、小额理财、小额借贷、P2P、P2B、房地产开发、交易平台等任何与私募基金管理相冲突或无关的业务。申请机构实际控制人需承诺申请机构及冲突业务关联方不进行直接或间接形式的利益输送。
《登记备案办法》	第 80 条 本办法下列用语的含义: …… (5)冲突业务:是指民间借贷、民间融资、小额理财、小额借贷、担保、保理、典当、融资租赁、网络借贷信息中介、众筹、场外配资、房地产开发、交易平台等与私募基金管理相冲突的业务,中国证监会、协会另有规定的除外。 ……
《登记清单》	申请机构自身应当符合《关于加强私募投资基金监管的若干规定》及《登记备案办法》等相关要求,不得直接或者间接从事《登记备案办法》第 80 条规定的冲突业务。申请机构的关联方从事小额贷款、融资租赁、商业保理、融资担保、互联网金融、典当等冲突业务的,应当提交相关主管部门批复文件。

注:①2018 年 12 月 7 日实施,已被《关于发布〈私募投资基金登记备案办法〉的公告》废止。

②2022 年 6 月 2 日实施,已被《关于发布〈私募基金管理人登记申请材料清单(2023 年修订)〉的公告》废止。

由于《登记备案办法》出台之前的相关文件，对于冲突业务的表述在范围上存在细微差异，故对于冲突业务的理解，建议直接以新出台的《登记备案办法》为准。

（二）涉冲突业务的风险及相关案例

对于申请机构，以及为其出具法律意见书的律师事务所及经办律师而言，申请机构及相关主体是否涉及冲突业务属于极为重要的核查事项。对于申请机构及其高管而言，因涉冲突业务而被不予登记的后果较为严重，故申请机构在提交材料前应当谨慎核查自身机构是否涉及冲突业务。而对于出具法律意见书的律师事务所及经办律师来说，根据中国基金业协会官网的《私募基金登记备案相关问题解答（十四）》，律师事务所的经办律师累计为两家及以上被不予登记机构提供私募基金管理人登记相关法律服务，且出具了肯定性结论意见的，自其服务的第二家被不予登记机构公示之日起3年内，中国基金业协会将要求由该经办律师正在提供私募基金管理人登记相关法律服务的申请机构，提交现聘律师事务所的其他执业律师就申请机构私募基金管理人登记事项出具的复核意见；律师事务所累计为三家及以上被不予登记机构提供私募基金管理人登记相关法律服务，且出具了肯定性结论意见的，自其服务的第三家被不予登记机构公示之日起3年内，中国基金业协会将要求由该律师事务所正在提供私募基金管理人登记相关法律服务的申请机构，重新聘请其他律师事务所就私募基金管理人登记事项另行出具法律意见书。故为申请机构出具法律意见书的律所及经办律师应当依据中国基金业协会的相关规定，依法撰写合规完备的登记法律意见书。

根据中国基金业协会官网“信息公示”一栏“不予登记公示”，2018年至今，因冲突业务而不予登记的管理人情况如下（见表7）。

表7 因冲突业务而不予登记的管理人情况

申请机构	不予登记时间	不予登记理由
西安华利浩瀚投资管理有限公司	2021年1月26日	申请机构提供，或申请机构与律师事务所、会计师事务所及其他第三方中介机构等串谋提供虚假登记信息或材料；提供的登记信息或材料存在误导性陈述、重大遗漏的；申请机构主要出资人、申请机构自身曾经从事过或目前仍兼营民间借贷、民间融资、融资租赁、配资业务、小额理财、小额借贷、P2P/P2B、众筹、保理、担保、房地产开发、交易平台等与私募基金业务相冲突业务的

续表

申请机构	不予登记时间	不予登记理由
墨匠（天津）资产管理有限公司	2019 年 2 月 1 日	申请机构主要出资人、申请机构自身曾经从事过或目前仍兼营民间借贷、民间融资、融资租赁、配资业务、小额理财、小额借贷、P2P/P2B、众筹、保理、担保、房地产开发、交易平台等与私募基金业务相冲突业务的
上海筱泽投资有限公司	2018 年 3 月 16 日	申请机构兼营民间借贷、民间融资、配资业务、小额理财、小额借贷、P2P/P2B、众筹、保理、担保、房地产开发、交易平台等《私募基金登记备案相关问题解答（七）》规定的与私募基金业务相冲突业务
吉林省海川股权投资基金有限责任公司	2018 年 1 月 29 日	申请机构兼营民间借贷、民间融资、配资业务、小额理财、小额借贷、P2P/P2B、众筹、保理、担保、房地产开发、交易平台等《私募基金登记备案相关问题解答（七）》规定的与私募基金业务相冲突业务
广西广翰投资集团有限责任公司	2018 年 1 月 19 日	申请机构兼营民间借贷、民间融资、配资业务、小额理财、小额借贷、P2P/P2B、众筹、保理、担保、房地产开发、交易平台等《私募基金登记备案相关问题解答（七）》规定的与私募基金业务相冲突业务
北京华善股权投资基金管理有限公司	2018 年 1 月 9 日	申请机构兼营民间借贷、民间融资、配资业务、小额理财、小额借贷、P2P/P2B、众筹、保理、担保、房地产开发、交易平台等《私募基金登记备案相关问题解答（七）》规定的与私募基金业务相冲突业务的

（三）不同主体的冲突业务核查规定及对管理人登记的影响

1. 申请机构涉冲突业务对管理人登记的影响

《登记备案办法》生效前，原《私募基金管理人登记须知》第 9 条第 1 款第 3 项规定，申请机构主要出资人、申请机构自身曾经从事过或目前仍兼营民间借贷、民间融资、融资租赁、配资业务、小额理财、小额借贷、P2P/P2B、众筹、保理、担保、房地产开发、交易平台等与私募基金业务相冲突业务的，中国基金业协会将不予办理登记，且自该机构不予登记之日起一年内不接受办理其高管担任私募基金管理人高管、作为私募基金管理人的出资人或实际控制人。

随着《登记备案办法》及配套规定的生效，《私募基金管理人登记须知》的相关规定被废止，对于申请机构涉冲突业务的规定如下（见表 8）。

表 8 申请机构涉冲突业务的法律规定

《登记备案办法》	第 15 条 有下列情形之一的,不得担任私募基金管理人,不得成为私募基金管理人的控股股东、实际控制人、普通合伙人或者主要出资人: …… (6)从事的业务与私募基金管理存在利益冲突; ……
《私募基金管理人登记指引第 1 号——基本经营要求》	第 4 条 私募基金管理人应当在经营范围中标明"私募投资基金管理""私募证券投资基金管理""私募股权投资基金管理""创业投资基金管理"等体现受托管理私募基金特点的字样,不得包含与私募基金管理业务相冲突或者无关的业务。
	第 13 条 私募基金管理人不得直接或者间接从事《登记备案办法》第八十条规定的冲突业务,不得通过设立子公司、合伙企业或者担任投资顾问等形式,变相开展冲突业务。

相较于《私募基金管理人登记须知》规定申请机构曾经从事或目前仍兼营冲突业务的不予登记,《登记备案办法》及配套规定仅规定了申请机构不得从事冲突业务,未对过去曾经从事冲突业务作出禁止规定。

2. 控股股东、实际控制人、普通合伙人、主要出资人涉冲突业务对管理人登记的影响

根据《登记备案办法》第 9 条第 4 项的规定,控股股东、实际控制人、普通合伙人、主要出资人在非关联私募基金管理人任职,或者最近 5 年从事过冲突业务,不得担任私募基金管理人的股东、合伙人、实际控制人。

(1)关于实际控制人的认定

就实际控制人的认定路径,《2 号指引》作出了明确规定,具体规定如下(见表 9)。

表 9 关于实际控制人的认定的法律规定

具体情形	规定条文
私募基金管理人为公司	第 11 条 私募基金管理人为公司的,按照下列路径依次认定实际控制人: (1)持股 50% 以上的; (2)通过一致行动协议实际行使半数以上股东表决权的; (3)通过行使表决权能够决定董事会半数以上成员当选的或者能够决定执行董事当选的。 实际控制人应当追溯至自然人、国有企业、上市公司、金融管理部门批准设立的金融机构、大学及研究院所等事业单位、社会团体法人、受境外金融监管部门监管的机构等。 通过一致行动协议安排认定实际控制人的,协议不得存在期限安排。 不得通过任何方式隐瞒实际控制人身份,规避相关要求。不得滥用一致行动协议、股权架构设计等方式规避实际控制人认定,不得通过表决权委托等方式认定实际控制人。
私募基金管理人为合伙企业	第 12 条 私募基金管理人为合伙企业的,认定其执行事务合伙人或者最终控制该合伙企业的单位或者自然人为实际控制人;执行事务合伙人无法控制私募基金管理人的,结合合伙协议约定的对合伙事务的表决办法、决策机制,按照能够实际支配私募基金管理人行为的合伙人路径进行认定。
共同控制	第 15 条 通过公司章程或者合伙协议、一致行动协议以及其他协议或者安排共同控制的,共同控制人签署方应当按照本指引第十一条和第十二条的规定,同时穿透认定私募基金管理人的共同实际控制人。 无合理理由不得通过直接认定单一实际控制人的方式规避实际控制人的相关要求。
出资分散情况下实际控制人的认定	第 16 条第 2 款 私募基金管理人出资分散无法按照本指引第十一条认定实际控制人的,应当由占出资比例最大的出资人按照本指引第十一条、第十二条穿透认定并承担实际控制人责任,或者由所有出资人共同指定一名或者多名出资人,按照本指引规定穿透认定并承担实际控制人责任,且满足实际控制人相关要求。

(2)关于主要出资人的认定

关于主要出资人的具体认定,2018 年 12 月公布并实施的《私募基金管理人登记须知》(已废止)虽规定了申请机构主要出资人曾经从事或目前仍兼营冲突业务的,中国基金业协会将不予登记,但该规定未明确主要出资人的含义。直至 2022 年发布的《私募股权、创业投资基金管理人登记申请材料清单》《私募证券投资基金管理人登记申请材料清单》(以下合称《登记申请材料清单》)才对主要出资人的含义予以明确,即出资比例≥25% 的出资人,该出资比例对于公司、合伙企业均适用。2023 年出台的《登记备案办法》也沿用了该定义,明确规定主要出资人是指持有私募基金管理人25%以上股权或者财产份额的股东、合伙人。出资人的出资比例应进行穿透核查。

《登记备案办法》出台前,《登记申请材料清单》规定,申请机构主要出资人(出资比例≥25%)、实际控制人应当符合《私募基金管理人登记须知》相关要求,不得曾经从事或目前实际从事与私募基金管理相冲突业务。申请机构主要出资人、实际控制人为自然人的,最近5年不得从事与私募基金管理相冲突业务。

由此可见,《登记备案办法》出台后,对于主要出资人、实际控制人,并未再严格区分自然人和非自然人的,而是统一规定为最近5年不得从事过冲突业务,这事实上放宽了对机构出资人的核查要求。

3. 非主要股东涉冲突业务对管理人登记的影响

《2号指引》第6条规定,私募基金管理人的出资人从事冲突业务的,其直接或者间接持有的私募基金管理人的股权或者财产份额合计不得高于25%。

4. 间接股东涉冲突业务对管理人登记的影响

《登记备案办法》第4条第3款规定,中国基金业协会按照依法合规、公开透明、便捷高效的原则办理登记备案,对私募基金管理人及其管理的私募基金进行穿透核查。但《登记备案办法》未对具体的穿透办法进行规定,根据中国基金业协会窗口指导意见,穿透核查要求如下:对于出资人的穿透核查,如申请机构的两名直接股东出资比例均低于25%,但该两名股东向上穿透后的股东从事冲突业务,且从事冲突业务的股东间接持有申请机构的股权比例超过25%,则不符合申请机构非主要出资人涉及冲突业务的合计出资比例不得高于25%的规定。

5. 法定代表人、高管、执行事务合伙人或其委派代表涉冲突业务对管理人登记的影响

根据《登记备案办法》第10条的规定,申请机构高管最近5年内不得从事冲突业务。根据中国基金业协会窗口指导意见,所谓“从事”是指投资或在冲突业务机构任职,不区分岗位、职级。

6. 申请机构子公司涉冲突业务对管理人登记的影响

《私募基金管理人登记指引第1号——基本经营要求》第13条规定,私募基金管理人不得直接或者间接从事《登记备案办法》第80条规定的冲突业务,不得通过设立子公司、合伙企业或者担任投资顾问等形式,变相开展冲突业务。可见申请机构子公司从事冲突业务可能被视为私募基金管理人通过子公司变相开展冲突业务,

从而影响管理人登记。

7. 申请机构关联方涉冲突业务对管理人登记的影响

根据《登记清单》规定，申请机构应当按照《登记备案办法》第 22 条第 1 款第 6 项和《2 号指引》第 18 条规定，披露分支机构、子公司以及其他关联方的工商登记信息、业务开展情况等基本信息，对于关联方经营范围含冲突业务的，应当提供相关主管部门批复文件。

根据上述规定可以看出，申请机构关联方可以涉及冲突业务，但在申请机构申请登记时需提交冲突业务相关主管部门正式许可文件。需提交冲突业务许可证明文件的关联方，不以其实际从事冲突业务为准，只要登记的经营范围中包含冲突业务即需提供。

（四）从事冲突业务的合规建议

综合上述规定及分析，可以看出，涉冲突业务是否影响管理人登记，应根据涉冲突业务的主体类别进行判断，并按照具体情况进行处理。

1. 对于申请机构自身及子公司涉冲突业务的，应当将相关的冲突业务进行剥离，同时出具承诺函，承诺相关冲突业务已完成剥离，且以后不会再从事相关的冲突业务。

2. 对于控股股东、实际控制人、普通合伙人、主要出资人、法定代表人、执行事务合伙人或其委派代表、高管历史上曾经从事冲突业务的，应核查是否已满 5 年，如未满 5 年，对于可以更换的人员建议予以更换，对于无法更换，建议在规定期限届满后再向中国基金业协会提出登记申请。

3. 对于非主要股东、间接股东涉及冲突业务的，应穿透计算该等股东合计持有申请机构的股权或者财产份额是否高于 25%，如高于 25% 的，建议通过股权转让等形式降低涉冲突业务股东的出资比例。

4. 对于涉冲突业务的其他关联方，应当如何披露，同时提交从事冲突业务的许可证明文件，根据相关规定一般不会影响申请机构的登记。

在中国基金业协会对私募基金管理人登记申请的监管日益严格的背景下，申请机构及经办律师应主动核查申请机构是否满足中国基金业协会发布的冲突业务相关要求，避免因冲突业务导致申请机构登记申请无法顺利通过。

八 私募基金管理人登记涉及的关联交易及同业竞争问题

（一）私募基金管理人的关联方有哪些

《2号指引》第18条规定，私募基金管理人的关联方包括私募基金管理人的分支机构；私募基金管理人持股5%以上的金融机构、上市公司及持股30%以上或担任普通合伙人的其他企业（已备案的私募基金除外）；受同一控股股东、实际控制人、普通合伙人直接控制的金融机构、私募基金管理人、上市公司、新三板挂牌公司、投资类企业、冲突业务机构、投资咨询企业及金融服务企业等；其他有特殊关系，可能影响私募基金管理人利益的法人或者其他组织或因协议安排实际可能存在关联关系的相关方。

（二）私募基金管理人登记对于关联交易有何要求

私募基金管理人应当具有良好的财务状况，不存在大额应收应付、大额未清偿负债或者不能清偿到期债务等可能影响正常经营的情形，私募基金管理人与关联方存在资金往来的，应当就是否存在不正当关联交易进行说明。

（三）私募基金管理人登记是否允许同业竞争存在

同一控股股东、实际控制人控制两家以上私募基金管理人的，应当符合中国证监会和中国基金业协会的规定，具备充分的合理性与必要性，其控制的私募基金管理人应当持续合规、有效展业。控股股东、实际控制人应当合理区分各私募基金管理人的业务范围，并就业务风险隔离、避免同业化竞争、关联交易管理和防范利益冲突等内控制度作出合理有效安排；此外，应当建立与所控制的私募基金管理人的管理规模、业务情况相适应的持续合规和风险管理体系，在保障私募基金管理人自主经营的前提下，加强对私募基金管理人的合规监督、检查。

根据规定，除非具有充分的正当理由（如政府投资基金的相关要求），否则同一实际控制人下设立两家相同类型的私募基金管理人可能难以通过中国基金业协会的审核。

九 基金公司实际控制人的责任认定

相比以往，近几年关于私募投资基金相关的纠纷与诉讼案件数量大体呈现快速增长的趋势。除投资者、管理人(基金公司)、投资顾问、托管机构这几大主体之间的法律关系与相应纠纷外,在私募投资实践中,还存在基金公司的实际控制人参与基金管理,进而可能产生纠纷的情况。对此,现行法律法规尚未作出明确的规定,基金公司实际控制人是否应对公司名下管理的基金业务承担责任以及承担何种责任,存在研讨的必要性。

(一)关于实际控制人责任承担的相关法律法规整理

1.《证券期货经营机构私募资产管理计划运作管理规定》

第31条 证券期货经营机构董事、监事、从业人员及其配偶不得参与本公司管理的单一资产管理计划。

证券期货经营机构董事、监事、从业人员及其配偶、控股股东、实际控制人或者其他关联方参与证券期货经营机构设立的资产管理计划,证券期货经营机构应当向投资者进行披露,对该资产管理计划账户进行监控,并及时向中国证监会相关派出机构报告。

证券期货经营机构管理的分级资产管理计划资产,不得直接或者间接为该分级资产管理计划劣后级投资者及其控股股东、实际控制人或者其他关联方提供或者变相提供融资。

2.《公开募集证券投资基金管理人监督管理办法》

第33条 基金管理公司的公司章程应当明确股东(大)会的职权范围和议事规则。

基金管理公司应当建立与股东之间的业务和客户关键信息隔离制度。基金管理公司的股东、实际控制人应当通过股东(大)会依法行使权利。

3.《民法典》

第84条 营利法人的控股出资人、实际控制人、董事、监事、高级管理人员不得利用其关联关系损害法人的利益;利用关联关系造成法人损失的,应当承担赔偿责任。

4.《最高人民法院关于适用〈中华人民共和国公司法〉若干问题的规定(五)》

第1条 关联交易损害公司利益,原告公司依据民法典第八十四条、公司法第二十一条规定请求控股股东、实际控制人、董事、监事、高级管理人员赔偿所造成的损失,被告仅以该交易已经履行了信息披露、经股东会或者股东大会同意等法律、行政法规或者公司章程规定的程序为由抗辩的,人民法院不予支持。

公司没有提起诉讼的,符合公司法第一百五十一条第一款规定条件的股东,可以依据公司法第一百五十一条第二款、第三款规定向人民法院提起诉讼。

5.《最高人民法院关于适用〈中华人民共和国公司法〉若干问题的规定(三)》

第14条　股东抽逃出资,公司或者其他股东请求其向公司返还出资本息、协助抽逃出资的其他股东、董事、高级管理人员或者实际控制人对此承担连带责任的,人民法院应予支持。

公司债权人请求抽逃出资的股东在抽逃出资本息范围内对公司债务不能清偿的部分承担补充赔偿责任、协助抽逃出资的其他股东、董事、高级管理人员或者实际控制人对此承担连带责任的,人民法院应予支持;抽逃出资的股东已经承担上述责任,其他债权人提出相同请求的,人民法院不予支持。

第27条　股权转让后尚未向公司登记机关办理变更登记,原股东将仍登记于其名下的股权转让、质押或者以其他方式处分,受让股东以其对于股权享有实际权利为由,请求认定处分股权行为无效的,人民法院可以参照民法典第三百一十一条的规定处理。

原股东处分股权造成受让股东损失,受让股东请求原股东承担赔偿责任、对于未及时办理变更登记有过错的董事、高级管理人员或者实际控制人承担相应责任的,人民法院应予支持;受让股东对于未及时办理变更登记也有过错的,可以适当减轻上述董事、高级管理人员或者实际控制人的责任。

6.《最高人民法院关于适用〈中华人民共和国公司法〉若干问题的规定(二)》

第18条　有限责任公司的股东、股份有限公司的董事和控股股东未在法定期限内成立清算组开始清算,导致公司财产贬值、流失、毁损或者灭失,债权人主张其在造成损失范围内对公司债务承担赔偿责任的,人民法院应依法予以支持。

有限责任公司的股东、股份有限公司的董事和控股股东因怠于履行义务,导致公司主要财产、账册、重要文件等灭失,无法进行清算,债权人主张其对公司债务承担连带清偿责任的,人民法院应依法予以支持。

上述情形系实际控制人原因造成,债权人主张实际控制人对公司债务承担相应民事责任的,人民法院应依法予以支持。

第19条　有限责任公司的股东、股份有限公司的董事和控股股东,以及公司的实际控制人在公司解散后,恶意处置公司财产给债权人造成损失,或者未经依法清算,以虚假的清算报告骗取公司登记机关办理法人注销登记,债权人主张其对公司债务承担相应赔偿责任的,人民法院应依法予以支持。

第20条 公司解散应当在依法清算完毕后,申请办理注销登记。公司未经清算即办理注销登记,导致公司无法进行清算,债权人主张有限责任公司的股东、股份有限公司的董事和控股股东,以及公司的实际控制人对公司债务承担清偿责任的,人民法院应依法予以支持。

公司未经依法清算即办理注销登记,股东或者第三人在公司登记机关办理注销登记时承诺对公司债务承担责任,债权人主张其对公司债务承担相应民事责任的,人民法院应依法予以支持。

(二)实际控制人是否应对基金业务损失承担责任的法理分析

1. 实际控制人参与基金业务的,应承担与基金公司同等的义务

《私募投资基金募集行为管理办法》第23条、第24条明确规定基金公司作为管理人在向投资者进行推介的过程中,应当明确告知投资者"私募基金管理人名称、私募基金管理人登记编码、基金管理团队等基本信息",同时不得由非本基金公司雇佣人员进行私募基金业务推介。《加强基金监管规定》对于私募基金业务的参与人员也作出了明确限制,即私募基金管理人的出资人、实际控制人、关联方不得从事私募基金募集宣传推介。因此,实际控制人参与基金公司名下管理的私募基金业务的行为,属于明确违反现行法规的行为,在法律角度上不具有合法性因素。

而从基金业务运行的角度来看,实际控制人越过基金公司,直接参与私募基金事宜的,也存在难以忽视的问题。首先,从事基金相关事宜业务,需以获得基金从业资格为前提,虽然实际控制人实际控制的公司为基金公司,但这并不代表其自身一定具备基金从业资格。在此情况下,实际控制人直接参与基金业务事宜的,则首先存在不具备从业资格的问题。其次,私募基金业务在框架上存在两个主体,即投资者与管理人。除此之外,还可能衍生出投资顾问、综合服务人、托管机构等主体。但在私募基金这一法律关系中,并不应当出现实际控制人这一主体。而实际控制人擅自参与基金业务的,必然会打乱私募基金法律关系中各主体之间原本的法律关系与角色,导致"募管权责不清"。最后,在实践中,实际控制人以自己的名义参与私募基金的相关业务,往往具有一定的目的,如向投资者增信、吸引投资等。该目的本身便不具有合法性。进一步讲,实际控制人代替或与管理人共同参与基金业务的,将使得原本专属于管理人承担的责任承担主体发生偏移,加大了各方主体之间法律关系与责任的认定难度。若出现投资亏损的情形,投资者向实际控制人提出权利主张

时,实际控制人又可能以其并非基金合同当事人等理由拒绝承担责任,这明显违背责任自负的民事基本法理。

"从规范构成来看,缔约前告知交易主体的身份情况属于告知说明义务的范畴。比如欧盟第二次金融市场指令(MiFID Ⅱ) Article 24 4(a)(i)提出,投资公司在给出投资建议前应当告知(inform)消费者,该建议是否基于一独立的基础(on an independent basis)。英国金融行为监管局(FCA)颁布的《商业行为规范》(Conduct of Business Sourcebook, COBS)6.1.4R 也规定,应当向金融消费者告知公司是否已经获得了 FCA 或 PRA 的授权,是否存在指定的代理人,作为平台公司是否存在相应的利益冲突等。"[1]

因此,实际控制人以自身名义直接参与基金业务的,属于明确违反监管规则的行为。实际控制人在参与基金业务的过程中实际是承担管理人的角色,因此其也要受到适当性义务、告知说明义务等的规制。如果实际控制人在基金募集过程中未充分揭示其与管理人之间的关系、未合理履行适当性义务、未明确向投资者告知其不承担基金管理责任、不负有兑付义务等,从而使投资者对基金投资管理产生误解的,就属于不正当履行义务的情形,实际控制人应当承担相应法律责任。

2. 实际控制人参与私募基金管理造成投资者损失的应当承担赔偿责任

对于实际控制人实质参与私募基金的投资管理,并由此造成投资者损失的问题,实际控制人是否应当承担赔偿责任,存在两种相对立的观点。

第一种观点认为,根据《信托法》第 30 条的规定,受托人应当自己处理信托事务,受托人将事务委托他人代理的,应当对他人处理信托事务的行为承担责任。因此,若实际控制人参与私募基金管理的,属于管理人擅自许可他人处理委托事宜,由此造成的损失应当由管理人承担。

而第二种观点认为,虽然实际控制人并非基金合同的一方当事人,但是因其实际参与基金管理业务,其所实施的行为与投资者遭受损失之间具有因果关系,实际控制人因此应当承担侵权赔偿责任。

本书认为,实际控制人参与基金投管并造成投资人损失,应当承担赔偿责任。在于,前述《加强基金监管规定》第 5 条明确规定,私募基金管理人的出资人不得有

---

〔1〕 葛翔、阮申正:《管理人的实控人参与管理基金,造成投资者损失,责任如何承担?》,载上观 2022 年 11 月 10 日,https://www.jfdaily.com/sgh/detail? id=898526。

层级过多、结构复杂等情形，不得隐瞒关联关系或者将关联关系非关联化。同时，中国基金业协会《私募投资基金管理人内部控制指引》第3条也明确规定基金管理人应当建立内部风控制度，确保管理人依法依规行使职能。因此，管理人本应独立、专业履行基金投资管理的合同义务。而实际控制人直接参与基金业务的，实际是代替或与管理人共同履行管理人职责，这明显不符合监管的风控要求。实际控制人参与投资管理而因重大过错造成损失构成侵权，因此实际控制人应当对投资人的损失承担赔偿责任。

综上，私募基金管理人的实际控制人向投资者推销私募基金，实际控制人负有告知说明义务和适当性义务。管理人在投资管理过程中未体现专业独立性，而由实际控制人实际管理运作基金，因未尽忠诚勤勉义务造成投资者损失的，管理人的实际控制人因违反监管规则和信义义务，应当承担赔偿责任。

第三章 私募基金的募集、设立及备案

一 私募基金的募集对象及关注要点

（一）小引

在私募基金活动中，资金募集既是前沿阵地，也已然成为存量基金管理人博弈背景下的“兵家必争之地”。就私募基金的募集主体而言，可由基金管理人自行募集资金，或者由具有基金销售业务资格的机构受托募集资金。相应地，募集对象作为私募基金的客体，现行规定要求募集主体应面向特定对象即合格投资者通过非公开方式募集资金。

（二）现行有关私募基金募集对象与合格投资者的基本规定

募集对象始终是私募基金合规考察的重点。我国《证券投资基金法》第 87 条规定，非公开募集基金应当向合格投资者募集，合格投资者累计不得超过 200 人。前款所称合格投资者，是指达到规定资产规模或者收入水平，并且具备相应的风险识别能力和风险承担能力，其基金份额认购金额不低于规定限额的单位和个人。合格投资者的具体标准由国务院证券监督管理机构规定。第 91 条规定，非公开募集基金，不得向合格投资者之外的单位和个人募集资金，不得通过报刊、电台、电视台、互联网等公众传播媒体或者讲座、报告会、分析会等方式向不特定对象宣传推介。因此，私募基金的募集对象必须特定化，现行法律规定以禁止性规范的方式划清了基金管理人及相关从业人员募集资金是否合法合规的边界，从而确立了私募基金募集活动的行为准则。

《私募投资基金监督管理条例》第 18 条规定，私募基金应当向合格投资者募集或者转让，不得采取将私募基金份额或者收益权进行拆分转让等方式，降低合格投资者标准。

此外,针对合格投资者方面的内部控制制度亦有明确要求,如《私募投资基金管理人内部控制指引》规定,私募基金管理人应当建立私募基金宣传推介及募集制度,即私募基金管理人自行募集私募基金的,应设置有效机制,切实保障募集结算资金安全,私募基金管理人应当建立合格投资者适当性制度。

最后,《登记备案办法》第 70 条规定,私募基金管理人向合格投资者之外的单位和个人募集资金的,中国基金业协会可以采取书面警示、要求限期改正、公开谴责、暂停办理备案、限制相关业务活动、撤销私募基金管理人登记等自律管理或者纪律处分措施。

(三)私募基金合格投资者的判别

私募基金合格投资者的判别直接关乎募集活动成功与否,亦是基金设立过程中不可或缺的环节之一。根据《私募投资基金募集行为管理办法》规定,募集机构应当恪尽职守、诚实信用、谨慎勤勉,防范利益冲突,履行说明义务、反洗钱义务等相关义务,承担特定对象确定、投资者适当性审查、私募基金推介及合格投资者确认等相关责任。因此,基金管理人及相关从业人员应当予以足够重视,确保募集行为合法有效。

1. 合格投资者确认流程

《私募投资基金募集行为管理办法》第 3 章专门介绍"特定对象的确定",明确了特定对象确定程序、投资者风险识别能力和风险承担能力评估、问卷调查内容、在线特定对象确定程序等事宜。

具体而言,《私募投资基金募集行为管理办法》第 16 条规定了募集机构可以公开宣传的内容,私募基金管理人应确保信息真实、准确、完整。在特定对象确认程序方面,《私募投资基金募集行为管理办法》第 17 条及第 18 条规定了募集机构应当采取问卷调查等方式履行特定对象确定程序,对投资者风险识别能力和风险承担能力进行评估,并由投资者以书面形式承诺其符合合格投资者标准。利用互联网媒介推介私募基金的,《私募投资基金募集行为管理办法》第 20 条对募集机构在线推介私募基金设置在线特定对象确定程序做出特殊要求。

2. 合格投资者认定标准

根据《监管暂行办法》第 12 条规定,私募基金的合格投资者是指具备相应风险识别能力和风险承担能力,投资于单只私募基金的金额不低于 100 万元且符合下列相关标准的单位和个人:(1)净资产不低于 1000 万元的单位;(2)金融资产不低于

300 万元或者最近 3 年个人年均收入不低于 50 万元的个人。前款所称金融资产包括银行存款、股票、债券、基金份额、资产管理计划、银行理财产品、信托计划、保险产品、期货权益等。

《监管暂行办法》第 13 条规定，下列投资者视为合格投资者：(1) 社会保障基金、企业年金等养老基金，慈善基金等社会公益基金；(2) 依法设立并在中国基金业协会备案的投资计划；(3) 投资于所管理私募基金的私募基金管理人及其从业人员；(4) 中国证监会规定的其他投资者。以合伙企业、契约等非法人形式，通过汇集多数投资者的资金直接或者间接投资于私募基金的，私募基金管理人或者私募基金销售机构应当穿透核查最终投资者是否为合格投资者，并合并计算投资者人数。但是，符合该条第(1)、(2)、(4)项规定的投资者投资私募基金的，不再穿透核查最终投资者是否为合格投资者和合并计算投资者人数。

3. 投资者适当性审查要点

《基金募集机构投资者适当性管理实施指引(试行)》第 3 条规定，投资者适当性是指基金募集机构在销售基金产品或者服务的过程中，根据投资者的风险承受能力销售不同风险等级的基金产品或者服务，将合适的基金产品或者服务卖给合适的投资者。第 19 条规定，投资者分为专业投资者和普通投资者。未对投资者进行分类的，要履行普通投资者适当性义务。

《证券期货投资者适当性管理办法》针对专业投资者的范围予以罗列，第 7 条明确规定，普通投资者在信息告知、风险警示、适当性匹配等方面享有特别保护。第 10 条规定，专业投资者之外的投资者为普通投资者。经营机构应当按照有效维护投资者合法权益的要求，综合考虑收入来源、资产状况、债务、投资知识和经验、风险偏好、诚信状况等因素，确定普通投资者的风险承受能力，对其进行细化分类和管理。

《基金募集机构投资者适当性管理实施指引(试行)》第 45 条规定了基金募集机构向投资者销售基金产品或者服务的禁止性行为，具体包括：(1) 向不符合准入要求的投资者销售基金产品或者服务；(2) 向投资者就不确定的事项提供确定性的判断，或者告知投资者有可能使其误认为具有确定性的判断；(3) 向普通投资者主动推介风险等级高于其风险承受能力的基金产品或者服务；(4) 向普通投资者主动推介不符合其投资目标的基金产品或者服务；(5) 向风险承受能力最低类别的普通投资者销售风险等级高于其风险承受能力的基金产品或者服务；(6) 其他违背适当性要求,损害投资者合法权益的行为。

(四)典型案例分析

近年来,与私募基金募集对象及合格投资者问题密切相关的案例为数不少。以下,本书将梳理汇总部分典型案例,以提醒基金管理人及相关从业人员注重合规风险。

1. 投资者自行提供虚假资产证明,不宜据此主张管理人未履行适当性义务

2022 年 5 月 13 日,中国基金业协会发布《投资者自行提供虚假资产证明,不宜据此主张管理人未履行适当性义务——投资者 Y 与私募基金管理人 A 基金合同纠纷案》[1]。

在该案中,关于基金管理人 A 是否履行了适当性义务,仲裁庭认为,鉴于 Y 在本案中的认购金额为 150 万元,满足最低投资要求,故该案中确认 Y 是否为合格投资者,主要衡量因素为两点:第一,Y 是否具备风险识别能力和风险承担能力;第二,Y 的资产规模和收入水平是否满足上述要求。

关于第一点,投资者应当以书面形式承诺其符合合格投资者标准。该案中,从 Y 在《基金合同》附件中的风险揭示书、风险调查问卷以及风险评估结果确认书上的签字结果来看,基金管理人 A 已经履行了特定对象确定程序。

关于第二点,根据《私募投资基金募集行为管理办法》第 27 条,在完成私募基金风险揭示后,募集机构应当要求投资者提供必要的资产证明文件或收入证明。本案中,一方面,基金管理人 A 已经要求 Y 提供相应的资产证明文件;另一方面,Y 提交的金融资产证明包括证券和银行账户,合计金额超过 300 万元,形式上已经满足合格投资者的要求。即便如 Y 所述其并非合格投资者,也是由于其自身提供虚假证明,而不能苛求基金管理人 A 对 Y 主动提供的虚假资产证明进行过于严格的实质审查。

因此,仲裁庭认为基金管理人 A 已经履行了适当性义务。

2. 高管虚假设立投资项目,向不特定对象宣传推介、非法募集资金,法定代表人被判集资诈骗罪

2021 年 1 月 14 日,中国基金业协会发布《虚构项目募集社会资金　法定代表人

---

〔1〕 具体见中国基金业协会 2022 年 5 月 13 日公布的《投资者自行提供虚假资产证明,不宜据此主张管理人未履行适当性义务——投资者 Y 与私募基金管理人 A 基金合同纠纷案》。

被判集资诈骗罪》[1]。

该案中,徐某伙同蔡某于2014年3月成立A资本管理有限公司(以下简称A公司),2014年6月4日,在中国基金业协会登记为私募基金管理人,由徐某担任该私募基金管理人的法定代表人,蔡某担任合规风控负责人。在资金募集的筹备过程中,徐某联系了某国有银行支行大堂经理高某,商定由高某负责提供客户并募集资金,约定以吸收资金总量的2.5%作为高某的提成比例。此后,徐某分别在2014年4月11日、5月5日注册成立两个有限合伙企业,作为基金项目运营载体,上述两个有限合伙企业未作为私募基金产品在中国基金业协会依法备案。随后,徐某虚构投资项目,以支付高额利息为诱饵,向黄某等12名自然人投资者非法募集资金2533万元人民币。

在完成私募基金管理人登记后,由于A公司未在中国基金业协会规定期限内备案完成首只私募基金产品,2016年5月,中国基金业协会依法注销A公司私募基金管理人登记并予公告。

2019年6月29日,某市中级人民法院作出一审刑事判决,认定A公司法定代表人徐某犯集资诈骗罪,判处有期徒刑15年,并处罚金人民币30万元。对于蔡某、高某等另行立案追究刑事责任。徐某对一审刑事判决不服并提出上诉。省高级人民法院经审理后,认定一审法院关于徐某"以非法占有为目的,使用诈骗方法非法集资,数额特别巨大,严重损害社会公众利益,扰乱国家金融管理秩序的行为已构成集资诈骗罪"的判决结果并无不当,原审判决认定事实清楚,定罪准确,量刑适当,审判程序合法,依法作出裁定,驳回上诉,维持原判。

该案中,徐某等虚假设立投资项目,以支付高额利息为诱饵,通过国有金融机构工作人员高某以及A公司业务人员向不特定对象宣传推介,非法募集资金2533万元,主要用于借新还旧以及个人消费支配,致使集资款不能返还,符合本罪构成要件,符合"数额特别巨大"相关追诉标准,依法应予追究刑事责任。至于A公司是否构成单位犯罪,根据《刑法》以及《关于办理非法集资刑事案件若干问题的意见》等规定,"个人为进行非法集资犯罪活动而设立的单位实施犯罪的,或者单位设立后,以实施非法集资犯罪活动为主要活动的,不以单位犯罪论处,对单位中组织、策划、实施非法集资犯罪活动的人员应当以自然人犯罪依法追究刑事责任"。该案中,A

[1] 具体见中国基金业协会2021年1月14日公布的《虚构项目募集社会资金 法定代表人被判集资诈骗罪》。

公司设立后，主要被徐某等用于实施非法集资犯罪活动，因此，法院判定以徐某等自然人犯罪论处，不构成单位犯罪。

3. 违反规定公开募集，法定代表人、总经理、合规负责人受到公开谴责，资产管理计划备案暂停受理

2018 年 7 月 11 日，中国基金业协会发布《纪律处分决定书》[1]。

该案中，和合资产管理（上海）有限公司（以下简称和合资管）于 2015 年 11 月 18 日完成工商注册登记，袁某滢为公司法定代表人，蒋某尧为公司总经理，郭某冰为公司合规负责人。

和合资管的 A 资产管理计划于 2016 年 10 月 21 日设立，共分 8 期发行，备案为主动管理类的非结构化资产管理计划，每一期均约定按照业绩比较基准支付收益。总募集规模为 4.2 亿元，累计投资者数量为 176 名。其中，自然人投资者 172 名，机构投资者 4 名。

经查明，和合资管存在违反规定公开募集事实。和合资管发行的多个资产管理计划存在通过互联网、微信、博客等载体向不特定对象公开宣传的情形，有关公开宣传信息中均明确对外宣传了有关资产管理计划的预期年化收益率。上述情形违反了《新八条底线》第 3 条第 7 款和第 10 款的规定。鉴于以上基本事实、情节和审理复核情况，根据《纪律处分实施办法（试行）》第 5 条、第 6 条，中国基金业协会决定：（1）对和合资管的法定代表人袁某滢、总经理蒋某尧、合规负责人郭某冰予以公开谴责；（2）自 2018 年 7 月 6 日起暂停受理和合资管资产管理计划备案。

综上所述，私募基金的募集对象确定与合格投资者判别问题颇为关键，应当引起基金管理人及相关从业人员的足够重视，只有把握好准入门槛，方能确保私募基金募集、投资、管理等事项稳步推进，行稳致远。

二 合格投资者的认定标准及穿透核查要求

认定合格投资者是整个基金募集运作过程中较为前端和基本的步骤。由于个别募集机构资金募集不合规，未对投资者的风险识别能力和风险承担能力进行鉴

---

[1] 具体见中国基金业协会 2018 年 7 月 12 日公布的《纪律处分决定书（和合资产管理（上海）有限公司、袁某滢、蒋某尧、郭某冰）》。

别,从而给投资者造成无法承受的后果。因此,制定适当、统一、合理的合格投资者标准,提高私募基金市场的准入门槛,能够在一定程度上起到风险提示与风险阻遏的功能,从而保护投资者的利益,更有利于私募基金的投资运行。

(一)合格投资者的定义、分类及认定标准

1. 合格投资者的定义

私募基金是指以非公开方式向特定投资者募集资金,具有非公开性的特点。私募基金只能向合格投资者募集。《证券投资基金法》第87条对合格投资者的概念进行了界定,合格投资者是指达到规定资产规模或者收入水平,并且具备相应的风险识别能力和风险承担能力、其基金份额认购金额不低于规定限额的单位和个人。

2. 合格投资者的分类及认定标准

(1)《监管暂行办法》和《资管新规》的法律适用

《证券投资基金法》授权国务院证券监督管理机构对合格投资者的认定标准进行规定。2014年中国证监会制定《监管暂行办法》,对合格投资者的认定标准进行了较为具体的规定。私募基金的投资者是否为合格投资者,最关键的是看其是否具备相应风险识别能力和风险承担能力。风险识别能力和风险承担能力体现:①投资于单只私募基金的金额不低于100万元且净资产不低于1000万元的单位;②投资于单只私募基金的金额不低于100万元且金融资产不低于300万元或者最近3年个人年均收入不低于50万元的个人,其中金融资产包括银行存款、股票、债券、基金份额、资产管理计划、银行理财产品、信托计划、保险产品、期货权益等。

2018年4月27日,中国人民银行、原中国银保监会、中国证监会、国家外汇管理局四部门联合出台了《资管新规》,其中第5条第1款第1项、第2项、第3项以及第2款又增加了对合格投资者的认定标准:“(一)具有2年以上投资经历,且满足以下条件之一:家庭金融净资产不低于300万元,家庭金融资产不低于500万元,或者近3年本人年均收入不低于40万元。(二)最近1年末净资产不低于1000万元的法人单位。(三)金融管理部门视为合格投资者的其他情形。合格投资者投资于单只固定收益类产品的金额不低于30万元,投资于单只混合类产品的金额不低于40万元,投资于单只权益类产品、单只商品及金融衍生品类产品的金额不低于100万元。”

《资管新规》进一步增加了对个人投资者具有2年以上投资经历、个人金融资产变更为家庭金融(净)资产,同时降低了个人的年收入为40万元的要求。但该规章的第2条第3款规定:“私募投资基金适用私募投资基金专门法律、行政法规,私募投资基金专门法律、行政法规中没有明确规定的适用本意见,创业投资基金、政府出资产业投资基金的相关规定另行制定。”《监管暂行办法》的效力等级为部门规章,并非优于《资管新规》,二者对私募基金具有同等的适用性。

(2)合格投资者的分类及认定标准

结合《监管暂行办法》《私募投资基金募集行为管理办法》《证券期货投资者适当性管理办法》,可以将合格投资者进一步划分为专业投资者和普通投资者。

专业投资者包括:(1)经有关金融监管部门批准设立的金融机构,包括证券公司、期货公司、基金管理公司及其子公司、商业银行、保险公司、信托公司、财务公司等;经行业协会备案或者登记的证券公司子公司、期货公司子公司、私募基金管理人。(2)上述机构面向投资者发行的理财产品,包括但不限于证券公司资产管理产品、基金管理公司及其子公司产品、期货公司资产管理产品、银行理财产品、保险产品、信托产品、经行业协会备案的私募基金。(3)社会保障基金、企业年金等养老基金,慈善基金等社会公益基金,合格境外机构投资者(QFII)、人民币合格境外机构投资者(RQFII)。(4)同时符合下列条件的法人或者其他组织:①最近1年末净资产不低于2000万元;②最近1年末金融资产不低于1000万元;③具有2年以上证券、基金、期货、黄金、外汇等投资经历。(5)同时符合下列条件的自然人:①金融资产不低于500万元,或者最近3年个人年均收入不低于50万元;②具有2年以上证券、基金、期货、黄金、外汇等投资经历,或者具有2年以上金融产品设计、投资、风险管理及相关工作经历,或者属于前述第1项规定的专业投资者的高管、获得职业资格认证的从事金融相关业务的注册会计师和律师。

普通投资者和专业投资者在一定条件下可以互相转化。符合前述第4项、第5项的专业投资者,可以书面告知经营机构选择成为普通投资者,经营机构应当对其履行相应的适当性义务。符合下列条件之一的普通投资者可以申请转化为专业投资者,但经营机构有权自主决定是否同意其转化:(1)最近1年末净资产不低于1000万元,最近1年末金融资产不低于500万元,且具有1年以上证券、基金、期货、黄金、外汇等投资经历的除专业投资者外的法人或者其他组织;(2)金融资产不低于300万元或者最近3年个人年均收入不低于30万元,且具有1年以上证券、基金、期货、黄金、外汇等投资经历或者1年以上金融产品设计、投资、风险管理及相关工作经历的自然人投资者。普通投资者申请成为专业投资者应当以书面形式向经营机构提出申请并确认自主承担可能产生的风险和后果,提供相关证明材料。

此外,由于下列投资者具备足够的投资管理经验或者具有获得充分信息的渠道,可以合理地认为其应当具备足够的风险识别能力来保护自己,视为合格投资者:(1)社会保障基金、企业年金等养老基金,慈善基金等社会公益基金;(2)依法设立并在中国基金业协会备案的投资计划;(3)投资于所管理私募基金的私募基金管理人及其从业人员;(4)中国证监会规定的其他投资者;(5)受国务院金融监督管理机构监管的金融产品;(6)依法设立并在中国基金业协会备案的私募基金产品。

(二)合格投资者的确认

1. 合格投资者的确认程序

合格投资者确认程序包括但不限于投资者基本信息确认、投资者个人财产及收入证明审核确认、风险识别及风险承受能力调查问卷、风险等级评估、风险提示、冷静期及冷静期后回访。

投资者应签署/提供包括但不限于以下文件:投资者基本信息及承诺函(签署)、投资者个人资产或收入证明(提供)、投资者风险问卷调查(签署)、投资者风险承受能力评估结果及匹配告知书及投资者对告知书的确认书(签署)、风险揭示书(签署)、合格投资者承诺函(签署)、投资者冷静期确认书(签署)、投资者回访确认书(签署)。

2. 投资者需提供的证明材料

投资者应向募集机构提供必要的资产证明文件或收入证明,以证明其符合合格投资者要求。证明合格投资者需要具备以下证明材料。

(1)自然人普通投资者

自然人普通投资者可以提供金融资产证明或收入证明中的一种证明文件。夫妻双方资产可以合计,需要结婚证或户口簿复印件、配偶同意认购声明原件。

①金融资产证明

金融资产证明主要指存款和股票债券基金等各种金融投资产品的证明,包括300万元银行存款证明或其他符合条件的金融资产证明,有效期为签约时间前20个工作日内。各项证明文件任选其一即可。金融资产证明需体现出最近3年个人年均收入不低于50万元。金融资产证明见表10。

表 10　金融资产证明相关要求

证明文件	要求
银行存款证明	中国境内银行本、外币存单、活期存折、存单、交易流水复印件或扫描件、网银账户查询结果复印件及扫描件
债券资产证明	银行或券商出具的国债、企业债、公司债、可转债等证明文件复印件及扫描件
基金资产证明	基金公司出具的基金份额证明文件复印件及扫描件、交易系统查询结果复印件及扫描件
期货资产证明	期货公司出具的份额证明文件复印件及扫描件、交易系统查询结果复印件及扫描件
资管资产证明	资管机构出具的份额文件复印件及扫描件
信托资产证明	信托公司出具的份额证明文件复印件及扫描件
保险资产证明	保险公司出具的保险单现金价值总金额的证明复印件及扫描件
私募基金资产证明	私募管理人出具的份额持有证明书复印件及扫描件
黄金资产证明	银行或其他机构出具的黄金持有证明复印件及扫描件

②收入证明

收入证明主要是指纳税证明、工资(银行工资流水或单位开具的收入证明)等。纳税证明应是税务部门出具的近 3 年个人所得税纳税证明原件。工资流水单证明是指银行出具的代发工资银行卡(活期存折)近 3 年入账原件。纳税证明或者工资流水单证明的出具日期应为打款前 20 个工作日内见表 11。

表 11　收入证明的相关要求

可接受的收入证明文件	应当体现的信息	时效性	文件格式要求	备注
纳税证明	姓名、近 3 年薪资收入、分红、投资收益及其他所得年均不低于月 50 万元	出具日期距离提交日不超过 1 个月	显示出具机构印章	所得包括工资、薪金、经营所得、劳务报酬、特许权财产费、股息、红利、财产转让、租赁所得、偶然所得等(如果提供文件未能显示或列明具体项目,则应当提供其他证明材料)

续表

可接受的收入证明文件	应当体现的信息	时效性	文件格式要求	备注
银行流水或者对账单	姓名、近3年收入年均不低于50万元	出具日期距离提交日不超过1个月	显示银行印章	—

(2)机构普通投资者

机构普通投资者需提供财产证明文件,包括认购时机构客户上一年度审计报告或上半年度资产负债表(净资产不低于1000万元)并加盖公章,同时应对相关文件真实性出具承诺函并加盖公章。

(3)自然人专业投资者

自然人专业投资者需提供金融资产证明或收入证明中的一种证明文件,包括500万元银行存款证明或其他符合条件的金融资产证明,有效期为签约时间前20个工作日。文件中应体现最近3年个人年均收入不低于50万元。

自然人专业投资者可提供的具体材料包括2年以上证券、基金、期货、黄金、外汇等交易账户的交易流水,或由单位开具的有关金融产品设计、投资、风险管理及相关工作证明,或由单位开具的经有关金融监管部门批准设立的金融机构专业投资者的高管、获得职业资格认证的从事金融相关业务的注册会计师和律师的相关工作证明。

(4)机构专业投资者

如果是符合要求的金融理财产品,要提交产品备案函;如果是符合要求的法人或其他组织,要提交金融投资的交易流水和相关财产证明文件的复印件及扫描件。其中金融投资交易流水是指2年以上证券、基金、期货、黄金、外汇等交易账户的交易流水。

机构专业投资者应提供的相关财产证明文件包括,认购时机构客户上一年度审计报告或上半年度资产负债表(净资产不低于2000万元)并加盖公章,认购时机构客户最近1年末金融资产不低于1000万元。同时应对财务表中数据的真实性出具承诺函并加盖公章。

(三)合格投资者的穿透核查

穿透核查是指通过对基金的投资者进行审核,防止以拼凑或代持的方式变相突破合格投资者认购门槛;防止管理人通过设置多层结构规避合格投资者人数限制,变相公开募集。对投资者的穿透核查能有效规范投资活动，避免变相公开募集、以多人集合等方式规避合格投资者要求等违法违规现象。

《监管暂行办法》中规定，以合伙企业、契约等非法人形式，通过汇集多数投资者的资金直接或者间接投资于私募基金的，私募基金管理人或者私募基金销售机构应当穿透核查最终投资者是否为合格投资者，并合并计算投资者人数。

1. 不穿透核查的几种情形

以下几种情形中，投资者投资私募基金的，不再穿透核查最终投资者是否为合格投资者和合并计算投资者人数。此时，在计算合格投资者人数时，每一个不穿透核查的主体计为一个合格投资者。

(1)部分当然合格投资者

根据《监管暂行办法》第13条有关规定，下列合格投资者投资私募基金的，不再穿透核查最终投资者是否为合格投资者和合并计算投资者人数：社会保障基金、企业年金等养老基金，慈善基金等社会公益基金；依法设立并在中国基金业协会备案的投资计划；中国证监会规定的其他投资者。

需要注意的是，尽管在《监管暂行办法》中规定了3种私募基金产品可免于“穿透核查并合并计算投资者人数”，但是如果该基金作为上市公司再融资的融资对象，根据证券监管部门的监管意见，仍应当予以“穿透核查”识别合格投资者人数，最终合并计算是否超过200人。

(2)已备案的私募产品

根据中国基金业协会2016年5月7日发布的《私募基金登记备案常见问题解答》，以合伙企业、契约等非法人形式，通过汇集多数投资者的资金直接或者间接投资于私募基金的，请核实其是否在中国基金业协会备案。如果已备案，请在“投资者明细”中填写产品编码；如果没有备案，根据《监管暂行办法》和《私募投资基金募集行为管理办法》相关规定，私募基金管理人或者私募基金销售机构应当穿透核查最终投资者是否为合格投资者，并合并计算投资者人数，并在“投资者明细”中单独列表填报该合伙企业、契约型基金的投资者出资情况。

因此，在中国基金业协会备案的私募基金产品，投资者已符合合格投资者规定的，不再穿透核查和合并计算。

(3)已备案的资管产品

根据《资管新规》的规定，资产管理产品包括但不限于人民币或外币形式的银行非保本理财产品、资金信托、证券公司、证券公司子公司、基金管理公司、基金管理子公司、期货公司、期货公司子公司、保险资产管理机构、金融资产投资公司发行的资产管理产品等。

根据《证券公司及基金管理公司子公司资产证券化业务管理规定》第 29 条之规定,资产支持证券应当面向合格投资者发行,发行对象不得超过 200 人,单笔认购不少于 100 万元人民币发行面值或等值份额。合格投资者应当符合《监管暂行办法》规定的条件,依法设立并受国务院金融监督管理机构监管,并由相关金融机构实施主动管理的投资计划不再穿透核查最终投资者是否为合格投资者和合并计算投资者人数。

根据《监管暂行办法》第 13 条有关规定,下列投资者视为合格投资者,不再穿透核查投资者人数:"……依法设立并在基金业协会备案的投资计划;……"

根据中国基金业协会《私募基金登记备案相关问题解答(三)》(已废止):"依法设立并经基金业协会备案的集合投资计划,视为单一合格投资者。"

2. 穿透核查的要求

穿透核查需关注两个问题:穿透核查基金各层级投资者是否均符合合格投资者的要求,以及穿透核查基金投资者人数是否超过法律规定的限制。

(1)基金各层级投资者是否均符合合格投资者的要求

基金各层级投资者均需要符合合格投资者的要求,本质上是指需要全面核查投资者是否符合合格投资者的要求,既包括直接投资者也包括最终投资者,需穿透核查到投资者为个人投资者或不用穿透核查的投资者为止。

首先,基金各层级投资者需要符合合格投资者的一般要求,具体包括:①若投资者同时存在于一级投资者、二级投资者、三级投资者当中,该投资者在每一层级都需满足合格投资者的一般要求;②若一级投资者是合伙企业,在合伙企业自身满足合格投资者的一般要求的前提下,穿透后的二级投资者也需满足合同投资者的一般要求;③若私募基金管理人的员工组成的合伙企业(持股平台)跟投所管理的私募基金,该合伙企业需要满足合格投资者的一般要求,穿透后的员工因视为合格投资者,可以豁免合格投资者的一般要求。

其次,上文提到的当然合格投资者可以豁免部分合格投资者的一般要求。具体见表 12。

表 12　当然合格投资者豁免部分合格投资者的一般要求

当然合格投资者	是否豁免100 万金额	是否豁免资产证明或收入证明文件	是否豁免风险问卷调查
社会保障基金、企业年金、养老基金、慈善基金、捐赠基金等社会公益基金	否	是	是
投资于所管理私募基金的私募基金管理人及其从业人员	是	是	是
国务院金融监督管理部门监管的机构依法发行的资产管理产品	否	是	是
依法设立并在中国基金业协会备案的私募基金产品	否	是	是
合格境外机构投资者、人民币合格境外机构投资者	否	是	是

需要注意的是：

①根据《私募投资基金备案须知》第 10 条第 2 款第 2 项的规定，私募基金管理人及其员工、社会保障基金、政府引导基金、企业年金等养老基金、慈善基金等社会公益基金的首轮实缴出资要求可从其公司章程或合伙协议约定。即首轮实缴金额可低于 100 万元。

②私募基金管理人只有投资于自己管理的私募基金时，才被视为合格投资者；私募基金管理人的从业人员只有投资于该私募基金管理人管理的基金时，才被视为合格投资者。

③合格投资者的要求与投资者的实缴出资能力是两个维度的概念。根据《备案关注要点》第 9 条第 3 款的规定，投资者认缴金额与实缴金额差异较大的，关注是否出具出资能力证明文件。因此，即使投资者已推定为合格投资者，已豁免资产证明或收入证明文件，但根据基金备案关注点“投资者的实缴出资能力”项下的要求，在投资者认缴金额与实缴金额差异较大时，也需要出具出资能力证明文件，以证明其对基金的认缴金额与其实际出资能力相匹配。

（2）合并计算投资者人数是否超过法律规定的限制

①合格投资者的人数限制

《监管暂行办法》第 11 条规定：“私募基金应当向合格投资者募集，单只私募基金的投资者人数累计不得超过《证券投资基金法》、《公司法》、《合伙企业法》等法律规定的特定数量。投资者转让基金份额的,受让人应当为合格投资者且基金份额受让后投资者人数应当符合前款规定。"

现阶段,中国基金业协会建议,私募基金合格投资者数量累计不超过200人,以有限责任公司或者合伙企业形式设立的,投资者人数累计不超过50人。

由此可以看出,单只私募基金的投资者人数的限制根据基金组织形式的不同而有所区别。目前,我国私募基金投资者的人数限制为:

a. 公司型基金:有限公司累计不超过50人,股份公司累计不超过200人。

b. 合伙型基金:累计不超过50人。

c. 契约型基金:累计不超过200人。

②合并计算投资者人数

a. 关于不同类型投资者的穿透核查情况

需要区分不同类型投资者是否需要穿透核查,不同的穿透核查情况对应不同的投资者计算规则。根据《监管暂行办法》《加强基金监管规定》等规范性文件的规定,就不同类型投资者是否穿透核查进行了总结(见表13)。

表13 不同类型投资者的穿透核查情况

<table>
<tr><th colspan="2">投资者类型</th><th>是否穿透核查</th></tr>
<tr><td>个人投资者</td><td>自然人</td><td>否</td></tr>
<tr><td rowspan="4">境内法人</td><td>公司制法人</td><td rowspan="4">否</td></tr>
<tr><td>社团法人</td></tr>
<tr><td>事业法人</td></tr>
<tr><td>机关法人</td></tr>
<tr><td rowspan="2">境内非法人</td><td>合伙企业</td><td rowspan="2">是</td></tr>
<tr><td>契约</td></tr>
<tr><td colspan="2">社会保障基金、企业年金、养老基金、慈善基金、捐赠基金等社会公益基金</td><td>否</td></tr>
<tr><td colspan="2">国务院金融监督管理部门监管的机构依法发行的资产管理产品</td><td>否</td></tr>
<tr><td colspan="2">依法设立并在中国基金业协会备案的私募基金产品</td><td>否</td></tr>
<tr><td colspan="2">合格境外机构投资者、人民币合格境外机构投资者</td><td>否</td></tr>
</table>

b. 需要穿透核查情形下的投资者计算规则

当对投资者穿透核查时,监管机构需穿透至个人投资者或者不用穿透核查的投资者,合并计算投资者人数,即在穿透过程中,应将每个层级的投资人数累计相加(合并计算),累计相加的投资者人数不应超过法律规定的特定数量。

需要注意的是,如果是已备案的合伙型私募基金和契约型私募基金,则不用穿透核查。

c. 不用穿透核查情形下的投资者计算规则

作为可以不用穿透核查的投资者,无须继续穿透,每一个不穿透核查的主体统计为1个合格投资者。

(3)小结

合并计算投资者人数是否超过法律规定的限制,需要关注:

①当对投资者穿透核查时,监管机构需穿透至个人投资者或者不用穿透核查的投资者,合并计算投资者人数。计算方式如下:

a. 公司型基金:个人投资者+不用穿透核查的投资者+GP[1],有限公司不超过50人,股份公司不超过200人;b. 合伙型基金:个人投资者+不用穿透核查的投资者+GP,不超过50人;c. 契约型基金:个人投资者+不用穿透核查的投资者+GP,不超过200人。

②当投资者为不用穿透核查时,无须继续穿透,每一个不穿透核查的主体计为1个合格投资者。

③当各层GP为同一基金管理人时,按照1人计入合格投资者人数。

(四)结论

私募基金的合格投资者的认定标准的核心是看其风险识别能力和风险承担能力。这两种能力具化为机构和个人的资本规模或者收入水平,投资者应提供相应的资产证明文件以证明自己符合合格投资者的标准。

穿透核查是指全面考察直接投资人的最终出资人,一直穷尽到最终出资人为自然人、公司等法人或前述无须穿透核查的当然合格投资者时为止。而合并计算人数是指在穿透过程中,将每个层级的人数相加计算。穿透核查只针对以合伙企业、契约等形式登记为非法人形式的单位投资者,不包括公司以及其他登记证明显示为独

---

[1] GP,普通合伙人,General Partner。

立法人的单位。已备案的合伙型和契约型基金是否还需要穿透和合并计算,该问题实际上可以再解读为已备案的合伙型和契约型基金是否属于当然合格投资者。穿透核查的规则目的在于防止管理人通过设置多层结构规避合格投资者限制,而经备案的基金之合格投资者已符合合格投资者规定,不存在规避的情形,据此,经备案的合伙型基金和契约型基金不再穿透核查和合并计算。

管理人对基金进行投资情形下的穿透规则:如基金管理人参与基金,且管理人为合伙企业(含有限合伙和普通合伙)的,则须穿透核查并合并计算;但如管理人为有限公司或股份公司的,则对基金管理人不穿透核查。

三 私募基金员工跟投问答

《监管暂行办法》第13条第1款第3项规定,投资于所管理私募基金的私募基金管理人及其从业人员视为合格投资者。据此,私募基金管理人员工跟投私募基金在合格投资者认定方面有特别的豁免情形,区别于一般的自然人投资者。实务中,针对员工跟投,针对不同情形存在不同的规则要求和处理方式,本书就此以问答形式进行梳理。

1. 问:跟投"员工"的范围?

答:针对适用跟投员工的范围,中国基金业协会认可以下几种方式:

(1)私募基金管理人的从业人员;

(2)私募基金管理人的分支机构(无独立法人资格)的员工可以视为私募基金管理人员工跟投,私募基金管理人子公司(有独立法人资格)的员工不能视为管理人员工跟投。

2. 问:私募基金管理人的兼职员工能否视为员工进行跟投?

答:若该员工为符合《登记备案办法》要求的管理人兼职高管,与管理人签署劳动合同、近期由管理人发放连续6个月及以上的工资,该员工将被认定在实际在管理人处履职,进而认定其为员工跟投。

3. 问：退休返聘人员能否视为员工进行跟投？管理人母子公司的员工能否视为员工进行跟投？管理人的股东能否视为员工进行跟投？

答：退休返聘人员与管理人仅有劳务关系而非劳动关系，不视为管理人员工进行跟投，不能豁免合格投资者要求；

管理人母子公司的员工未直接与管理人签订劳动合同，不能视为管理人员工进行跟投，不能豁免合格投资者要求；

管理人的股东是管理人的全职员工或符合兼职员工跟投标准的，可视为员工进行跟投；反之，不能视为管理人员工进行跟投，按普通投资者认定。

4. 问：员工跟投的方式？

答：员工可采取以下两种方式跟投：

(1)员工直接认购私募基金；

(2)员工通过合伙企业等 SPV[1] 间接认购私募基金，即员工跟投可以存在于二级投资者当中。

5. 问：私募基金管理人的合规风控负责人能否进行员工跟投？

答：管理人的合规风控负责人作为管理人的全职员工，可以进行员工跟投。

6. 问：私募基金投资者中涉及员工跟投时需要提供什么材料？

答：投资者涉及员工跟投且金额低于 100 万元的，关注是否上传与管理人签署的劳动合同及社保缴纳证明。如员工社保由第三方机构代缴，关注代缴方是否具有人力资源服务资质。如跟投员工为在 AMBERS 系统登记的兼职高管，关注是否上传与管理人签署的劳动合同以及由管理人发放的近 6 个月工资流水。成立员工跟投平台进行跟投的，关注员工跟投平台实缴金额是否大于(含)100 万元。

7. 问：员工跟投平台是否可以备案成基金？

答：根据《登记备案办法》第 41 条的规定，以员工激励为目的设立的员工持股计划和私募基金管理人的员工跟投平台不属于私募基金备案范围。

---

[1] SPV，特殊目的实体，Special Purpose Vehicle。

8. 问：私募基金投资者中含员工跟投，跟投员工能否减资或转让基金份额？

答：根据《登记备案办法》第 35 条的规定，私募股权基金备案完成后，投资者不得赎回或者退出。有下列情形之一的，不属于前述赎回或者退出：

（1）基金封闭运作期间的分红；

（2）进行基金份额转让；

（3）投资者减少尚未实缴的认缴出资；

（4）对有违约或者法定情形的投资者除名、替换或者退出；

（5）退出投资项目减资；

（6）中国证监会、中国基金业协会规定的其他情形。

9. 问：员工跟投能否设置 AB 类份额？对于员工跟投在基金中的占比和金额是否有限制？

答：基金设置不同类别份额的，基金合同中需约定不同类别份额的划分标准，划分标准要具体、清晰、可执行。对于员工跟投在基金中的占比和金额没有限制。

10. 问：私募基金管理人能否向跟投员工收取管理费？

答：根据基金合同自行约定是否向跟投员工收取管理费。

11. 问：私募管理人跟投员工需不需要录音或录像（双录）？

答：如果该跟投员工为普通投资者，需要录音或录像；如果跟投员工为专业投资者，则可以豁免双录。

12. 问：私募管理人跟投员工是否需要签署风险揭示书和问卷调查？

答：根据《私募投资基金募集行为管理办法》第 32 条的规定，投资于所管理私募基金的私募基金管理人及其从业人员可以豁免，但应提供如下材料：

（1）风险调查问卷；

（2）合格投资者承诺函；

（3）投资者信息表；

（4）投资者及产品风险匹配告知书；

（5）风险揭示书；

(6)合格投资者资产证明;

(7)24 小时冷静期及冷静期回访。

13. 问:由私募基金管理人的员工组成的合伙企业(持股平台),投资该管理人所管理基金的,该合伙企业(持股平台)是否需要满足机构合格投资者要求,净资产不低于 1000 万元,且投资该基金金额不低于 100 万元?

答:根据《监管暂行办法》第 13 条的规定,投资于所管理私募基金的私募基金管理人从业人员视为合格投资者。私募基金管理人的员工组成的合伙企业(持股平台)进行跟投的,穿透后的员工可以豁免合格投资者要求,但合伙企业层面是不能豁免合格投资者要求的,即该合伙企业(持股平台)投资该基金金额需要不低于 100 万元。

14. 问:员工持股平台实缴金额有何要求?是否可以实缴为 0?

答:管理人及其员工的首轮实缴出资要求可从其公司章程或合伙协议约定。但以合伙企业形式设立的员工持股平台,该合伙企业对基金的首轮实缴出资金额需不低于 100 万元。

四 违反投资者合格性的法律后果

合格投资者制度是私募基金非公开发行的关键。私募基金具有高风险性,为保护投资者的利益,监管设定了合格投资者标准以筛选具有风险识别能力和风险承担能力的投资者进入私募市场。合格投资者制度设定了较高的投资门槛并限定了合格投资者人数。对募集机构而言,较高的投资门槛容易导致募资困难;对部分投资者而言,可能因合格投资者的门槛而限制了其投资的欲望。因此募集机构或投资者在利益的驱动下,可能采取非法手段突破合格投资者门槛,规避监管。尤其伴随着互联网金融平台在私募领域的广泛运用,金融创新形式成为私募管理人实现规避合格投资者标准的突破方向。

(一)违反投资者合格性的类型

合格投资者制度对投资者设定门槛(一定的资本规模或收入水平),以及设定投资者人数限制(累计不得超过200人)。因此违反投资者合格性的常见情形也多是这两方面的。向超过200人的投资者募集资金,或是向资本规模或收入水平达不到法定门槛的投资者募集资金,当然地违反了投资者合格性的要求。但实务中更为常见的是变相突破投资者合格制度的情形。

《加强基金监管规定》第7条规定:"……任何单位和个人不得通过将私募基金份额或者其收(受)益权进行拆分转让,或者通过为单一融资项目设立多只私募基金等方式,以变相突破合格投资者标准或投资者人数限制。"基于此规定,可以看出常见的违反情形包括变相突破合格标准或投资者人数限制。

为防止合格投资者制度被架空,《私募投资基金募集行为管理办法》第9条规定:"任何机构和个人不得为规避合格投资者标准,募集以私募基金份额或其收益权为投资标的的金融产品,或者将私募基金份额或其收益权进行非法拆分转让,变相突破合格投资者标准。募集机构应当确保投资者已知悉私募基金转让的条件。投资者应当以书面方式承诺其为自己购买私募基金,任何机构和个人不得以非法拆分转让为目的购买私募基金。"中国基金业协会在《〈私募投资基金募集行为管理办法〉起草说明》中也指出,《私募投资基金募集行为管理办法》第9条的设计目的是"为了杜绝私募行业某些机构投资者将所购买的私募基金份额进行拆分,转售给非合格投资者的乱象"。

实施层面,2016年3月18日,中国证监会召开新闻发布会,针对一起交易平台违规开展私募产品收益权的拆分转让业务的案例,强调开展私募基金、证券公司及基金子公司资产管理计划等私募产品或私募产品收益权的拆分转让业务,应严格遵守相关法律法规,任何机构或个人不得向非合格投资者募集、销售、转让私募产品或者私募产品收益权,且单一私募产品投资者数量不得超过法定上限……从事私募基金销售、转让、管理等业务的相关主体,以及开展资产管理业务的证券公司、基金公司、期货公司及其子公司等机构,应提高合规意识,规范展业,不得以金融创新的名义变相突破合规底线。

实践中,规避合格投资者制度监管最常见的方式为非法拆分转让私募基金份额或其收益权。具体而言,通常存在定向的委托投资或收益权转让两种形式。前者是指在募集资金过程中,以委托理财形式向非合格投资者募集资金,签订委托理财合同,再作为受托人以自身名义认购私募基金份额或份额收益权;后者是指首先作为投资人以自身名义认购私募基金份额或份额收益权,其次将收益权以签订回购协议、通过 P2P 平台发售等途径向非合格投资者进行拆分转让。这两种方式在一定程度上变相规避了传统金融行业的高准入门槛,打开了中小企业融资渠道,但均可能导致投资者的投资金额低于最低投资门槛、投资者人数突破 200 人的上限。进一步来看,非法拆分转让使许多募集机构以私募基金投资理财为由,通过欺诈方式行非法集资之实。

1. 变相突破合格投资者人数

涉及投资者人数的相关限制性规定,见表 14。

表 14　涉及投资者人数的相关限制性规定

规定名称	规定内容
《证券投资基金法》	第 87 条　非公开募集基金应当向合格投资者募集,合格投资者累计不得超过二百人。 ……
《监管暂行办法》	第 11 条　私募基金应当向合格投资者募集,单只私募基金的投资者人数累计不得超过《证券投资基金法》《公司法》《合伙企业法》等法律规定的特定数量。 投资者转让基金份额的,受让人应当为合格投资者且基金份额受让后投资者人数应当符合前款规定。
《新八条底线》	第 3 条　证券期货经营机构及相关销售机构不得违规销售资产管理计划,……包括但不限于以下情形:……(六)单一资产管理计划的投资者人数超过 200 人,或者同一资产管理人为单一融资项目设立多个资产管理计划,变相突破投资者人数限制。
《资管新规》	第 15 条　……金融机构不得违反金融监督管理部门的规定,通过为单一融资项目设立多只资产管理产品的方式,变相突破投资人数限制或者其他监管要求。
《管理办法征求意见稿》	第 26 条第 3 款　证券期货经营机构不得设立多个资产管理计划,同时为单一项目提供融资,变相突破投资者人数限制或其他监管要求。
《关于发布私募基金登记备案相关常见问题解答的通知》	合伙型、有限公司型基金投资者累计不得超过 50 人,契约型、股份公司型基金投资者累计不得超过 200 人。

基于上述规定,单一资产管理计划的投资者人数超过 200 人,或者同一资产管理人为单一融资项目设立多个资产管理计划,都属于变相突破合格投资者人数。

(1)单一融资项目的认定

私募基金管理人不可以为单一融资项目设立多只私募基金来变相突破投资者人数。

关于单一融资项目的认定,根据《暂行规定问答》,"符合如下标准,一般认为属于为单一融资项目设立多个资产管理计划:一是投资运作方面,多个资产管理计划系为融资人提供债权或股权的一级市场直接融资,不包括二级市场证券买卖行为;二是交易目的方面,多个资产管理计划系为满足同一个项目的一揽子融资计划而专门设立,标的资产事先固定,不具备动态化的组合管理特征;三是标的性质方面,融资项目不得公开募集资金,投资者人数依法不得超过200人。典型的情况如分期成立多个产品,投向单笔委托贷款、单个未上市公司股权、单个信托计划或私募资管产品等。实践中,管理人按照内部复制策略设立发行多个证券投资资产管理计划,且持有相同证券投资组合的情形,不属于本条规制范围"。也就是说,从融资主体的角度,如果分期成立多个私募股权投资基金全部投向单个未上市公司股权,应当认定为投向了"单一融资项目"。

但是对于融资主体相同,资金投向的具体项目不同的情况,如房地产公司进行不同地块的土地开发,分割土地使用权证,以每一张土地使用权证对应的土地使用权为单位,分期进行融资,或者实业企业进行不同的工程建设,不同阶段具有不同的融资需求,又或者同一融资项目在较长的时间间隔后又产生了新的融资需求,在具备真实的资金需求的情况下,管理人是否可以后期继续募集资金投向该公司,并明确约定资金的用途。

监管部门禁止同一管理人通过设立多只私募基金产品投向同一标的来"变相"突破合格投资者人数限制,重点在于"变相"二字,即从实质重于形式角度考虑。如果设立多只资管产品投向同一标的的意图就是为了规避合格投资者人数限制,那肯定是行不通的。但如果具备真实投资需求,那么是否还要"一刀切"呢?我们认为虽然融资主体相同,但最终投向能从法律关系或资产权属上区分为独立标的,则不应合并计算投资者数量。如果可以在产品备案时充分说明底层资产情况,如投资背景及意义、项目或标的的估值、定价等,那么还是有讨论空间的。[1]

---

〔1〕 参见张金金:《关于"变相突破合格投资者人数限制"的几点思考》,载搜狐网2019年8月19日,https://www.sohu.com/a/334844519_523420。

(2)多只资管产品的范围

根据中国基金业协会基金类型及产品类型的说明,股权类平层 FOF 基金[基金中的基金(Fund of Funds)]为“主要投向股权类私募基金、信托计划、券商资管、基金专户等资产管理计划”的私募基金。同时已备案的资管计划在计算合格投资者人数时将不再穿透计算。

因此,若先备案一只平层 FOF 基金(母基金),而后备案子基金,该子基金的投资人之一即为平层 FOF 基金。从形式上看,这样的操作并没有违反中国基金业协会的禁止性规定,但是对子基金来说,却有投资者人数超过 200 人的风险。那么该种情况下中国基金业协会是否会要求穿透并合并计算投资者人数呢?

《资管新规》第 22 条第 2 款规定:“资产管理产品可以再投资一层资产管理产品,但所投资的资产管理产品不得再投资公募证券投资基金以外的资产管理产品。”第 27 条第 2 项规定:“对资产管理业务实施监管遵循以下原则……(二)实行穿透式监管,对于多层嵌套资产管理产品,向上识别产品的最终投资者,向下识别产品的底层资产(公募证券投资基金除外)。”

也就是说资管产品只允许有两层架构,对于“多层”的产品(我们理解多层的含义即超过两层,不包括本数),需要向上及向下穿透核查投资者资质及人数。

既如此,若由平层 FOF 基金投向同一管理人发行的其他私募基金,则该种设置无须穿透核查。

但是这些毕竟是理论上的分析,具体实务中是否允许,还需以中国基金业协会反馈意见为准。[1]

2. 变相突破合格投资者门槛

合格投资者的界定,是私募基金风险控制的一种有效措施。显然,在设定“门槛”的同时,势必将一部分投资者挡在了门外。实践中,有人为规避合格投资者门槛,有资质的投资者通过拆分并转让私募基金收益权,通过“团购”运作模式,汇集多数投资者的资金直接或者间接投资于私募基金。此类投资者认为自己系充当资金端和资产端的对接桥梁的作用,提供的是居间撮合服务。但实际上,该做法违反了私募基金法律规定,属于变相公开募集的行为。《私募投资基金募集行为管理办法》

[1] 参见张金金:《关于“变相突破合格投资者人数限制”的几点思考》,载搜狐网 2019 年 8 月 19 日,https://www.sohu.com/a/334844519_523420。

第 9 条规定:“任何机构和个人不得为规避合格投资者标准,募集以私募基金份额或其收益权为投资标的的金融产品,或者将私募基金份额或其收益权进行非法拆分转让,变相突破合格投资者标准……任何个人和机构不得以非法拆分转让目的购买私募基金。”因此,实践中出现的私募基金“团购”运作模式,若未达到合格投资者标准,则视为变相公开募集。

相关监管机构对私募基金产品收益权的“拆分”行为持否定和不赞成的态度。中国证监会早在 2017 年的一次新闻发布会就私募监管热点问题答记者问时,就中国证监会如何看待私募基金份额的拆分转让问题答道:“根据法律和规章规定,私募基金或私募基金收益权只能向合格投资者募集和转让,同时单一私募基金投资者数量应当符合法定上限。任何机构或个人在募集、销售、转让契约型、公司型、合伙型私募基金或者私募基金收益权时,均应遵守上述规定。今年以来,我会关注市场存在的此类行为,已经查处上海一家违规开展私募产品收益权拆分转让的机构,并督促机构进行整改。我将继续加强日常监管,加强监测监控,加大对违规开展私募产品拆分转让业务的查处力度。”[1] 由此可见,相关监管机构对汇集多数投资者的资金购买私募基金产品是持否定和谨慎态度的。

(二)法律后果

合格投资者制度,作为主要适用于募集环节的重要制度,相较于其他制度较早地介入了对私募基金相关主体的行为规制,对私募基金法律关系的合法合规存续具有较大影响。同时,由较高位阶法律确立合格投资者制度也使得其区别于一般的私募基金监管制度,对其的违反或严重于一般的合规问题。

1. 民事责任:违反投资者合格性可能导致合同无效

依据《民法典》的相关规定,合同无效的情形包括以下几点:(1)无民事行为能力人签订的合同无效。(2)合同双方的意思表示虚假的合同无效。(3)违反法律、行政法规的强制性规定的合同无效。但是,该强制性规定不导致该合同无效的除外。(4)违背公序良俗的合同无效。(5)合同双方恶意串通,损害他人合法权益的合同无效。

其中,在实务中,违反合格投资者制度可能涉及的合同无效情形为前述第(3)

---

〔1〕《证监会就私募基金份额的拆分转让问题等答问》,载搜狐网 2018 年 8 月 7 日,https://www.sohu.com/a/245747177_99913655。

项、第(4)项,且第(3)项优先于第(4)项进行认定,即违反合格投资者制度是否会导致私募基金合同无效取决于该情形是否涉及违反法律、行政法规的强制性规定,如不涉及则还需判断是否涉及违背公序良俗。

需要注意的是,关于违反法律、行政法规的强制性规定,《民法典》第153条第1款在列出该无效事由时但书部分亦规定"该强制性规定不导致该民事法律行为无效的除外"。根据通常理解,该规定旨在对效力性强制性规定与管理性强制性规定作出区分,将导致无效的强制性规定限于效力性强制性规定而不包括管理性强制性规定。对效力性强制性规定的界定可结合《九民纪要》,《九民纪要》对《最高人民法院关于适用〈中华人民共和国合同法〉若干问题的解释(二)》(已废止)首次提出的"效力性强制性规定"概念及《最高人民法院关于当前形势下审理民商事合同纠纷案件若干问题的指导意见》首次提出的"管理性强制性规定"概念均进行了进一步释明,即在考量强制性规定所保护的法益类型、违法行为的法律后果以及交易安全保护等因素的基础上认定强制性规定的性质,具体列举了涉及金融安全、市场秩序、国家宏观政策等公序良俗的、交易标的禁止买卖的、违反特许经营规定的、交易方式严重违法的、交易场所违法的这5种强制性规定为"效力性强制性规定";相对地,关于经营范围、交易时间、交易数量等行政管理性质的强制性规定,一般应当认定为"管理性强制性规定"。由于正面举例的有限性,仅从字面来看,两类强制性规定的概念仍是较为抽象和模糊的。有观点认为,效力性强制性规定与管理性强制性规定的区分主要以行政立法目的和强制性规范的设立目的为最高指导原则,如果法律规范的目的单纯是为了满足行政管理的需要,并无涉及民事主体之间利益关系的意图,则应当根据行政管理权与司法审判权职能区分要求,把这类强制性规范作为管理性规范对待,排除在认定合同效力依据的范围之外。本书认为,由于行政管理的需要与民事主体利益客观上经常存在重叠,故据此将两类强制性规定加以区分仍然存在难度,具体到个案中还是需要结合司法实践进行把握。

关于违反合格投资者制度是否涉及违反法律、行政法规的效力性强制性规定,由于合格投资者制度由多个效力层级的规定组成,因此并不能一概而论,需视违反合格投资者制度的具体表现及程度而定。

首先,如私募基金实际向非合格投资者募集资金,则相应基金合同显然已构成对《证券投资基金法》相关规定的违反,此时需重点判断《证券投资基金法》相关规定是否属于效力性强制性规定。司法实践中,北京市第一中级人民法院在(2021)京

01 民终 1426 号、(2020)京 01 民终 302 号、(2020)京 01 民终 500 号、(2020)京 01 民终 307 号案件判决书中表达了明确的观点,认为《证券投资基金法》关于非公开募集基金应当向合格投资者募集的规定属于管理性强制性规定,而非效力性强制性规定。浙江省杭州市中级人民法院在(2020)浙 01 民终 3436 号案件、浙江省湖州市中级人民法院在(2020)浙 05 民终 1146 号案件及江西省高级人民法院在(2015)赣民二初字第 31 号案件中均持相同观点。此外,尚未在公开渠道查询到最高人民法院及北京市高级人民法院作出的相关判决或判决说理,亦未发现同级别法院的相异观点。因此,参照北京市第一中级人民法院的观点,如私募基金实际向非合格投资者募集,该情形被认定为违反法律的效力性强制性规定从而导致合同无效的可能性较小;当然,由于在高级人民法院及最高人民法院层面未查询到相关案例,仍不能排除该可能性。

其次,如私募基金销售机构仅未穿透审查最终投资者资质或未履行合格投资者确认程序而并未造成向非合格投资者募集资金的后果,则该机构构成对于合格投资者制度的违规行为,虽未涉及违反法律、行政法规,但需对其是否违背公序良俗进行分析。根据《九民纪要》第 31 条的审判思路,公序良俗包括金融安全、市场秩序、国家宏观政策等,对涉及公序良俗的认定需在考察规范对象基础上,兼顾监管强度、交易安全保护以及社会影响等方面进行慎重考量。司法实践中,北京市高级人民法院于 2021 年 4 月 8 日就(2020)京民终 114 号一案作出的判决书说理部分曾对此予以阐释,其认为《监管暂行办法》中关于私募基金合格投资者的规定属于监管部门制定有关合格投资者适当性管理的制度,其目的主要在于保护投资者利益,避免不具有风险识别能力和风险承受能力的投资者进行投资而受到损失;故如非合格投资者进行投资,损害的是该投资者自身利益,并未损害金融秩序与社会公共利益。另外,尚未在公开渠道查询到最高人民法院作出的相关判决或判决说理。因此,参照北京市高级人民法院的观点,机构对合格投资者制度的前述违规行为被认定为违背公序良俗从而导致基金合同无效的可能性亦较小。

最后,如私募基金管理人仅未制定适当的合格投资者风险揭示制度、合格投资者内部审核流程及相关制度,或未按照或参照《私募投资基金合同指引》制定相关文本,而并未造成向非合格投资者募集资金的后果,则该等行为构成对合格投资者制度中行业自律规范的违反。由于行业自律规范效力层级较低且往往规定较为细碎而不至于涉及违背公序良俗,故该等行为通常不属于《民法典》规定的合同无效情形,不会导致基金合同无效。

就私募基金投资者不满足合格投资者身份是否影响私募基金合同效力的问题,部分法院认为该等关于合格投资者的规定并未影响合同效力的效力性强制性规定,与非合格投资者签订的基金合同也未损害全体社会成员或社会不特定多数人员利益,故不影响合同效力,部分法院则以违背公序良俗为由认定该等合同无效。本书认为,若私募基金管理人在募集过程中明知投资者不符合合格投资者要求,仍通过其他手段规避监管要求,该等行为将破坏私募基金市场关于投资风险管控的规则,从而增加市场不稳定性,影响市场中不特定投资人的利益,故该等情形下的基金合同应被认定为因违反公序良俗而无效。

深圳市中级人民法院发布的2020年度全市法院典型案例[(2019)粤0304民初26746号]持相同观点。该案中,基金管理人明知原告非合格投资者,出资金额系由原告及十余名案外人拼集构成,明显规避关于合格投资者私募基金单笔投资金额下限的规定。该案裁判要旨认为,合格投资者制度是私募市场健康发展的基石;私募基金应当向具备相应风险识别能力和风险承担能力、且投资于单只私募基金的金额不低于100万元的合格投资者募集;当投资者并非合格投资者时,基金合同因违反中国证监会关于私募基金应当向合格投资者募集的相关规定,属于违背公序良俗之规定的情形,应当认定为无效。基金合同无效后,应向投资者返还因基金合同取得的投资款,并根据过错程度判断双方应承担的相应责任。

综合上述,违反投资者合格性管理制度有可能导致合同无效,此时需要承担合同无效的法律责任,包括返还因无效的合同取得的财产;不能返还或者没有必要返还的,应当折价补偿。有过错的一方应当赔偿对方由此受到的损失;各方都有过错的,应当各自承担相应的责任。

2. 刑事责任:涉嫌非法吸收公众存款罪

投资者若超过人数标准,无论募集机构与投资者沟通方式是否满足特定化标准,均构成公开发行,一旦涉及公开发行,就有非法集资的风险。《最高人民法院关于审理非法集资刑事案件具体应用法律若干问题的解释》规定,违反国家金融管理法律规定,向社会公众(包括单位和个人)吸收资金的行为,同时具备下列4个条件的,除《刑法》另有规定的外,应当认定为《刑法》第176条规定的"非法吸收公众存款或者变相吸收公众存款":(1)未经有关部门依法许可或者借用合法经营的形式吸收资金;(2)通过网络、媒体、推介会、传单、手机信息等途径向社会公开宣传;(3)承诺在一定期限内以货币、实物、股权等方式还本付息或者给付回报；(4)向社会公众即社会不特定对象吸收资金。

综上，若募集机构突破合格投资者标准，向不特定对象募集，且符合其他条件的，即可能会被认定为非法吸收公众存款或者变相吸收公众存款，面临刑事法律风险。根据《刑法》第176条，非法吸收公众存款或者变相吸收公众存款，扰乱金融秩序的，处3年以下有期徒刑或者拘役，并处或者单处罚金；数额巨大或者有其他严重情节的，处3年以上10年以下有期徒刑，并处罚金；数额特别巨大或者有其他特别严重情节的，处10年以上有期徒刑，并处罚金。单位犯前款罪的，对单位判处罚金，并对其直接负责的主管人员和其他直接责任人员，依照前款的规定处罚。有前两款行为的，在提起公诉前积极退赃退赔，减少损害结果发生的，可以从轻或者减轻处罚。

3. 行政责任

涉及违反投资者合格性的行政处罚的相关法规见表15。

表15　违反投资者合格性的行政处罚相关法规

规定名称	规定内容
《证券投资基金法》	第136条　违反本法规定，擅自从事公开募集基金的基金服务业务的，责令改正，没收违法所得，并处违法所得一倍以上五倍以下罚款；没有违法所得或者违法所得不足一百万元的，并处十万元以上一百万元以下罚款。对直接负责的主管人员和其他直接责任人员给予警告，并处三万元以上三十万元以下罚款。
《监管暂行办法》	第38条　私募基金管理人、私募基金托管人、私募基金销售机构及其他私募服务机构及其从业人员违反本办法第7条、第8条、第11条、第14条至第17条、第24条至第26条规定的，以及有本办法第23条第1项至第7项和第9项所列行为之一的，责令改正，给予警告并处三万以下罚款；对直接负责的主管人员和其他直接责任人员，给予警告并处三万元以下罚款。

4. 自律监管

合格投资者制度的执行也依赖于行业自律，相关法规见表16。

表16　合格投资者制度的执行相关法规

规定名称	规定内容
《监管暂行办法》	第39条　私募基金管理人、私募基金托管人、私募基金销售机构及其他私募服务机构及其从业人员违反法律法规和本办法规定，情节严重的，中国证监会可以依法对有关责任人员采取市场禁入措施。

续表

规定名称	规定内容
《私募投资基金募集行为管理办法》	第 37 条　募集机构在开展私募基金募集业务过程中违反本办法第十六条、第二十一条、第二十四条、第二十五条、第二十七条、第二十八条的规定,中国基金业协会可以视情节轻重对募集机构采取加入黑名单、公开谴责、撤销管理人登记等纪律处分;对相关工作人员采取行业内谴责、加入黑名单、公开谴责、取消基金从业资格等纪律处分。情节严重的,移送中国证监会处理。
《加强基金监管规定》	第 13 条　中国证监会及其派出机构依法从严监管私募基金管理人、私募基金托管人、私募基金销售机构和其他私募基金服务机构及其从业人员的私募基金业务活动,严厉打击各类违法违规行为。对违反本规定的,中国证监会及其派出机构可以依照《私募办法》的规定,采取行政监管措施、市场禁入措施,实施行政处罚,并记入中国资本市场诚信信息数据库;涉嫌犯罪的,依法移送司法机关追究刑事责任。《证券投资基金法》等法律、行政法规另有规定的,依照其规定处理。 基金业协会依法开展私募基金管理人登记和私募基金备案,加强自律管理与风险监测。对违反本规定的,基金业协会可以依法依规进行处理。

(三)结论

实践中,私募募集机构违反投资者合格性的类型主要有以下两点:(1)变相突破合格投资者人数限制,包括单一资产管理计划的投资者人数超过 200 人,或者同一资产管理人为单一融资项目设立多个资产管理计划;(2)变相突破合格投资者门槛,最常见的方式为非法拆分转让私募基金份额或其收益权。

违反投资者合格性的法律后果可以从民事责任、刑事责任、行政责任和行业自律四个方面进行探讨。民事责任上,向非合格投资者募集资金可能导致合同无效,因而要承担合同无效的民事责任,包括返还财产、赔偿等;刑事责任上,突破合格投资者人数限制可能涉嫌非法吸收公众存款罪,依据犯罪情节被判处有期徒刑,并处罚金;行政责任的承担主要有给予警告、没收违法所得以及罚款几种措施;从行业自律的角度看,可能会面临市场禁入,记入中国资本市场诚信信息数据库等。

五、"非公开方式"募集私募基金刍议

(一)引言

在资本市场中,以公开或非公开方式发行证券、债券、资产管理产品等有价证

券从而募集资金的情况趋于常态。其中，非公开方式发行的对象须为特定主体(且应当符合合格投资者等标准)，尤以私募基金为典型。进一步而言，以非公开方式募集资金从而发起设立基金，就此作为区分私募基金与公募基金的关键。

(二)何谓“非公开方式”募集资金

首先，在讨论“非公开方式”募集资金前，有必要厘清相关基本概念。《资管新规》对于“发行”的定义予以阐明，是指通过公开或者非公开方式向资产管理产品的投资者发出认购邀约，进行资金募集的活动。资产管理产品按照募集方式的不同，分为公募产品和私募产品(如私募基金)。公募产品面向不特定社会公众公开发行，公开发行的认定标准依照《证券法》执行。私募产品面向合格投资者通过非公开方式发行，要求合格投资者具备高于普通投资活动的风险承受能力与识别能力。正如中国基金业协会时任负责人所言，合格投资者制度和非公开募集要求是私募基金行业的另一重要基石。[1]

其次，我国《证券投资基金法》第10章专门介绍“非公开募集基金”，其中第87条规定，非公开募集基金应当向合格投资者募集，合格投资者累计不得超过200人。第91条规定，非公开募集基金，不得向合格投资者之外的单位和个人募集资金，不得通过报刊、电台、电视台、互联网等公众传播媒体或者讲座、报告会、分析会等方式向不特定对象宣传推介。《公开募集证券投资基金销售机构监督管理办法》关于“销售私募基金的特别规定”亦明确禁止相关宣传推介方式。

由此可见，私募基金领域通过“非公开方式”募集资金的主体不仅限于基金管理人，还包括基金销售机构。然而，由于职责划分不清，法律关系界定不明，在实践中，受私募基金管理人委托的募集机构向客户推销私募基金产品时很难保证募集的非公开性，存在相当高的行业风险。[2]

为维持交易的公正公平，我国资本市场建立了较为严格而全面的信息披露制度，这一要求在证券交易市场中体现更为明显。就私募基金而言，其通过非公开方式面向合格投资者募集资金，并要求合格投资者具有较高的风险承受能力和识别能力，因此采用非公开方式募集资金在一定程度上亦免除了公开信息披露义务。

最后，我国《证券投资基金法》第46条规定，非公开募集基金的基金份额持有人

---

[1] 具体见中国基金业协会2016年2月5日公布的《中国基金业协会负责人就发布〈关于进一步规范私募基金管理人登记若干事项的公告〉答记者问》。

[2] 具体见中国基金业协会2016年4月15日公布的《〈私募投资基金募集行为管理办法〉起草说明》。

对涉及自身利益的情况，有权查阅基金的财务会计账簿等财务资料。因此，非公开募集基金管理人、基金托管人应当按照基金合同的约定及基金份额持有人的要求提供相关信息。

（三）互联网时代下私募基金募集方式新变化

私募基金的销售不得采用公开宣传或变相公开宣传的方式，实践中层出不穷的乱象值得立法机构和行业从业者加以关注和思考。私募基金以往的公开销售途径包括公开出版资料；面向社会公众的宣传单、布告、手册、信函、传真；海报、户外广告；电视、电影、电台及其他音像等公共传播媒体；未设置特定对象确定程序的讲座、报告会、分析会等。

自20世纪中叶以来，以电子计算机等发明和应用为核心标志的第三次科技革命出现，人类文明历史上开启了一场信息技术的蝶变和飞跃，互联网技术开始在生产和生活中扮演着越发重要的作用，但虚拟场景及现实的不可捉摸性仍需特别关注。就私募基金募集活动而言，不难发现其在互联网时代下的身影，如相关公共、门户网站链接广告、博客，未设置特定对象确定程序的公司官方网站、微信朋友圈等互联网媒介，未设置特定对象确定程序的电话、短信和电子邮件等通信媒介，均不同程度地投射出私募基金的产品信息。

根据《登记备案办法》第70条第1款第2项规定，私募基金管理人有下列行为之一的，中国基金业协会可以采取书面警示、要求限期改正、公开谴责、暂停办理备案、限制相关业务活动、撤销私募基金管理人登记等自律管理或者纪律处分措施：通过报刊、电台、电视、互联网等公众传播媒体，讲座、报告会、分析会等方式，布告、传单、短信、即时通信工具、博客和电子邮件等载体，向不特定对象宣传推介。

因此，随着我国有关私募投资基金领域的立法日渐完善，基金管理人及从业人员等主体应当谨记合法合规准则。同时，若投资者通过互联网渠道获取私募基金产品信息，应当倍加小心。因为光鲜亮丽的外衣之下，往往掩盖不合法的募集宣传方式，甚至隐藏了集资诈骗陷阱。

（四）典型案例分析

经本书梳理，中国基金业协会专门就私募基金募集方式的相关案例予以公示，基金管理人及相关从业人员应当引以为戒。

1. 向不特定对象公开宣传募集资金，实质上是假借私募基金名义从事非法集资活动，法定代表人被判非法吸收公众存款罪

2021 年 1 月 20 日，中国基金业协会发布《假借私募基金登记备案非法集资　法定代表人被判非法吸收公众存款罪》[1]。

该案中，A 投资基金管理有限公司（以下简称 A 公司）于 2014 年 5 月登记为私募基金管理人，吕某系 A 公司实际控制人并登记为法定代表人。2011 年 8 月至 2015 年，吕某通过 A 公司员工、B 投资咨询有限公司（以下简称 B 投资公司）以及 C 保险股份有限公司（以下简称 C 保险公司）相关业务人员，借助电话推销、街头招揽、散发宣传资料等方式，以投资 A 公司发行的“投资基金”“信托产品”的名义向不特定对象公开宣传募集资金。

2017 年 6 月，一审法院依法判定吕某构成非法吸收公众存款罪，且数额巨大，判处有期徒刑 8 年并处罚金 40 万元，责令退赔投资者损失。吕某不服一审判决并提起上诉。二审法院经审理认定，虽然 A 公司对部分涉案产品进行私募基金备案，但从募集方式上看，相关资金主要通过 A 公司员工或者第三方机构 B 投资公司和 C 保险公司相关业务人员公开宣传募集而来。因此，上诉人吕某实际系假借私募基金登记备案的合法形式变相吸收公众存款。最终，二审法院驳回吕某上诉，维持原判。

除主要涉案人员吕某外，A 公司行政工作负责人侯某、销售人员苏某，第三方机构 B 投资公司业务员史某等 7 人，以及 C 保险公司业务员刘某等 2 人，由于帮助吕某以承诺保本付息方式向不特定对象公开宣传募集涉案产品并从中获利，被法院认定在参与非法吸收公众存款犯罪活动中起辅助作用，分别被依法判处有期徒刑 1 年至 3 年，并处罚金 2 万元至 10 万元。

2015 年 6 月，中国基金业协会对于 A 公司及其法定代表人吕某采取纪律处分措施，撤销 A 公司私募基金管理人登记，对于吕某进行公开谴责，加入“黑名单”并记入资本市场诚信档案。

2. 员工持股计划不属于私募基金备案范围[2]

私募基金管理人 A 提交上市公司员工持股计划 B 备案申请，B 作为上市公司员工持股计划载体，拟以非交易过户方式受让该上市公司股票。

---

〔1〕 具体见中国基金业协会 2021 年 1 月 20 日公布的《假借私募基金登记备案非法集资　法定代表人被判非法吸收公众存款罪》。

〔2〕 具体见中国基金业协会 2021 年 9 月 1 日公布的《关于发布私募基金备案案例公示的通知》。

员工持股计划一般是指公司根据员工意愿，通过合法方式使员工获得本公司股份并长期持有，股份权益按约定分配给员工的制度安排，其目的主要在于实现员工激励，建立和完善劳动者与所有者的利益共享机制。而私募基金是指以非公开方式向合格投资者募集资金设立的投资基金，其设立目的为"受人之托，代人理财"，即私募基金管理人受投资者委托进行投资管理，实现资产增值以获取相应管理费及报酬，投资者按基金份额和约定承担风险并获取收益。因此，两者存在明显差异，故员工持股计划不属于私募基金备案范围，中国基金业协会不予备案。

3. 私募基金管理人员工跟投平台不属于私募基金备案范围〔1〕

私募基金管理人 A 提交合伙企业 B 备案申请，该合伙企业投资者只有 2 名私募基金管理人员工，未对外募集资金，是私募基金管理人为其高管人员专设的投资平台，为享受私募基金在地方税收优惠政策，提交备案申请。

根据《证券投资基金法》《监管暂行办法》《私募投资基金管理人登记和基金备案办法（试行）》《私募投资基金备案须知》，私募基金应当面向合格投资者通过非公开方式对外募集资金。该案中，合伙企业为私募基金管理人高管的投资平台，无外部投资者，不属于私募基金备案范围，中国基金业协会不予备案。

（五）结论

私募基金以非公开募集、向合格投资者募集资金为基本特征。资金募集既是私募基金活动的开端，又关系到基金投资、管理、退出各目标能否逐一达成，在此过程中基金管理人应当始终秉持诚信、勤勉精神，以投资者利益为优先考量原则，切实履行"卖者尽责"义务，投资者谨记以"买者自负"为己任，认真遵守"收益自享、风险自担"要义。

六 略谈私募基金扩募的相关要点

（一）序文

近年来，私募基金业内盛行以基金管理规模为核心评价指标，各大基金管理人竞相角逐阳光私募排行榜或百亿规模私募基金排名等，常见以私募证券基金（自主

〔1〕 具体见中国基金业协会 2021 年 9 月 1 日公布的《关于发布私募基金备案案例公示的通知》。

发行)、私募证券基金(顾问管理)、私募股权基金、创业投资基金、其他私募基金作为划分类别,按不同管理规模进一步细分。由此可见,基金规模已然成为衡量基金管理人综合实力与专业形象的重要标尺。

就特定的某一只基金而言,其在备案之初即需符合中国基金业协会相关要求,存续期内通常保持封闭式基金状态。因此,基金扩大募集规模(以下简称扩募)的情形不甚频繁,且须达到一定条件方可启动相应程序。以下,本书就私募基金扩募的相关要点进行简要分析。

(二)现行有关私募基金规模的规定

首先,在讨论私募基金扩募之前,有必要厘清有关私募基金规模、封闭式/开放式基金、基金存续期与封闭期的基本要求。

申请私募基金备案应当符合基本要求。我国《私募投资基金监督管理条例》规定,私募基金应当具有保障基本投资能力和抗风险能力的实缴募集资金规模。《登记备案办法》明确要求,在私募基金初始实缴募集资金规模方面,私募证券基金不低于1000万元人民币,私募股权基金不低于1000万元人民币,其中创业投资基金备案时首期实缴资金不低于500万元人民币。

其次,我国现行《证券投资基金法》第45条第1款、第2款规定,基金的运作方式可以采用封闭式、开放式或者其他方式。采用封闭式运作方式的基金是指基金份额总额在基金合同期限内固定不变,基金份额持有人不得申请赎回的基金;采用开放式运作方式的基金是指基金份额总额不固定,基金份额可以在基金合同约定的时间和场所申购或者赎回的基金。

《私募投资基金备案须知》明确规定,私募股权投资基金(含创业投资基金)和私募资产配置基金应当封闭运作,备案完成后不得开放认/申购(认缴)和赎回(退出),基金封闭运作期间的分红、退出投资项目减资、对违约投资者除名或替换以及基金份额转让不在此列。

资产管理业务中的封闭式或开放式产品也有类似含义,如《商业银行理财业务监督管理办法》规定,封闭式理财产品是指有确定到期日,且自产品成立日至终止日,投资者不得进行认购或者赎回的理财产品;开放式理财产品是指自产品成立日至终止日,理财产品份额总额不固定,投资者可以按照协议约定,在开放日和相应场所进行认购或者赎回的理财产品。

最后,《登记备案办法》第36条规定,私募基金应当约定明确的存续期。私募股权基金约定的存续期除另有规定外，不得少于5年。鼓励私募基金管理人设立存续期不少于7年的私募股权基金。

因此，私募基金在存续期内采用封闭式运作方式的，投资者在基金合同约定的期限内无法申购或者赎回基金份额。只有符合特定条件时，封闭式基金方可开放申购或者赎回基金份额，由此为私募基金扩募奠定法律依据。

（三）私募基金扩募要点解析

1. 基本规定

如前所述，私募基金扩募须适用特定的法定要件。

首先，《私募投资基金备案须知》第11条第2款明确规定，已备案通过的私募股权基金或私募资产配置基金，若同时满足以下条件，可以新增投资者或增加既存投资者的认缴出资额，但增加的认缴出资额不得超过备案时认缴出资额的3倍：（1）基金的组织形式为公司型或合伙型；（2）基金由依法设立并取得基金托管资格的托管人托管；（3）基金处在合同约定的投资期内；（4）基金进行组合投资，投资于单一标的的资金不超过基金最终认缴出资总额的50%；（5）经全体投资者一致同意或经全体投资者认可的决策机制决策通过。

其次，关于"封闭式集合资产管理计划，是否可以扩大募集规模"问题，中国证券会答复如下：运作已满1年并且业绩良好、未出现违约风险的封闭式私募集合资产管理计划，在全体投资者一致同意的情形下，可以扩大募集规模，既允许原有投资者认购新的资产管理计划份额，也允许新的投资者参与，但不允许投资者提前退出，每次开放扩募的时间间隔不少于1年。扩募完成后，证券期货经营机构应当按照《证券期货经营机构私募资产管理业务管理办法》第53条的规定，将合同变更情况及时报中国基金业协会备案，并抄报中国证监会相关派出机构。[1]

对于投资金额10亿元以上、决策流程较长的机构投资者，在其签署书面"认缴出资意向书"并经封闭式私募集合资产管理计划其他全体投资者一致书面同意的情形下，允许该封闭式私募集合资产管理计划在现有投资者和募集规模范围内先行备案，并由机构投资者在备案之日起6个月内签署正式投资（合伙）协议、完成资金实缴，并报中国基金业协会变更备案信息。以有限合伙企业形式设立的私募股权投资基金参照前述要求执行。

---

〔1〕《〈资管细则〉适用相关问题解答（三）》，载《机构监管动态》2019年第8期总第58期。

再次,《私募股权产品备案关注要点》(2020 年 7 月版)也明确了基金扩募的相关要求。私募基金存在扩募情况的,关注合同约定是否符合以下条件:(1)运作满 1 年并且业绩良好、未出现违约风险;(2)全体投资者一致同意,且不允许投资者提前退出;(3)每次开放扩募的时间间隔不少于 1 年。《证券期货经营机构私募资产管理计划备案关注要点》(适用契约式产品,2020 年 7 月版)针对封闭式资管计划扩募亦规定了相同的条件。

最后,根据《私募投资基金服务业务管理办法(试行)》第 34 条的规定,基金估值核算机构应当对私募基金份额(权益)变化情况进行估值,即保持动态估值频率。因此,涉及私募基金扩募的,私募基金相关服务机构亦须履行法定义务。

2. 程序规范

《证券投资基金法》第 47 条规定,基金份额持有人大会由全体基金份额持有人组成,行使决定基金扩募等职权。

《私募投资基金备案须知》亦明确,已备案通过的私募股权基金或私募资产配置基金,经全体投资者一致同意或经全体投资者认可的决策机制决策通过,可以新增投资者或增加既存投资者的认缴出资。

本书认为,扩募系私募基金运行过程中的特殊事项,其关系到基金份额的重大变化,并将实质影响基金份额持有人的权益,故应由全体基金份额持有人共同商议决定。综上,私募基金扩募除须符合现行基本规定外,还应依法履行相应决策流程。

3. 禁止性规范

《登记备案办法》第 75 条规定,私募基金管理人有下列情形之一的,中国基金业协会可以视情况要求其管理的私募基金不得新增投资者和基金规模,不得新增投资:(1)因有本办法第 42 条规定的情形被中国基金业协会暂停备案,情节严重;(2)有本办法第 44 条第 2 款规定的情形,情节特别严重;(3)被中国基金业协会采取限制相关业务活动的措施;(4)中国证监会及其派出机构要求限制相关业务活动;(5)中国证监会、中国基金业协会规定的其他情形。

《登记备案办法》第 78 条第 1 款第 1 项则规定,私募基金管理人被注销或者撤销登记后,不得新增投资者和基金规模,不得新增投资。

不难理解,如基金管理人或私募基金出现异常或负面情况等特定情形的,将可能对基金份额及基金持有人的权益产生不利影响,因此前述情形下私募基金不宜扩募。

(四)小结

诚然,基金规模对于基金管理人及其管理团队的行业地位、专业形象和品牌美誉度等具有正向引导价值，但以规模取胜的心态在加剧竞争格局的同时，其持续性也需要打一个问号。单一私募基金的管理能力对于基金管理人的考验至关重要，如涉及基金扩募等特殊事项，应当严格按规定条件及流程规范实施，切实守护投资者的权益。

七 募集完毕的认定标准

《登记备案办法》第39条第2款对募集完毕作出了明确定义，即“募集完毕是指私募基金的已认缴投资者已签署基金合同，且首期实缴募集资金已进入托管账户等基金财产账户。单个投资者首期实缴出资除另有规定外，不得低于合格投资者的最低出资要求”。

在AMBERS系统填报中，关于“募集完成日”页签下对募集完毕作出解释，即“管理人应当在募集完毕后的20个工作日内通过AMBERS系统申请私募基金备案，并签署备案承诺函承诺已完成募集，‘募集完毕’，是指：(1)已认购契约型私募基金的投资者均签署基金合同，且相应认购款已进入基金托管账户；(2)已认缴公司型或合伙型私募基金的投资者均签署公司章程或合伙协议，并已完成不低于100万元的首轮实缴出资且实缴资金已进入基金财产账户。管理人及其员工、社会保障基金、政府引导基金、企业年金等养老基金、慈善基金等社会公益基金的首轮实缴出资要求可从其公司章程或合伙协议约定”。

根据上述《登记备案办法》的内容和AMBERS系统的提示，私募基金募集完毕的认定标准要同时满足三个条件：一是投资者均签署了基金合同或者公司章程又或合伙协议；二是首期募集实缴资金已经划入基金财产账户；三是除另有规定外的其他投资者的首轮实缴金额不低于100万元。

与中国基金业协会此前发布的《私募投资基金备案须知》相比，《登记备案办法》对“募集完毕”的定义更为简化。值得注意的是，本次《登记备案办法》删除了合伙型基金投资人应进行“工商确权登记”的要求。基金初始备案时不需要完成所有投资人的工商登记手续。

八 基金募集完毕超过20个工作日后能否补充备案

《登记备案办法》第39条规定：“私募基金管理人应当自私募基金募集完毕之日

起20个工作日内,向协会报送下列材料,办理备案手续……”而在实践中,有些基金为了尽快锁定投资标的快速投资出去,会先募集投资后再进行备案。如果基金产品的材料符合中国基金业协会要求,是能够通过补备案的。特别值得注意的是,因为《登记备案办法》于2023年5月1日起施行,故此之前已经投资的基金产品很可能不满足该办法的要求,如私募基金初始实缴募集资金规模应该满足如下要求:(1)私募证券基金不低于1000万元人民币;(2)私募股权基金不低于1000万元人民币,其中创业投资基金备案时首期实缴资金不低于500万元人民币,但应当在基金合同中约定备案后6个月内完成符合前述初始募集规模最低要求的实缴出资;(3)投向单一标的的私募基金不低于2000万元人民币。契约型私募基金份额的初始募集面值应当为1元人民币,在基金成立后至到期日前不得擅自改变。如果已经投资出去的基金不满足上述条件,很可能会备案不通过。建议符合中国基金业协会要求后再行补备案。

此外,本书在2023年向中国基金业协会咨询如果基金已经对外进行投资是否可以补备案,中国基金业协会回复意见是可以,且进行补充备案时要提交对外投资的相关资料以及投资人变更的相关资料。

九 私募基金募集完毕未按要求备案的法律责任

在实际操作中,有一些管理人基于各种原因没有履行私募基金备案手续,而私募基金募集完毕未按照要求备案可能承担的法律责任包括行政责任与自律监管措施、民事责任、刑事责任,各私募管理人应引起重视。

(一)行政责任与自律监管措施

《登记备案办法》第68条规定:“私募基金管理人有下列行为之一的,协会可以采取书面警示、要求限期改正、公开谴责、暂停办理备案、限制相关业务活动等自律管理或者纪律处分措施;情节严重的,可以撤销私募基金管理人登记:(一)募集完毕未按照要求履行备案手续……”

《证券投资基金法》第134条规定:“违反本法规定,非公开募集基金募集完毕,基金管理人未备案的,处十万元以上三十万元以下罚款。对直接负责的主管人员和其他直接责任人员给予警告,并处三万元以上十万元以下罚款。”

《监管暂行办法》第 33 条规定,私募基金管理人、私募基金托管人、私募基金销售机构及其他私募服务机构及其从业人员违反法律、行政法规及本办法规定,中国证监会及其派出机构可以对其采取责令改正、监管谈话、出具警示函、公开谴责等行政监管措施。第 38 条规定,私募基金管理人、私募基金托管人、私募基金销售机构及其他私募服务机构及其从业人员违反本办法第 7 条、第 8 条、第 11 条、第 14 条至第 17 条、第 24 条至第 26 条规定的,以及有本办法第 23 条第 1 项至第 7 项和第 9 项所列行为之一的,责令改正,给予警告并处 3 万元以下罚款;对直接负责的主管人员和其他直接责任人员,给予警告并处 3 万元以下罚款;有本办法第 23 条第 8 项行为的,按照《证券法》和《期货交易管理条例》的有关规定处罚;构成犯罪的,依法移交司法机关追究刑事责任。

根据上述规定,私募基金管理人发行的私募基金产品如未按照规定履行备案手续,将受到中国证监会及其派出机构以及中国基金业协会等自律组织的多重监管和处罚。其中,私募管理人本身将面临罚款、警示、暂停办理备案、限制业务活动、撤销管理人登记等行政处罚措施,其直接负责的主管人员和其他直接责任人员亦面临罚款、监管谈话、出具警示函、公开谴责等监管和处罚措施。

【警示案例】2022 年 12 月,中国证监会北京监管局行政处罚决定书[品今(北京)投资基金管理有限公司、陈某罡、王某军、刘某博、景某娟]显示,品今(北京)投资基金管理有限公司(以下简称品今投资)未按规定为其管理的北京福昌达信投资管理中心(有限合伙)、北京中嘉泰通投资管理中心(有限合伙)等 16 只私募基金备案。依据《监管暂行办法》第 38 条的规定,中国证监会北京监管局决定“一、对品今(北京)投资基金管理有限公司责令改正,给予警告,并处 3 万元的罚款;二、对陈某罡给予警告,并处 3 万元的罚款;三、对刘某博给予警告,并处 2 万元的罚款;对王某军、景某娟给予警告,并处 1 万元的罚款”。

2022 年 12 月,中国证监会北京监管局市场禁入决定书显示,品今投资未按规定为其管理的北京福昌达信投资管理中心(有限合伙)、北京中嘉泰通投资管理中心(有限合伙)等 16 只私募基金备案。陈某罡是品今投资的实际控制人,负责品今投资日常管理,审批、决策品今投资的产品销售、资金使用等事项,未勤勉尽责,情节严重,是品今投资上述违法违规行为直接负责的主管人员。依据《监管暂行办法》第 39 条和《证券市场禁入规定》第 3 条第 7 项及第 5 条的规定,中国证监会北京监管局决定对陈某罡采取 5 年证券市场禁入措施。在禁入期间内,上述人员除不得继续在原机构从事证券业务或者担任原上市公司、非上市公众公司董事、监事、高管职务外，也不得在其他任何机构中从事证券业务或者担任其他上市公司、非上市公众公司董事、监事、高管职务。

此外，在中国基金业协会提示信息中，也能发现品今投资已被列入“异常经营”。

（二）民事责任

1. 私募基金未备案可能会被主张基金合同无效

私募基金备案是私募基金管理人的法定义务，基金备案手续属于强制性规定，当投资者与未备案的私募基金产生纠纷后，往往会因为基金未备案而主张基金合同无效。司法实践中，对于基金产品未备案是否必然导致合同无效有不同的裁判观点，有的认为基金未备案基金合同无效，有的则认为基金未备案基金合同依然有效。

【案例1】（2019）粤0391民初3196号

法院认为：该案所涉的“中瑞‘现金宝’二号基金计划”产品未经登记备案，被告中瑞公司也不是私募基金管理人，被告中瑞公司也未取得金融行政主管部门或中国人民银行关于办理金融产品从事投资经营方面的许可。原、被告签订的《中瑞（2019）“现金宝二号”基金合同》违反了原《合同法》第52条有关合同无效的强制性规定，是无效合同。对该裁判观点，实际是认为合同实质内容是以“私募基金”这种形式非法筹集资金，因此裁判涉案合同为无效合同。

【案例2】（2022）浙05民终1309号

在该案中，因一审法院认定包括上诉人在内的113个投资人通过认购被上诉人清溪投资合伙企业的财产份额，间接认购清溪鳖业公司公开募集的股份，是私募基金股权投资，涉案款项性质为私募股权基金。故该案上诉人即一审原告/投资者主张：“清溪投资合伙企业私募基金没有在中国基金业协会办理登记，清溪投资合伙企业登记的有限合伙人有41人，其中有36人认购的财产份额低于100万元，在募集完毕后没有办理基金备案手续，清溪投资合伙企业的行为均违反了上述的规定，向包括吴某琴在内的113个投资人私募股权投资金额达几千万元，有非法集资或非法吸收公众存款的嫌疑，严重扰乱了国家金融秩序和安全，损害的是社会公共利益。因此，清溪投资合伙企业向包括吴某琴在内的113个投资人私募股权投资基金的行为严重损害了社会公共利益，吴某琴签订的《股权认购协议书》应当无效。”而二审法院审理后认为：“吴某琴与清溪投资合伙企业签订《股权认购协议书》，吴某琴以现金方式通过清溪投资合伙企业投资240万元认购清溪鳖业公司80万股份,并约定吴某琴享有清溪鳖业公司分红权,承担经营风险,双方之间的法律关系符合合伙法律关系特征,且吴某琴已按约完成认购,故双方应当按照《股权认购协议书》的相关约定,确定各方权利义务。案涉《股权认购协议书》系双方当事人的真实意思表示,未违反法律、法规的强制性规定,应属有效。”二审法院最终维持了一审判决。

之所以存在上述不同的裁判观点,主要是因为2019年最高人民法院发布了《九民纪要》。《九民纪要》区别了“效力性强制性规定”和“管理性强制性规定”两个概念,其中第30条“强制性规定的识别”明确下列强制性规定,应当认定为“效力性强制性规定”:强制性规定涉及金融安全、市场秩序、国家宏观政策等公序良俗的;交易标的禁止买卖的,如禁止人体器官、毒品、枪支等买卖;违反特许经营规定的,如场外配资合同;交易方式严重违法的,如违反招投标等竞争性缔约方式订立的合同;交易场所违法的,如在批准的交易场所之外进行期货交易。关于经营范围、交易时间、交易数量等行政管理性质的强制性规定,一般应当认定为“管理性强制性规定”。只有违反了效力性强制性规定,合同才能被认定无效。故按照该规定,私募基金备案的强制性规定显然不涉及金融安全,不属于效力性强制性规定,而是管理性强制性规定。所以从现有案例来看,认为基金未备案基金合同无效的情况主要发生在2019年及之前的裁判案件中,而之后的主流裁判观点基本都认为基金未备案并不必然导致基金合同无效。故基金投资者仅以私募基金未备案为由主张合同无效、要求管理人返还投资本金的,2019年之后一般较难获得法院的支持。

虽然私募基金是否备案并不能作为认定私募基金合同效力的法定事由,但出于基金运作合规性方面的考虑,为了避免不必要的法律风险和纠纷,私募基金管理人在设立私募基金时,应根据相关法律的规定以及基金合同的约定,依法办理私募基金备案手续。

2. 私募基金未备案可能会被认定基金合同未生效

《民法典》第502条第1款规定:依法成立的合同,自成立时生效,但是法律另有规定或者当事人另有约定的除外。《民法典》第158条规定:民事法律行为可以附条件,但是根据其性质不得附条件的除外。附生效条件的民事法律行为,自条件成就时生效。附解除条件的民事法律行为,自条件成就时失效。

所以一般来说,基金合同在成立时即基金合同各方签署合同后即生效,但是如果基金合同中明确约定管理人完成基金备案手续是合同生效的条件,那么私募基金未备案则会被认定基金合同生效条件未成就而无效。如果基金合同未约定基金备案是基金合同生效的条件,则不能直接仅以基金未备案作为合同未生效的理由。类似条款如“募集期限届满本基金不能成立的,本基金合同不生效”;“募集期限届满本基金未备案成功的,本基金合同不生效”等就是对基金合同生效约定了明确的条件,只有上述条件满足后,基金合同才能生效。

【案例】(2020)粤0304民初26071号

法院认为:基金合同约定“募集期限届满本基金不能成立的,本基金合同不生效”,“本合同生效应当同时满足如下条件:(1)本合同经基金投资者、基金管理人与基金托管人合法签署;(2)基金投资者认购或申购资金实际交付并经份额登记确认成功,基金投资者获得基金份额”,由此可知,基金合同系附生效条件的合同,自条件成就时生效。“根据原告举证……本院亦未在中国基金业协会网站查询到案涉森和优选股权私募投资基金的备案信息,未有证据显示案涉森和优选股权私募投资基金已经成立……基金合同所约定的生效条件并未成就,原告主张基金合同并未生效,本院予以支持。”

通过上述案例可见,基金合同相关方通过基金合同对生效条件进行了明确约定,法院会尊重当事人的意思自治。但如果合同没有明确约定基金备案是基金合同的生效条件,那么即使不进行备案也不能当然成为合同生效条件。

3. 私募基金未备案可能成为解除基金合同的依据

如果在基金合同约定了基金未备案可以解除合同,那根据意思自治原则在基金未备案的情况下可以依据合同内容解除合同,如果合同没有明确约定基金未备案是合同解除的条件,那么可否依据法律规定直接解除合同呢?

《民法典》第563条规定,“有下列情形之一的,当事人可以解除合同:……(四)当事人一方延迟履行债务或者有其他违约行为致使不能实现合同目的;……”故如果能证明基金未备案致使不能实现合同目的,则能以此要求解除合同。

【案例】(2023)辽05民终284号

法院认为:首先,基金有限合伙关系是否成立并非仅依据签订了入伙协议即可成立。案涉入伙协议是双方当事人基于基金设立及运作事宜达成的协议,设立有限合伙企业并以企业形式设立私募基金是入伙协议订立目的,也是合伙关系是否成立的重要标志。其次,根据《监管暂行办法》第7条规定,各类私募基金管理人应当根据基金业协会的规定,向基金业协会申请登记。第8条规定,各类私募基金募集完毕，私募基金管理人应当根据基金业协会的规定，办理基金备案手续。该案中，双方当事人以设立有限合伙企业形式设立私募基金，既未进行企业工商登记，亦未按照《监管暂行办法》规定向基金业协会申请登记，且李某君不属于合格投资者，故合同目的并未实现，无法确定李某君系基金合伙人。因此，双方约定的合伙企业尚未依法成立，不能依据合伙关系确定双方的权利义务。二审判决最终维持原判，即支持原告返还投资款的诉求。

上述案例系未备案判定合同解除的案例，但需要注意的是，其具体情形是基金既未成立又未备案、基金实际投资方向与合同约定不符，因此，法院认为基金合同的目的已经不能实现。但如果是在基金成立、虽未备案但并不影响合同目的实现的情况下，本书认为，投资人解除合同的主张不一定能得到法院支持。

对于私募基金管理人而言，基金不备案可能面临行政处罚以及涉诉赔偿的双重风险，届时管理人可能会面临需要向投资人返还投资本金的危险局面，因此，还是建议管理人审慎处理基金备案事宜，确保私募基金合法合规。

对于投资人而言，在选择私募基金时，可以适当关注基金合同是否将备案约定为合同生效条件、违约条款是否包含基金不备案、是否约定备案失败后的处理方式等，慎重选择不备案的私募基金。

（三）刑事责任

一般而言，如果私募基金管理人只是单纯的不备案私募基金，不存在其他方面违法的情况，则不构成刑事犯罪，在整个私募基金或项目运作过程中，基金不备案或不真实备案，且存在其他违法行为，最为常见涉及的犯罪为非法吸收公众存款罪，其次是诈骗罪、集资诈骗罪和合同诈骗罪。

随着国家对私募基金业务的监管日益严格，除非法集资类犯罪外，私募基金业务在募、投、管、退等各个环节往往还会涉及其他一些罪名，如操纵证券期货市场罪、挪用资金罪、非法经营罪、合同诈骗罪、高利转贷罪、利用未公开信息交易罪、职务侵占罪等十余个罪名。

因非法吸收公众存款罪和集资诈骗罪是私募基金涉嫌刑事犯罪常见的罪名，也是容易混淆的罪名，本书着重分析这两个罪名。

1. 集资诈骗罪

《刑法》第 192 条第 1 款规定，以非法占有为目的，使用诈骗方法非法集资，数额较大的，处 3 年以上 7 年以下有期徒刑，并处罚金；数额巨大或者有其他严重情节的,处7年以上有期徒刑或者无期徒刑,并处罚金或者没收财产。

集资诈骗罪的主要构成要件,首先要满足“以非法占有为目的”的主观条件,其次使用“诈骗方法集资”,而如果资金募集后未备案或者备案不成功,则很可能会被认定为使用诈骗的方法集资。

【案例】(2018)鲁0602刑初107号

事实:陈某某成立辽宁安某锦投资顾问有限公司、山东中某某融投资管理有限公司等,并在公司担任法定代表人。中国基金业协会复函:“辽宁安某锦投资顾问有限公司、山东中某某融投资管理有限公司因自登记之日起6个月内未在协会备案任何私募基金产品,我会私募基金登记备案系统对到期仍不符合《2·5公告》有关要求的机构予以自动注销。因上述公司登记存续期间未备案产品,我会没有其募集资金数额、范围及用途的记录。”该案犯罪嫌疑人用私募基金的名义对外募集大量资金,承诺给付高利息。

法院认为:被告人陈某某以非法占有为目的,采取虚构事实、隐瞒真相的方式进行集资,集资后的款项汇入其个人或指定账户,用于生产经营活动数额与筹集资金规模明显不成比例,致使巨额集资款不能返还,且拒不交代资金去向,其行为符合集资诈骗罪的构成要件,构成集资诈骗罪。

2.非法吸收公众存款罪

《刑法》第176条第1款规定,非法吸收公众存款或者变相吸收公众存款,扰乱金融秩序的,处3年以下有期徒刑或者拘役,并处或者单处罚金;数额巨大或者有其他严重情节的,处3年以上10年以下有期徒刑,并处罚金;数额特别巨大或者有其他特别严重情节的,处10年以上有期徒刑,并处罚金。

《最高人民法院关于审理非法集资刑事案件具体应用法律若干问题的解释》第1条第1款规定了认定为非法吸收公众存款的四个条件:(1)未经有关部门批准或者借用合法经营的形式吸收资金;(2)通过网络、媒体、推介会、传单、手机短信等途径向社会公开宣传;(3)承诺在一定期限内以货币、实物、股权等方式还本付息或者给付回报;(4)向社会公众即社会不特定对象吸收资金。

由上述规定可知,认定非法吸收公众存款罪包括四个要件:非法性、公开性、利诱性、社会性。私募基金在募集资金环节,募集主体未履行相应的登记、备案手续或者募集对象超过法定范围、人数以及公开募集、虚假宣传、违规承诺等,会导致本应合法的私募行为转变成非法集资行为。

非法吸收公众存款罪与集资诈骗罪的主要区别是是否存在非法占有目的,如果存在非法占有目的,则可能定性为集资诈骗罪,如果最终认定没有存在非法占有目的,则可能定性为非法吸收公众存款罪。定罪上的差别,将直接导致法定最高刑的差别,集资诈骗罪的最高刑罚是无期徒刑,而非法吸收公众存款罪的最高刑罚是10年以上有期徒刑。

在(2018)鲁0602刑初107号案件中,法院查明被告人谭某某、杨某某、孙某某、孙某2、李某某违反国家金融管理规定,非法吸收公众存款,扰乱金融秩序,数额巨大,以上人员的行为均已构成非法吸收公众存款罪。在同一案件中,不同的人员最终被判的罪名不一样:公司股东、法定代表人陈某某的判决结果为集资诈骗罪,其他人的判决结果为非法吸收公众存款罪,主要的原因是陈某某收受了集资的款项,且拒不交代资金去向,有明显非法占有的目的。

十 私募基金的招募说明书制作要点

招募说明书是基金最核心的募集推介材料之一,根据《私募投资基金备案须知》和《私募投资基金募集行为管理办法》第23条的规定,募集推介材料的内容应当与基金合同、公司章程和合伙协议(以下统称基金合同)实质一致。

此外,《登记备案办法》第28条第1款规定:私募基金管理人、基金销售机构向投资者募集资金,应当在募集推介材料、风险揭示书等文件中,就私募基金的管理人以及管理团队、投资范围、投资策略、投资架构、基金架构、托管情况、相关费用、收益分配原则、基金退出等重要信息,以及投资风险、运营风险、流动性风险等情况向投资者披露。

在实践中,招募说明书可以按照《私募投资基金募集行为管理办法》第23条的相关规定进行制作,具体要点包括基金的名称和类型,基金管理人的基本信息,中国基金业协会基金管理人和基金公示信息,基金托管、服务供应商、外聘投顾(如有)情况,基金外包情况,基金投资、策略和限制,基金收益和风险匹配,基金风险揭示,基金募资账户及其监督机构,投资者承担的费用/费率及其重要权利,基金承担的主要费用/费率,基金信息披露的内容/方式/频率,基金退出等。

因为募集推介材料的内容应当与基金合同实质一致,而且在基金备案时需要上传招募说明书，故建议招募说明书的内容从基金合同中摘录、复制，以免备案时出现与基金合同不一致的内容要做过多解释。

十一 政府投资基金设立合规要点

（一）政府投资基金

目前，在法律法规、部门规章以及各级政府的规范性文件中，可见“政府投资基金”“政府引导基金”“政府出资产业投资基金”“政府性投资基金”称呼。根据相关规定，“政府投资基金”“政府引导基金”“政府出资产业投资基金”“政府性投资基金”的特点是均含有政府出资，且政府出资资金来源为政府财政性资金。为便利考虑，对此类基金统一称为“政府投资基金”。相关法律规定见表17。

表17 政府投资基金定义

序号	名称	发文单位	发文时间	发文名称	定义	出资来源
1	政府引导基金	国务院办公厅	2008年10月18日	《国务院办公厅转发发展改革委等部门关于创业投资引导基金规范设立与运作指导意见的通知》	引导基金是由政府设立并按市场化方式运作的政策性基金，主要通过扶持创业投资企业发展，引导社会资金进入创业投资领域。引导基金本身不直接从事创业投资业务	引导基金的资金来源：支持创业投资企业发展的财政性专项资金；引导基金的投资收益与担保收益；闲置资金存放银行或购买国债所得的利息收益；个人、企业或社会机构无偿捐赠的资金等

续表

序号	名称	发文单位	发文时间	发文名称	定义	出资来源
2	政府投资基金	财政部	2015年11月12日	《政府投资基金暂行管理办法》	政府投资基金,是指由各级政府通过预算安排,以单独出资或与社会资本共同出资设立,采用股权投资等市场化方式,引导社会各类资本投资经济社会发展的重点领域和薄弱环节,支持相关产业和领域发展的资金	本办法所称政府出资,是指财政部门通过一般公共预算、政府性基金预算、国有资本经营预算等安排的资金
3	政府出资产业投资基金	国家发改委	2016年12月30日	《政府出资产业投资基金管理暂行办法》	政府出资产业投资基金,是指由政府出资,主要投资于非公开交易企业股权的股权投资基金和创业投资基金	政府出资资金来源包括财政预算内投资、中央和地方各类专项建设基金及其他财政性资金
4	政府出资产业投资基金	国家发改委、中国人民银行、财政部、原中国银保监会、中国证监会、国家外汇管理局	2019年10月19日	《关于进一步明确规范金融机构资产管理产品投资创业投资基金和政府出资产业投资基金有关事项的通知》	本通知所称政府出资产业投资基金,是指包含政府出资,主要投资于非公开交易企业股权的股权投资基金和创业投资基金	中央、省级或计划单列市人民政府(含所属部门、直属机构)批复设立,且批复文件或其他文件中明确了政府出资的;政府认缴出资比例不低于基金总规模的10%,其中,党中央、国务院批准设立的,政府认缴出资比例不低于基金总规模的5%

续表

序号	名称	发文单位	发文时间	发文名称	定义	出资来源
5	政府性投资基金	湖南省财政厅	2016 年 4 月 18 日	《湖南省省级政府性投资基金暂行管理办法》	省级政府性投资基金,是指省政府通过预算安排,单独出资或与社会资本共同出资设立,采用股权投资等市场化方式,引导社会各类资本投资经济社会发展的重点领域和薄弱环节,支持相关产业和领域发展的资金,主要分为基础设施建设和产业发展两大类	本办法所称政府出资,是指省财政通过一般公共预算、政府性基金预算、国有资本经营预算等安排的资金

识别政府投资基金的关键是判断是否存在政府出资。《关于进一步明确规范金融机构资产管理产品投资创业投资基金和政府出资产业投资基金有关事项的通知》第 2 条规定:“本通知所称政府出资产业投资基金,是指包含政府出资,主要投资于非公开交易企业股权的股权投资基金和创业投资基金。适用本通知的政府出资产业投资基金应同时满足以下条件:中央、省级或计划单列市人民政府(含所属部门、直属机构)批复设立,且批复文件或其他文件中明确了政府出资的……”《关于进一步明确规范金融机构资产管理产品投资创业投资基金和政府出资产业投资基金有关事项的通知》以“具备政府批复文件”解决“政府出资”定性问题。在实践中,部分地区会在设立基金的规范性文件中明确指出出资性质以及出资人。《湖北省长江经济带产业基金管理办法》第 3 条规定:“经省政府批准,省级财政出资 400 亿元发起设立湖北省长江经济带产业引导基金……”第 8 条规定:“……省财政厅委托省长江投(湖北省长江产业投资集团有限公司)代行出资人职责……”出资人表现为省长江投,出资性质为省级财政出资,应当按照政府投资基金的相关规定进行合规运营。

综上,是否属于政府投资基金,判断关键是出资是否存在政府出资,具体需要结合出资资金来源、出资主体以及相关批复意见综合判断。

(二)政府投资设立阶段的合规要点

1. 政府投资基金政府出资的合规要点

政府投资基金的出资,是指财政部门通过一般公共预算、政府性基金预算、国有资本经营预算等安排的资金。结合《财政部关于加强政府投资基金管理提高财政出资效益的通知》的相关要求，政府投资基金的政府出资时，应当关注如下事项：

(1)预算管理及审批

对政府投资基金预算管理，全国人大、国务院以及财政部文件均明确予以规定(见表18)。

表18 政府投资基金预算管理规定

序号	制度名称	具体规定
1	《全国人民代表大会常务委员会关于加强国有资产管理情况监督的决定》	第6条："……健全资产管理和预算管理相衔接的工作机制，全面反映预算资金形成基础设施、政府投资基金、政府和社会资本合作项目等相关国有资产情况。"
2	《国务院关于进一步深化预算管理制度改革的意见》	第16条："强化预算对执行的控制。严格执行人大批准的预算，预算一经批准非经法定程序不得调整。……加强对政府投资基金设立和出资的预算约束，提高资金使用效益。加强国有资本管理与监督，确保国有资本安全和保值增值。"
3	《财政部关于加强政府投资基金管理提高财政出资效益的通知》	第1条："强化政府预算对财政出资的约束。对财政出资设立基金或注资须严格审核，纳入年度预算管理，报本级人大或其常委会批准；数额较大的，应根据基金投资进度分年安排。设立基金要充分考虑财政承受能力，合理确定基金规模和投资范围。年度预算中，未足额保障'三保'、债务付息等必保支出的，不得安排资金新设基金。预算执行中收回的沉淀资金，按照推进财政资金统筹使用和盘活存量资金的规定，履行必要程序后，可用于经济社会发展急需领域的基金注资。"

结合《财政部关于加强政府投资基金管理提高财政出资效益的通知》的规定，财政部门需要对基金的出资纳入年度预算，并履行报本级人大或常委会批准的程序；数额较大的基金，需要根据基金的投资进度提前安排好基金各年份的出资并分年进行财政预算审批。

(2)财政承受能力评估

设立政府投资基金要充分考虑财政承受能力，合理确定基金规模和投资范围。财政资金必须优先用于保工资、保运转、保基本民生和债务付息等必保支出，在无法保障上述事项的前提下，不得安排设立。

(3)沉淀资金利用

根据财政资金统筹使用的规则,预算执行中收回的沉淀资金,履行必要程序后可用于经济社会发展急需领域的基金注资。

综上,在国务院发文要求"加强对政府投资基金设立和出资的预算约束"后,可以预见的是,政府投资基金的设立与出资将更加严格。政府投资基金出资时,应当严格按照规定完成预算审批程序,确保出资合规。

2. 政府投资基金出资结构的合规要点

根据《政府出资产业投资基金管理暂行办法》第9条规定,政府投资基金的出资可以分为:全部由政府出资;与社会资本共同出资;向符合条件的已有产业投资基金投资。

(1)全部由政府出资

全部由政府出资的主要类型为政府引导基金,一般以母子基金形式运行。比如,深圳市福田引导基金投资有限公司,是一只经中国基金业协会备案的政府引导基金,由深圳市福田区财政局100%出资。在政府引导基金投资子基金的情况下,原则上引导基金出资不得超过一定比例。《福田区财政局关于拟调整〈深圳市福田区政府投资引导基金管理办法实施细则〉部分条款的通知》指出,各层次、各级别的财政资金和国有成分资金出资总额占子基金认缴出资总额的比例不超过70%;市、区引导基金交叉投资子基金的,市、区两级(除天使母基金外)出资原则上不超过基金规模的1/3。

(2)与社会资本共同出资

政府出资与社会资本共同出资,其中政府出资部分纳入财政预算安排,财政出资人包括本级政府财政、下一级政府财政等,而社会资本则包括银行、保险、信托各类金融机构以及民间资本。这种情况下,政府出资与其他社会资本出资比例如何安排,国家层面并未作出明确规定。

部分地方明确规定了政府出资的上限,如《辽宁产业投资基金管理办法》第14条规定:"辽宁基金对产业发展类投资基金出资比例原则上不超过该投资基金总规模的30%,且不作为唯一最大出资人,省内各级政府合计出资比例原则上不高于该投资基金总规模的50%。对产业支持类投资基金,辽宁基金出资比例不超过该投资基金总规模的50%,省内各级政府合计出资比例最高可达该投资基金总规模的100%。"《湖南省省级政府性投资基金暂行管理办法》第12条第1款规定:"政府性投资基金设立时应明确规模上限及出资期限,达到规模上限或出资期限后,不再继续出资。政府出资采取认缴制,出资比例一般不超过基金募集规模的30%。”在实践中,上海市闵行区创新创业投资引导基金管理中心作为政府投资基金名义出资人,共投资二十余家基金,其中出资比例最高为40%,最低为3.4%。从相关规定以及政策的导向看,政府投资基金必须发挥财政出资的杠杆作用,吸纳一定比例的社会资本,其中政府出资占比一般较小。如果采取母子基金的形式,子基金还可以继续加杠杆,放大财政杠杆作用。

综上,在政府出资与社会资本共同出资设立基金的情况下,应当本着“积极带动社会资本投入”的原则,妥善安排政府出资的出资比例。具体政府出资与社会出资的比例需要结合基金情况、地方规定以及监管部门的意见确定。

(3)向符合条件的已有产业投资基金投资

政府或政府授权的部门或国有企业可以投资符合条件的已有产业投资基金,扩大已有产业投资基金的规模。其中,已有产业投资基金既可能是全部由政府出资的基金,亦可能是与社会资本共同出资的基金。《政府出资产业投资基金管理暂行办法》第18条规定了政府向已设立产业投资基金出资时基金组建方案的要求,但由于国家层面法规并未明确规定向符合条件的已有产业投资基金投资的具体要求,实践中主要参考设立政府投资基金的相关规定进行操作。

3. 政府投资基金设立审批的合规要点

在国家层面,《政府投资基金暂行管理办法》第5条作出了原则性规定:“政府出资设立投资基金,应当由财政部门或财政部门会同有关行业主管部门报本级政府批准。”

在地方层面,政府投资基金设立原则上也需要经过本级政府批准。例如,《宁波市市级政府投资基金管理办法》第6条规定:“市政府单独出资设立有关行业(领域)投资基金,应当由市级行业主管部门会同财政部门拟定投资基金设立方案,报市政府常务会议审议批准……”对于政府引导基金设立子基金的情况,原则上也需要经过本级政府或相应机构审核批准。例如,《深圳市龙岗区政策性投资引导基金管理办法》第12条规定:“……专项子基金是指为落实龙岗区人民政府扶持重点产业发展等政策,以区委区政府名义印发或经区委区政府批准的文件、区委区政府会议纪要或投委会会议决议等文件明确要求设立运作,由引导基金参股的子基金……”

部分地方制定了地方的政府投资基金的管理办法,进一步细化审批程序。例如，《湖南省省级政府性投资基金暂行管理办法》明确规定了“省级政府性投资基金”审批程序，“政府性投资基金应当由省财政厅或省财政厅会同相关单位在统筹评估经济社会发展需要、市场运作空间和财政承受能力的基础上，提出基金设立方案，经分管副省长、省长审批或省政府常务会议审议通过后设立”。

综上，政府出资设立投资基金，原则上应当由财政部门或财政部门会同有关行业主管部门报本级政府批准。在设立政府投资基金过程中，应当根据地方规定和相关意见，准备审批材料，完成审批流程。

4. 政府投资基金协议内容的合规要点

政府投资基金的协议内容也应当符合国家相关规定，具体如下：

(1)投资方向

投资方向应符合区域规划、区域政策、产业政策、投资政策及其他国家宏观管理政策。具体而言，根据《政府投资基金暂行管理办法》，各级财政部门一般应在以下领域设立投资基金：①支持创新创业；②支持中小企业发展；③支持产业转型升级和发展；④支持基础设施和公共服务领域。而《关于加强政府投资基金管理　提高财政出资效益的通知》进一步明确，政府投资基金应当“围绕产业转型升级、推进供给侧结构性改革和做好‘六稳’等开展基金运作”，其中的“六稳”是指稳就业、稳金融、稳外贸、稳外资、稳投资、稳预期。

(2)投资领域

在投资领域方面，应当避免与已有的政府投资基金的投资领域重复。《财政部关于加强政府投资基金管理提高财政出资效益的通知》指出：“同一行业领域设立多支目标雷同基金的，要在尊重出资人意愿的基础上，推动整合或调整投资定位。”

(3)基金托管

政府投资基金只能委托在中国境内设立的商业银行进行托管，不能委托其他机构托管。

(4)组织性质

政府投资基金的组织形式可分为公司制、合伙制、契约制等。

(5)日常管理

政府出资人不得参与基金日常管理事务。

5. 政府投资基金信用信息的登记合规要点

《政府出资产业投资基金管理暂行办法》以及《政府出资产业投资基金信用信

息登记指引(试行)》对政府投资基金的信息登记管理制度作出了明确要求,具体如下:

(1)登记主体

需要登记的基金由政府(含所属部门、直属机构)直接或委托出资,主要投资于非公开交易企业股权的股权投资基金和创业投资基金以及政府出资设立的综合性基金(母基金)。

(2)登记时限

政府投资基金信用信息登记应当于募集完毕后20个工作日内完成。

(3)登记部门

应当按照分级登记管理原则登记,即原则上,中央各部门及其直属机构出资设立的政府产业投资基金,与地方政府或所属部门、直属机构出资设立的政府产业投资基金分级管理,分别于全国政府出资产业基金信用信息登记系统和地方区域政府出资产业投资基金信用信息登记子系统登记,分别受国家发改委和地方发改委部门的监管。

需要特别注意的是,发改委部门将对基金投向进行"产业政策符合性审查",并且以下情况为分级管理原则的除外情况:①(地方)出资额50亿元人民币(含)以上的,由国家发改委负责材料完备性和产业政策符合性审查;②(地方)出资额50亿元人民币以下但超过一定规模的,由省级发改委负责材料完备性和产业政策符合性审查。

(4)登记内容

政府投资基金信用信息登记所需的基本内容,包括相关批复和基金组建方案(区分新发起设立政府出资产业投资基金和向已设立产业投资基金出资)、基金协议、基金托管协议、基金管理人的章程、基金管理人高管的简历/过往业绩、基金投资人向基金出资的资金证明文件等。

(5)对管理人的特殊要求

政府投资基金的基金管理人应符合以下条件:①在中国设立,实收资本不低于1000万元人民币;②至少有3名具备3年以上资产管理工作经验的高管;③基金管理人及其董事、监事、高管及其他从业人员在最近3年无重大违法行为;④有符合要求的营业场所、安全防范设施和与基金管理业务有关的其他设施;⑤有良好的内部治理结构和风险控制制度。

(6)产业政策符合性审查

政府投资基金在信用信息登记系统登记后,由发改委部门根据登记信息在30个工作日内对基金投向进行产业政策符合性审查,并在信用信息登记系统予以公开。对未通过产业政策符合性审查的政府投资基金,各级发改委部门应及时出具整改建议书,并抄送相关政府或部门。

综上,在政府投资基金设立过程中,除符合私募股权基金的一般监管规定外,还要确保出资程序、审批程序、协议内容等符合政府投资基金的相关规定,实现政府投资基金规范运营,让政府投资基金充分撬动社会资本,促进产业发展,实现国有资本高效利用以及保值、增值。本书建议,在政府投资基金设立过程中,持续关注国家和地方性法规、政策,并及时和相应监管部门沟通,确保设立的规范性。

十二 不动产私募基金设立备案及投资运营要点

2022年11月28日,中国证监会新闻发言人就资本市场支持房地产市场平稳健康发展答记者问,明确中国证监会决定在股权融资方面调整优化5项措施,并自即日起施行。该5项措施包括"积极发挥私募股权投资基金作用。开展不动产基金试点,允许符合条件的私募股权基金管理人设立不动产基金,引入机构资金,投资存量住宅地产、商业地产、基础设施,促进房地产企业盘活经营性不动产并探索新的发展模式。"

2023年2月20日,中国证监会官网发布消息称,中国证监会启动不动产私募投资基金试点,支持不动产市场平稳健康发展。

同日,中国基金业协会发布《不动产私募投资基金试点备案指引(试行)》,根据中国证监会的相关政策要求及指导,在具体操作层面予以落实。自此,私募基金在不动产投资领域正式启动。

需要了解的是,中国基金业协会于2017年2月13日发布《证券期货经营机构私募资产管理计划备案管理规范第4号》,针对投资房地产价格上涨过快热点城市普通住宅地产项目的私募基金暂不予备案,自此之后,地产类私募基金设立及备案严格受限。

本书结合《不动产私募投资基金试点备案指引(试行)》《加强基金监管规定》及《私募投资基金备案须知》等相关要求,就不动产私募基金(以下简称不动产基金)

的设立备案及投资运营要点进行梳理分析。

（一）不动产基金设立备案要点

本书梳理了有关不动产基金设立备案的要点，见表19。

表19 不动产基金设立备案要点

内容	具体要求
展业前信息报送	管理人在开展不动产基金募集、管理等业务活动前，应当向中国基金业协会报送以下信息和材料： (1)拟设立不动产基金的募集计划、投资运作计划等情况； (2)管理人、主要出资人及实际控制人适格证明材料； (3)管理人实缴资本证明材料； (4)不动产投资管理规模证明材料； (5)不动产投资业务相关高管信息、从业人员信息； (6)合法合规及诚信情况； (7)中国证监会、中国基金业协会要求的其他信息和材料
管理人要求	
机构类型	在中国基金业协会依法登记的私募股权基金管理人
实缴资本	不低于2000万元人民币
出资人及实际控制人	1.出资结构稳定，主要出资人（出资比例≥25%）及实际控制人最近两年未发生变更； 2.主要出资人及实际控制人不得为房地产开发企业及其关联方，因私募基金投资需要向房地产开发项目企业派驻管理人员的情形除外
内控要求	具有完善的治理结构、管理制度、决策流程和内控机制
管理经验	1.具有不动产投资管理经验，在管不动产投资本金不低于50亿元人民币，或自管理人登记以来累计管理不动产投资本金不低于100亿元人民币；但试点不动产基金投资者均为机构投资者的，前述要求可为在管不动产投资本金不低于30亿元人民币，或自管理人登记以来累计管理不动产投资本金不低于60亿元人民币。 上述不动产投资管理规模需满足以下认定要求： (1)以完成备案的已备案私募股权基金（不包含创业投资基金）不动产投资管理规模为准，未备案私募基金规模不予认定； (2)需为拟申请管理人管理的规模，关联方管理人或管理人高管在其关联方管理人名下的管理规模不予认定； (3)认定规模的投资项目应为住宅地产（普通住宅、公寓、保障性住房、市场化租赁住房）、商业经营用房（写字楼、商场、酒店等）、基础设施项目（高速铁路、公路、机场、港口、仓储物流工程、城市轨道交通、市政道路、水电气热市政设施、产业园区等传统基础设施，5G基站、工业互联网、数据中心、新能源风电光伏设施等新型基础设施建设项目）； (4)投资范围方面，计算规模应为不动产投资本金，即基金实缴且投向项目的股权本金金额（不包括增值部分），外部贷款杠杆部分规模以及投向不动产行业平层FOF基金规模不予认定。

续表

内容	具体要求
管理经验	(5)管理规模方面,开展不动产试点业务的管理人在管不动产投资本金不低于50亿元人民币,或自管理人登记以来累计管理不动产投资本金不低于100亿元人民币;对仅符合在管不动产投资本金不低于30亿元人民币,或自管理人登记以来累计管理不动产投资本金不低于60亿元人民币要求的管理人,应在提交材料时承诺其后续备案不动产私募基金投资者均为机构投资者。 2. 具有3个以上的不动产私募投资项目成功退出经验。 3. 具有不动产投资经验的专业人员,投资部门拥有不少于8名具有3年以上不动产投资经验的专业人员,其中具有5年以上经验的不少于3名
合规及诚信	最近3年未发生重大违法违规行为
不动产基金要求	
组织形式	没有限制,公司型、合伙型、契约型基金均适用
首轮实缴募集资金规模	不低于3000万元人民币,即初始认缴规模至少3000万元人民币
投资者要求	1. 投资者需满足首轮实缴出资不低于1000万元。其中,有自然人投资者的不动产基金,自然人投资者合计出资金额不得超过基金实缴金额的20%。管理人及其从业人员投资于所管理的不动产基金的,不受前述约束。 2. 以合伙企业、契约等非法人形式,通过汇集多数投资者的资金直接或者间接投资于不动产基金的,应当穿透核查,但基本养老金、社会保障基金、年金基金等养老基金,慈善基金等社会公益基金,保险资金,金融机构发行的资产管理产品,在境内设立的面向境外投资者募资的QFLP试点私募基金除外
基金合同约定事项	1. 基金合同应当明确约定以下内容: (1)投资范围、投资方式、退出方式等; (2)基金投资决策机制安排; (3)基金扩募、分级安排、抵质押等担保安排(如有); (4)被投企业向基金分红事项(如有); (5)股东会、合伙人会议或者基金份额持有人大会的召集机制、议事内容和表决方式等; (6)中国证监会、中国基金业协会要求的其他内容。 2. 投向单一项目的不动产基金合同还应当明确约定投资标的、投资结构等
托管要求	1. 应当由依法取得基金托管资格的机构托管。 2. 基金托管人应当切实履行托管人职责,监督不动产基金的投资范围、投资方式、适格投资者等持续符合要求,并按季度向中国基金业协会报送不动产基金投资标的、投资者变动等运作情况

续表

内容	具体要求
杠杆要求	1. 管理人可以结合实际业务情况,对不动产基金设置合理杠杆比例,但不得利用分级安排变相保本保收益。 2. 不动产基金总资产不得超过净资产的200%
扩募要求	1. 不动产基金在备案完成后开放认购、申购(认缴)的,应当符合下列要求: (1)不动产基金处在基金合同约定的投资期内; (2)开放认购、申购(认缴)经全体投资者一致同意或者经合同约定的决策机制通过; (3)投资者需符合上述投资者要求; (4)中国证监会、中国基金业协会规定的其他要求。 2. 相较《私募投资基金备案须知》,不动产基金在扩募要求方面取消了"基金的组织形式为公司型或合伙型""基金进行组合投资,投资于单一标的的资金不超过基金最终认缴出资总额的50%"的限制,与《不动产私募投资基金试点备案指引(试行)》的相关要求相衔接
备案类型	1. 备案为私募股权投资基金,私募股权投资基金类型项下增设"不动产基金"产品类型。按照《不动产私募投资基金试点备案指引(试行)》设立从事不动产投资业务的私募基金,将产品类型选择为"不动产私募投资基金"。 2. 中国基金业协会在之前发布的《有关私募投资基金"业务类型/基金类型"和"产品类型"的说明》已明确"房地产基金(是指从事一级房地产项目开发的私募基金,包括采用夹层方式进行投资的房地产基金)"与"基础设施基金(是指投资于基础设施项目的私募基金,包括采用夹层方式进行投资的基础设施基金)",《不动产私募投资基金试点备案指引(试行)》在前述类型的基础上进一步区分"不动产私募投资基金",以便对该类型私募基金进行标识及差异化管理
备案期限及报送文件	1. 管理人应当在不动产基金募集完毕后20个工作日内向中国基金业协会报送以下基本信息和材料,办理备案手续: (1)私募基金合同; (2)基金托管协议; (3)基金招募说明书; (4)风险揭示书以及投资者适当性相关文件; (5)募集资金实缴证明文件; (6)底层投资协议、投资框架协议或具体投资方案(如适用); (7)项目公司已经取得的国有土地使用证、建设用地规划许可证、建设工程规划许可证、建筑工程施工许可证、预售许可证,以及证明项目主体建设工程进展的证明文件材料(如适用); (8)中国基金业协会要求的其他信息和材料。 2. 相较现行的私募股权类基金的备案资料清单,增加了提交投资者适当性文件、底层投资相关文件、投资项目公司的项目资质证照文件资料,以和《不动产私募投资基金试点备案指引(试行)》要求相衔接,反映中国基金业协会在特别要求方面加强合规及真实性审查力度,确保政策得以真正落实

续表

内容	具体要求
风险提示书制作要求	1. 管理人应当在募集推介材料以及风险揭示书的“特殊风险揭示”部分向投资者揭示不动产基金的特殊风险，详细披露基金投资范围、投资方式等基本情况。 2. 不动产基金若涉及关联交易、单一投资标的、分级安排、抵质押、股东借款、贷款、通过特殊目的载体投向标的、契约型私募基金管理人股权代持等其他特殊风险或业务安排，应当在风险揭示书的“特殊风险揭示”部分一并披露

(二)不动产基金投资运营要点

本书梳理了有关不动产基金投资运营的要点，见表20。

表20　不动产基金投资运营要点

内容	具体要求
投资范围	1. 包括特定居住用房(存量商品住宅、保障性住房、市场化租赁住房)、商业经营用房、基础设施项目等，其中： (1)存量商品住宅是指已取得国有土地使用证、建设用地规划许可证、建设工程规划许可证、建筑工程施工许可证、预售许可证，已经实现销售或者主体建设工程已开工的存量商品住宅项目，包括普通住宅、公寓等。 (2)保障性住房是指已取得国有土地使用证，为解决住房困难问题而搭建的限定标准、限定价格或租金的政策性住房，包括公租房、保障性租赁住房、共有产权住房等。 (3)市场化租赁住房是指已取得国有土地使用证、建设用地规划许可证，不以分拆产权销售为目的、长期对外进行市场化租赁运营，但未纳入保障性租赁住房体系的租赁住房。 (4)商业经营用房是指开发建设或者运营目的供商业活动使用的不动产项目，包括写字楼、商场、酒店等。 (5)基础设施项目是指开发建设或者运营目的供市政工程、公共生活服务、商业运营使用的不动产项目，包括高速铁路、公路、机场、港口、仓储物流工程、城市轨道交通、市政道路、水电气热市政设施、产业园区等传统基础设施，5G基站、工业互联网、数据中心、新能源风电光伏设施等新型基础设施。 2. 原先发布的《证券期货经营机构私募资产管理计划备案管理规范第4号》规定针对投资于房地产价格上涨过快热点城市普通住宅地产项目的私募基金暂不予备案，我们理解，《不动产私募投资基金试点备案指引(试行)》实施后，符合条件的不动产基金可投资普通住宅地产项目且不受热点城市的限制，是对前述投资范围的重大突破，但是针对不符合《不动产私募投资基金试点备案指引(试行)》的管理人依然不能设立备案不动产基金。 3. 除上述投资范围外，能否进行其他范围的投资尚未明确，参考《有关私募投资基金“业务类型/基金类型”和“产品类型”的说明》对于房地产基金与基础设施基金的说明，我们理解，不动产基金的投资范围仅限或至少主要投资于上述投资领域，具体有待进一步观察

续表

内容	具体要求
关联交易	1. 不动产基金如果进行关联交易的,管理人应当防范利益冲突,建立有效的关联交易及风险控制机制,在基金合同中明确约定涉及关联交易的事前、事中信息披露安排以及针对关联交易的特殊决策机制和回避安排等。 2. 上述关联交易是指不动产基金与管理人、管理人的高管、投资者、管理人管理的其他私募基金、同一实际控制人控制的其他管理人管理的私募基金或者与上述主体有其他重大利害关系的关联方发生的交易行为。 3. 管理人不得隐瞒关联关系或者将关联交易非关联化,不得以私募基金的财产与关联方进行利益输送等违法违规活动。
不动产基金为被投企业提供借款或者担保	1. 应当符合下列条件: (1)基金合同有明确约定,并履行基金合同约定的决策程序; (2)借款或者担保到期日不得晚于基金清算完成日; (3)有自然人投资者的,不动产基金应当持有被投企业 75% 以上股权,在此情形下,不动产基金向被投企业的股权出资金额不得低于对该被投企业总出资金额的 1/3; (4)全部为机构投资者的,不动产基金应当持有被投企业 75% 以上股权,或者持有被投企业 51% 以上股权且被投企业提供担保,可实现资产控制;在此情形下,不动产基金向被投企业的股权出资金额可由基金合同约定。 2. 根据基金合同约定或者履行基金合同约定的决策程序后,不动产基金可以基于商业合理性,将基金财产对外提供抵质押,通过申请经营性物业贷款、并购贷款等方式,扩充投资资金来源。 3.《加强基金监管规定》对私募基金提供借款及担保的限制为:私募基金以股权投资为目的,按照基金合同约定可以为被投企业提供 1 年期限以内借款、担保,除中国证监会另有规定外,前述借款或者担保到期日不得晚于股权投资退出日,且借款或者担保余额不得超过该私募基金实缴金额的 20%。相较而言,《不动产私募投资基金试点备案指引(试行)》对于不动产基金为被投企业提供借款或担保的金额未设置上限,是较大突破,为被投企业拓宽其他融资渠道提供了想象空间
信息披露及报送	1. 不动产基金设立后,管理人应当按季度制作《不动产基金财产管理报告》并向投资者披露,《不动产基金财产管理报告》至少包含以下内容: (1)基金财产专户的开立情况; (2)基金财产投资管理、运营、处分和收益情况; (3)投资不动产标的项目运作情况; (4)投资经理或关键人士变更情况; (5)基金财产运用重大变动说明; (6)涉及重大诉讼或者损害基金财产、投资者利益的情形; (7)涉及关联交易、抵质押、股东借款、贷款等情况的说明; (8)基金合同约定的其他内容; (9)中国基金业协会要求的其他内容。

续表

内容	具体要求
信息披露及报送	2. 管理人应当按季度向中国基金业协会报送不动产基金运行情况，并在年末向中国基金业协会报送不动产基金整体运作情况。 3. 相较现行私募股权类基金的信息披露要求，取消了半年度的信息披露义务，并以《不动产基金财产管理报告》作为替换，也体现监管层面对不动产基金投资运作的持续高度关注
管理人行为禁止	管理人应当勤勉尽责，通过监督资金流向、切实发挥股东作用等方式，有效控制不动产基金风险，不得存在下列行为： (1)管理人以基金财产为基金、被投企业以外主体提供担保，损害投资者权益； (2)管理人运用私募基金财产直接或者间接投资于管理人、控股股东、实际控制人及其实际控制的企业或者项目； (3)中国证监会、中国基金业协会禁止的其他情形

(三)小结

整体而言，经历了近几年地产行业的重大变化以及地产类私募基金的风险事件后，监管机构采取了“谨慎鼓励”的方式以“试点先行、稳妥推进原则”适当放开私募基金在不动产投资领域的要求及限制，为不动产行业提供长期稳定的资金，同时也着重强调不动产基金投资设立和运作方式的合规性及专业性，把控合规风险。

十三 私募基金合同条款中的“保本保收益及刚性兑付”的“擦边球”条款

(一)“保本保收益及刚性兑付”条款的界定

私募投资基金合同中的“保本保收益或刚性兑付”条款是指在私募投资基金法律关系中，约定投资者对其所投资的本金不承担亏损责任，并可确定性的取得一定投资回报的条款。该类条款在本质上是一种对投资风险的限制，即确保投资者在一定范围内不承担风险。

实践中，此类条款主要表现为三种类型：(1)保证本息固定回报条款，即约定投资者在私募基金到期后可不受减损地取回其投资本金，并获得固定的利息金额；(2)保证本息最低回报条款，即约定投资者在私募基金到期后可不受减损地取回其投资本金，此外投资者还可以获得不低于一定比例的收益，即收益金额只设最低值，对于超过最低金额外的超额收益，则一般约定由条款双方按约定比例分成；(3)保证本金不受损失条款,即约定投资者在私募基金到期后可不受减损地取回其投资本金,而对于收益内容,则不约定投资者的最低收益比例,仅约定若存在收益,则条款双方按约定比例分成。

不难发现,上述三种类型的保底条款中均约定了投资者的投资本金不受亏损的内容,因此保底条款中一般都会约定,当投资本金出现减损时,由条款相对方对投资本金的亏损部分进行差额补足。也正因如此,该类条款一般称为“保底”条款。

(二)保底条款的法律效力分析

对于私募基金合同中约定的保底条款效力,现行法律法规对此已经有较清晰的裁判依据,《证券法》第135条、《证券投资基金法》第20条第4项、《监管暂行办法》第15条、《基金管理公司特定客户资产管理业务试点办法》(已废止,以下简称《试点办法》)第35条第4项、《九民纪要》第92条均禁止向投资者作出“保底保收益或刚性兑付”承诺。当然,司法实务中对如何适用上述法律规定仍有一定争议存在,但否定保底条款效力的有效性,已经成为后续司法实务的主流方向。因此,本书拟从理论分析方面对保底条款无效这一裁判观点进行分析,以期为读者提供一些帮助。

首先,即便《监管暂行办法》《试点办法》相关规定并非效力性强制性规定,也应当使用该规定否定保底条款的效力。理由在于,《监管暂行办法》《试点办法》是对法律关于私募基金法律关系相关规定的细化与延伸,虽然在法律层级上低于狭义上的法律,但是从广义角度来看,其仍属我国法律体系的组成部分,皆以国家强制力为后盾,不应当轻易否认其法律强制性。且私募基金法律关系与普通的民商事法律关系存在诸多不同,其特殊性与复杂性远超普通民商事法律关系,关系着国家资本市场的正常运转与社会层面的稳定。进而对其的约束与管控也应当与普通民商事法律关系相区别,采用更为严格的方式予以规范,不能以法律层级的高低简单化问题的处理思路对待私募基金法律关系。而保底条款明确违反了《监管暂行办法》《试点办法》的相关规定,即便属于违反行政法规的行为,但由于行政法规中所明确禁止的行为属于严重危害资本市场正常运行的行为,违反该禁止性规范的行为,不仅是对行政规章的违背,更是破坏了实际属于国家公共秩序的资本市场稳定性,属于对公序良俗的违反。若认定保底条款有效,则是对整个法律体系基础的否定。因此,对于违反《监管暂行办法》《试点办法》相关规定的保底条款,同样应当否认条款的有效性,非此难以做到法律适用的适当性与合理性。

其次,保底条款有违民商法基本原则。在私募基金法律关系中投资者委托金融机构进行私募投资，双方之间存在委托与被委托的法律关系，因此该法律关系属于民法中的委托代理法律关系。而《民法典》第929条规定，在有偿的委托合同中，因受托人的过错给委托人造成损失的，委托人可以要求赔偿损失。换言之，有偿代理的代理人只承担因自己的过错造成被代理人损失的责任，而不承担因不可归责于代理人的事由所造成的被代理人损失的责任。若肯定保底条款的效力，将颠覆委托代理之制度构成。

再次，保底条款不应取代客观存在的市场自然规律，这是客观主义的基本准则。保底条款在法律层面上固然属于当事人意思自治范畴，似应受到司法尊重，但其在经济层面上却具有极强的信用投机色彩。在高风险的证券、期货等金融市场中，绝对的只盈不亏的情形不可能存在，也不可能存在恒高的收益率。而保底条款通过所谓意思自治的法律安排排除了投资者所应当承担的风险，违背市场经济基本规律和资本市场规则。若肯定保底条款的效力，则会产生投资者非保底不投资的扭曲心理态度，从而破坏证券市场正常的资源配置功能。因此，即便保底条款属于当事人之间的意思自治，也不得违背市场客观规律、阻碍市场的正常发展，因此该保底条款属于无效条款，不应肯定其法律效力。

复次，金融机构作为专门经营投资管理业务的公司，其名下往往存在多个基金产品，若肯定保底条款的效力，一旦发生本金亏损事宜，则金融机构承担该资产损失会导致自身经营发生困难，将影响金融机构自身的存续性及管理的其他基金产品的投资本金、利润，存在引发系统性风险的危险，而这也将导致社会公共利益遭受破坏。

最后，保底条款违背民法之公平原则。从权利义务对等的角度来看，保底条款使得投资者能够确保其投资私募基金业务不会遭受损失，但却无须承担与该利益相应存在的高风险，该高风险实际转移给了并未因私募基金业务获得高额利益的金融机构负担。因此，保底条款导致双方当事人之间的民事权利义务配置极不对等，双方的权利义务严重失衡，违背了市场经济基本规律和资本市场规则，同时也违背了民法的公平原则。因此，保底条款应属于无效条款。

十四 未备案的私募基金定性及基金合同效力问题

2020 年 12 月 30 日，中国证监会发布《加强基金监管规定》针对不同的违规情形设置了不同的整改期。其中，私募基金管理人不得管理未备案的私募基金，对此行为设置的整改期是 6 个月。此外，近年来私募基金管理人因基金未备案而被投资者起诉索赔的案件也日渐增多，而基金合同的约定是否仍然有效，很可能决定着法院对私募基金管理人应承担何等法律责任的认定。

（一）私募基金备案概述

备案是中国基金业协会对私募基金进行监督管理的重要手段，根据相关法律法规的规定，私募基金应于募集完毕后 20 个工作日内，办理私募基金产品的备案手续，具体规定见表 21。

表 21　私募基金备案相关法规

《证券投资基金法》	第 94 条　非公开募集基金募集完毕，基金管理人应当向基金行业协会备案。对募集的资金总额或者基金份额持有人的人数达到规定标准的基金，基金行业协会应当向国务院证券监督管理机构报告。
《登记备案办法》	第 39 条　私募基金管理人应当自私募基金募集完毕之日起 20 个工作日内，向协会报送下列材料，办理备案手续： （1）基金合同； （2）托管协议或者保障基金财产安全的制度措施相关文件； （3）募集账户监督协议； （4）基金招募说明书； （5）风险揭示书以及投资者适当性相关文件； （6）募集资金实缴证明文件； （7）投资者基本信息、认购金额、持有基金份额的数量及其受益所有人相关信息； （8）中国证监会、中国基金业协会规定的其他材料。 募集完毕是指私募基金的已认缴投资者已签署基金合同，且首期实缴募集资金已进入托管账户等基金财产账户。单个投资者首期实缴出资除另有规定外，不得低于合格投资者的最低出资要求。

续表

《监管暂行办法》	第 8 条　各类私募基金募集完毕,私募基金管理人应当根据基金业协会的规定,办理基金备案手续,报送以下基本信息: (1)主要投资方向及根据主要投资方向注明的基金类别; (2)基金合同、公司章程或者合伙协议。资金募集过程中向投资者提供基金招募说明书的,应当报送基金招募说明书。以公司、合伙等企业形式设立的私募基金,还应当报送工商登记和营业执照正副本复印件; (3)采取委托管理方式的,应当报送委托管理协议。委托托管机构托管基金财产的,还应当报送托管协议; (4)基金业协会规定的其他信息。 基金业协会应当在私募基金备案材料齐备后的 20 个工作日内,通过网站公告私募基金名单及其基本情况的方式,为私募基金办结备案手续。

(二)未备案私募基金的认定

根据《加强基金监管规定》第 6 条第 3 款规定:“私募基金募集完毕,私募基金管理人应当按照规定到基金业协会履行备案手续。私募基金管理人不得管理未备案的私募基金。”据此,未备案的私募基金属于募集完毕且应备案未备案的情形。

其中,根据《登记备案办法》第 39 条第 2 款规定,“募集完毕”是指私募基金的已认缴投资者已签署基金合同,且首期实缴募集资金已进入托管账户等基金财产账户。单个投资者首期实缴出资除另有规定外,不得低于合格投资者的最低出资要求。因此,如果已经设立的合伙企业没有发生募集行为,本身并不属于未备案的私募基金。

实践中,争议更大的是如何判断是否属于“应备案未备案”,以最为常见的合伙型基金为例,就是应该如何区分合伙企业与未备案的合伙型基金的问题。根据我们的实践经验来看,通常对这一问题的判定,要综合多种因素来得出结论,具体包括:

1. 普通合伙人是不是已登记的基金管理人。合伙企业作为一种法律主体,通过现有的检索工具,很容易发现某一合伙企业是否已经作为私募基金产品进行备案。如果该合伙企业的普通合伙人是已经在协会完成私募基金管理人登记的基金管理人,这种情况下,大大增加了被发现并认定为合伙型基金的可能性。

2. 普通合伙人是否收取或有权收取管理费及类似性质的费用。判断是否属于私募基金的第二个重要因素就是看基金管理人是否提供了基金管理服务。如果普通合伙人实际收取了费用,并且收取的费用与私募基金的费用组成、收费标准等较为类似，那么，可能会被认定为实际提供了基金管理服务，而正是基于这一逻辑可以推导出的结果是该合伙企业是合伙型基金，否则也不存在提供基金管理服务的可能性。

3. 是否以私募基金产品的名义进行募集和运作。这是最为实质性的判断标准。如果某一合伙企业对外以私募基金的名义进行募集和运作，如采用的推介材料、合同文本都表明了私募基金或者基金字样，则该合伙企业通常属于未备案的合伙型基金。特别是随着网络检索技术的进步，中国基金业协会发现相关网络宣传材料的可能性大大增加。

上述三个标准，究竟是“和”还是“或”的关系，并没有统一的规定予以明确。从谨慎的角度来看，建议从更为严格的角度来理解。

（三）私募基金未备案的法律风险

1. 私募基金未备案的民事责任风险

私募基金未备案，“投资人”在未如期达成投资目的（收回本金及收益）的情况下，可能主张该种私募投资名为“投资”，实为“借贷”，要求私募基金管理人及（或）相关收款人员承担还本付息的义务。由于私募基金未备案，并非合格的基金，存在法院认定的民间借贷纠纷并非风险投资，而要求管理人及（或）相关人员承担还本付息义务的可能。

【案例】（2017）粤0391民初2252号

原告在事实和理由部分作重点陈述：两原告支付绝大部分基金认购款后，发现没有享受到基金权利人的任何权利。询问后得知，被告九宝公司擅自将募集款投到了深圳品泽生物科技有限公司，与中山协同创新资源开发控股有限公司合作经营的“鲜活细胞”及相关医疗技术服务项目。但被告九宝公司拒绝向两原告告知基金的运作模式和经营情况，不向两原告结算分配相应的收益，也不同意退还两原告的投资款……查询得知：被告九宝公司未依法办理基金管理人及“品泽生物一号”私募基金备案手续……综上事实，被告九宝公司与被告余某鸣恶意串通，采取欺诈手段，违反私募基金发行、销售、管理、募集资金的使用及对投资人权益保护的强制性法律规定，诱骗两原告投资77万元购买被告九宝公司发行的“品泽生物一号”私募基金，擅自处分两原告财产。

关于基金产品未备案法院查明及认定：经查询中国基金业协会官网，涉案“品泽生物一号”私募基金未见备案登记，被告九宝公司及案外人深圳品泽生物科技有限公司在私募基金管理人综合查询中均无相关记录。法院认为，根据《证券投资基金法》的规定，任何合法的私募基金都必须经中国基金业协会备案登记，但涉案的“品泽生物一号”私募基金无登记备案信息，不属于合法私募基金产品，被告九宝公司在私募基金管理人综合查询中亦无相关记录。综合查明的事实，可以认定该案的由来是被告九宝公司、余某鸣等打着私募基金的旗号进行的集资行为，由此引发的民事纠纷案由应认定为民间借贷。

2. 私募基金未备案的行政责任风险

根据《监管暂行办法》第 38 条及第 39 条的规定，私募基金管理人违反第 8 条的规定，未进行私募基金产品的备案手续，则面临被责令改正，给予警告并处 3 万元以下罚款；对直接负责的主管人员和其他直接责任人员，给予警告并处 3 万元以下罚款的行政处罚责任的风险。情节严重的，中国证监会可以依法对有关责任人员采取市场禁入措施。

此外《登记备案办法》第 68 条亦明确规定了私募基金未进行备案的行政责任，包括由中国基金业协会采取书面警示、要求限期改正、公开谴责、暂停办理备案、限制相关业务活动等自律管理或者纪律处分措施，情节严重的，撤销私募基金管理人登记等；同时对直接负责的主管人员和其他责任人员，中国基金业协会可以采取书面警示、警告、公开谴责、不得从事相关业务、加入黑名单、取消基金从业资格等自律管理或者纪律处分措施。

在北京证监局行政处罚决定书〔2017〕2 号、吉林证监局行政处罚决定书〔2017〕2 号、内蒙古证监局行政处罚决定书〔2022〕2 号等行政处罚案例中，被处罚对象均存在未按规定办理基金备案手续的违规情形，从而被处警告或罚款。

（四）未备案私募基金合同的效力

判断未备案私募基金合同是否有效，应先判断不办理基金备案，是属于违反效力性强制规定还是违反管理性强制规定，如为违反效力性强制规定，该私募基金合同即为无效；如仅为违反管理性强制规定，则并不必然导致私募基金合同无效。

1. 效力性强制规定与管理性强制规定的定义

效力性强制性规定是指法律及行政法规明确规定违反了这些禁止性规定将导致合同无效的规范，或者虽然法律及行政法规没有明确规定违反之后将导致合同无效，但若使合同继续有效将使国家利益和社会公共利益受到损害的规范。

管理性强制规定是指法律及行政法规没有明确规定违反此类规范将导致合同

无效，违反此类规范继续履行合同，将会受到国家行政制裁，但合同本身并不损害国家、社会公共利益以及第三人的利益，而只是破坏了国家对交易秩序的管理规范。

2. 如何区分效力性强制规定与管理性强制规定

关于强制性规定的识别，最高人民法院印发的《审理民商事合同纠纷案件指导意见》第16条第1款规定："人民法院应当综合法律法规的意旨，权衡相互冲突的权益，诸如权益的种类、交易安全以及其所规制的对象等，综合认定强制性规定的类型。如果强制性规范规制的是合同行为本身即只要该合同行为发生即绝对地损害国家利益或者社会公共利益的，人民法院应当认定合同无效。如果强制性规定规制的是当事人的'市场准入'资格而非某种类型的合同行为，或者规制的是某种合同的履行行为而非某类合同行为，人民法院对于此类合同效力的认定，应当慎重把握，必要时应当征求相关立法部门的意见或者请示上级人民法院。"

《九民纪要》第30条规定：人民法院在审理合同纠纷案件时，要依据原《民法总则》第153条第1款和《最高人民法院关于适用〈中华人民共和国合同法〉若干问题的解释(二)》(已废止)第14条的规定慎重判断"强制性规定"的性质，特别是要在考量强制性规定所保护的法益类型、违法行为的法律后果以及交易安全保护等因素的基础上认定其性质，并在裁判文书中充分说明理由。

最高人民法院民事审判第二庭编著的《〈全国法院民商事审判工作会议纪要〉理解与适用》在对《九民纪要》第30条的理解与适用中进一步指出：一般来说，合同内容违法，表明该行为是法律、行政法规所禁止的，原则上应当认定合同无效。主体资格违法、要素违法，表明法律、行政法规并不禁止该法律行为本身，在认定合同效力时，要根据案件类型，具体问题具体分析。

3. 私募基金未备案属于违反管理性强制规定

关于私募基金产品应履行备案手续的规定主要为《证券投资基金法》第94条、《登记备案办法》第39条及《监管暂行办法》第8条的规定。在《证券投资基金法》中，并未进一步规定违反第94条规定的法律后果；《加强基金监管规定》及《监管暂行办法》中，对不办理基金备案的法律后果，主要来自行业协会的自律处分，并不涉及合同效力的问题。

此外参考(2020)京01民终302号、(2016)粤0391民初1193号、(2020)鲁01民终1897号、(2020)粤0105民初13205号等民事判决书，北京市第一中级人民法院、广东省广州市海珠区人民法院、深圳前海合作区人民法院、山东省济南市中级人民法院等各地法院普遍认为上述关于私募基金产品备案手续的规定属于管理性强制规定，未经备案不直接导致合同无效，例如：

在(2020)京01民终302号案件中，北京市第一中级人民法院认为，根据《证券投资基金法》第94条的规定，非公开募集基金募集完毕，基金管理人应当向基金行业协会备案。该条款规定的是清融信深圳公司的备案义务，为管理性强制规定。涉案基金在募集完毕后未经备案，虽违反《证券投资基金法》的管理性强制规定，但并不影响《基金代持协议》的效力。

在(2016)粤0391民初1193号案件中，深圳市前海合作区人民法院认为，从强制性规定的性质看，法律法规并没有规定违反《监管暂行办法》中关于合格投资者门槛和基金备案的规定将导致合同无效，且没有证据显示违反该规定若使合同继续有效将直接损害国家利益和社会公共利益，故该强制性规定不属于效力性规定，而是属于管理性规定。

在(2020)鲁01民终1897号案件中，济南市中级人民法院认为，《监管暂行办法》系部门规章，《证券投资基金法》第94条第1款“非公开募集基金募集完毕，基金管理人应当向基金行业协会备案”的规定属管理性强制规定，故山东创道投资公司在上述基金募集完毕后，未向基金行业协会进行备案，并不直接导致合同无效，且上诉人曹某香亦未能举证证明该行为足以导致合同目的不能实现，故上诉人曹某香以上述基金未经备案为由要求解除基金合同的理由不能成立，该院不予支持。

在(2020)粤0105民初13205号案件中，广州市海珠区人民法院认为，不能简单地根据私募基金管理人及私募基金产品未备案登记而认定双方签订的备忘录《合伙协议书》无效。

可见，私募基金在未备案的情况下，基金管理人很可能因违反监管要求而受到行政处罚，但在裁审实务中，如投资者仅以私募基金未备案为由主张私募基金相关合同无效从而要求返还投资款的，较难得到法院支持。

4. 私募基金未备案投资者是否有权解除合同

私募基金未备案不必然导致基金合同无效，那投资者是否可以以私募基金未备案为由提出解除合同呢？现有的法律法规并未赋予投资者在私募基金未备案的情形下的法定解除权，但《私募投资基金备案须知》第28条第1款规定：“基金合同应当明确约定基金合同终止、解除及基金清算的安排。对于协会不予备案的私募投资基金，管理人应当告知投资者，及时解除或终止基金合同，并对私募投资基金财产清算,保护投资者的合法权益。"

由于《私募投资基金备案须知》仅系中国基金业协会的自律监管规则,且从该条规定的内容上看,亦是在鼓励基金管理人在基金合同中赋予投资者在中国基金业协会不予备案的情形下的合同解除权。

【案例1】(2017)沪01民初595号

该案中,原告以合同目的无法实现为由主张解除基金合同,合同目的无法实现的原因之一系涉案的私募基金未备案。对此,上海市第一中级人民法院认为,至于原告主张的被告某通创世未进行基金备案、未披露基金财务经营信息、未建立私募基金风险评级体系及未向投资人全方位揭示项目风险等违规经营行为,该院认为,原告未进行基金备案、未披露基金财务经营信息属于违反监管规范的行为,并不足以导致合伙合同根本目的无法实现。

【案例2】(2020)鲁01民终1897号

该案中,原告主张募集完成后并未根据合同约定及中国基金业协会规定进行产品备案,已严重违反合同约定,致使订立合同目的无法实现,构成根本违约。对此,山东省济南市中级人民法院认为,《监管暂行办法》系部门规章,《证券投资基金法》第94条第1款中"非公开募集基金募集完毕,基金管理人应当向基金行业协会备案"的规定属管理型强制性规定,故山东某某投资公司在上述基金募集完毕后,未向基金行业协会进行备案,并不直接导致合同无效,且上诉人曹某亦未能举证证明该行为足以导致合同目的不能实现,故上诉人曹某以上述基金未经备案为由要求解除基金合同的理由不能成立,该院不予支持。

【案例3】(2019)沪74民终123号

双方当事人签订了《某信稳健合同》,约定设立"某信稳健新三板基金",上诉人某琛公司作为基金管理人负有办理基金备案的义务。对此,某琛公司称其备案的"某琛(上海)投资管理有限公司"即为双方合同所约定的基金产品。经查,二者的名称、类型、规模均不相同。某琛公司也并未按照合同约定与投资者协商变更上述事项。难以认定"某琛(上海)投资管理有限公司"即为《某信稳健合同》所涉私募基金,沈某投资私募基金尚未成立备案。

因此,法院认定涉案合同所约定的"某信稳健新三板基金"并未成立备案。被上诉人沈某已完全履行了出资义务,但其投资基金并未成立备案,显然,《某信稳健合同》的订立目的不能实现,且该合同目的不能实现之结果应归因于某琛(上海)投资管理有限公司未履行相应义务。因此,沈某依法享有合同解除权,可以在行使解除权后主张某琛(上海)投资管理有限公司返还投资款并赔偿该段期间因资金占用所产生的利息损失。

对判决投资者享有解除权的(2019)沪74民终123号案件,根据法院已查明的事实,虽基金管理人主张"某琛(上海)投资管理有限公司"即为《某信稳健合同》所涉基金,但根据基金管理人提供的证据,法院并不认可这一节事实,即基金管理人不仅没有履行基金备案义务,而且没有将募集的基金投资款投向基金合同约定的投资范围,客观上确实导致合同目的无法实现,审理法院因此认定投资者享有合同解除权。而(2017)沪01民初595号案件和(2020)鲁01民终1897号案件中,基金管理人虽然没有履行私募基金备案义务,但并无证据证明基金管理人没有按照基金合同的约定进行投资,私募基金没有备案这一事实本身并没有导致合同目的无法实现。

因此,鉴于私募基金备案本身并非效力性强制规定,其法律后果仅系根据中国基金业协会的自律规则的处分,在基金管理人已经履行基金合同项下的主要义务的情况下,单一的私募基金没有备案的情形本身并不能导致合同目的无法实现。在此情形下,即使私募基金未备案,投资者也无权以此为由单方解除基金合同。

(五)结论

私募基金备案虽仅为管理性强制规定,未履行不必然导致私募基金合同无效,但仍会产生一系列严重的民事及行政法律后果,此外,若在私募基金未备案的同时,进行公开宣传、公开募集、吸纳非合格投资人进行投资等情形,则极容易同时被认定为非法吸收公众存款、集资诈骗等刑事犯罪,因此,进行资金募集的主体,务必对此予以关注,合规经营。

十五 私募基金备案完成之前的资金使用问题

(一)私募基金备案完成之前,可以做哪些用途

私募基金完成备案前,可以以现金管理为目的,投资于银行活期存款、国债、银行票据、货币市场基金等中国证监会认可的现金管理工具。

(二)私募基金备案完成之前,是否可以购买银行理财

银行理财产品不在私募规定明确列示的临时投资产品范围内,根据中国基金业协会热线咨询,需要核实银行理财产品的具体投资范围,范围满足列示的范围才可以,否则不建议投资。

(三)私募基金开展临时投资,是否需要投决会审议

需要依据基金合同中的相关约定,若基金合同明确约定豁免决议的,则无须经投决会审议。

第四章 私募基金投资

一 私募股权投资基金法律尽职调查之要点解析

股权投资业务中，投资方与标的公司达成初步投资意向后，一般会委托律师就标的公司开展法律尽职调查并出具尽职调查报告和/或法律意见书，作为其投资的决策依据。律师根据客户的委托和所服务项目的需要，遵循法律法规及职业道德规范的要求，对投资项目中有关联性的法律事实进行调查及核查，并对调查及核查的结果作出法律分析和判断，此之谓尽职调查。

（一）概述

“尽职调查”原意是“适当的或应有的勤勉”，引申为交易当事方对交易对方主体、交易标的等进行的适当调查和评估。法律尽职调查从证券市场领域延伸到投资并购领域。按照委托事项和调查内容的不同，目前常见的尽职调查项目有私募股权投资尽职调查、上市公司公开/非公开发行证券尽职调查、并购与重组尽职调查、重大资产转让尽职调查、银行贷款尽职调查、债权转让尽职调查、信托尽职调查等。

股权投资法律尽职调查可以让投资方详细了解标的公司、标的资产是否有现存的或潜在的法律障碍，并对目标企业相关情况的合法合规性作出客观评价，避免或降低因交易信息不对称而产生的各种风险，有助于投资决策的进行。法律尽职调查不仅能提供交易实现的可行性，还能帮助委托人在调整交易方案或价格的谈判上有更多话语权，甚至设置一些交易完成的先决条件，并最终为交易协议等法律文件的草拟提供基础。

（二）法律尽职调查的原则

证券业务相关的法律法规和全国各地律师协会编写的行业规定对律师在法律尽职调查工作中所遵守的原则有详细规定，包括保密性、合法合规、诚实守信、独立、勤勉尽责等,是律师开展法律尽职调查具体工作的根本指引。本书认为,合法原则、独立原则和勤勉尽责原则是律师开展法律尽职调查最重要的三个原则。

1. 合法原则

律师应当依据法律、法规和其他规范性文件对受托事项的合法性发表明确、审慎的结论性意见[《律师事务所证券法律业务执业规则(试行)》第29条]。法律尽职调查的法律依据包括法律法规的历史发展、现状和未来趋势所组成的一个动态整体。法律尽职调查涉及标的公司的过去、现在和未来的合法合规性,这种合法合规性评价自然需要随着法律法规的变动而及时做相应调整,如现行法律禁止的某一行为,依据行为时的法律并不违法。

2. 独立原则

律师开展法律尽职调查应从客观的、第三方的角度独立发表意见,而不受委托人、标的公司或者其他第三方的左右。律师应当在受托范围内依法履行其职责,不受其他单位或个人的影响和干预,并且客观、全面、及时地进行尽职调查,坚持尽职调查的独立性和完整性,做到调查内容真实、准确。律师应当运用自己的专业知识和能力,依据自己的查验行为,独立作出查验结论,出具法律意见。对于收集证据材料等事项,应当亲自办理,不得交由委托人代为办理;使用委托人提供材料的,应当对其内容、性质和效力等进行必要的查验、分析和判断[《律师事务所证券法律业务执业规则(试行)》第4条]。

3. 勤勉尽责原则

律师在法律尽职调查时要最大限度地维护委托人的合法利益,尽到审慎注意义务,即律师在进行法律尽职调查时如同一个谨慎的人在管理自己的财产、亲自与对方交易,同时也不应超出这个义务追究对方律师的责任。律师在审阅材料时需要保持合理怀疑、穷尽各种调查方式、严格核验真实性,才能得出结论,并且应对足以影响投资决策的所有法律风险进行核查和分析,做到逻辑严密、论证充分,不得有重大遗漏[《律师事务所证券法律业务执业规则(试行)》第34条、《律师从事证券法律业务尽职调查操作指引》第3条]。

(三)尽职调查的范围和要点

根据项目特点和客户需求明确尽职调查范围和重点内容,是法律尽职调查的第一步。根据《律师从事证券法律业务尽职调查操作指引》第2条,律师应当根据法律、法规确定应发表的法律意见,根据应发表的法律意见确定尽职调查的范围;第3

条，律师尽职调查的范围应以法律意见书发表意见的范围为准，凡涉及发行条件或对投资者作出投资决策有重大影响的法律事项，律师均应当勤勉尽责地进行查验。

综合各方观点以及本书实务经验，前述事实对拟议交易决策的重大影响包括对标的公司及投资人的权益、控股股东或实控人、产品合法性造成不利的影响。这些影响相互联系，且从整体来看可能改变委托方对拟议交易性质的认识，最终以投资可行性和风险评价的形式展现。对于部分风险，相关方须作出调整或承诺，否则直接影响投资决策；若存在重大法律瑕疵，可能直接终止交易。

股权投资法律尽职调查的常规要点包括公司的设立及历史沿革、股权变动、公司章程、股东及实际控制人、核心团队、公司资产情况、公司债权债务情况、主要合同及履行情况、劳动人事情况、涉及诉讼、仲裁、行政处罚及监管措施等。若存在标的公司控股股东与其他股东之间的股权代持情况，不仅有可能给投资者带来法律纠纷，不利于公司股权结构的稳定，还有可能构成境内上市的实质性障碍。

1. 公司设立及历史沿革

公司设立及历史沿革的尽职调查主要是要求公司提供自设立以来的全套工商登记档案进行书面核查以及利用公开信息查核等方式，内容涉及：(1)调查公司是否合法设立并有效存续；(2)公司出资是否足额缴纳；(3)股东是否有虚假出资或抽逃出资的情形；(4)历次变更是否合法合规等问题。

尽职调查人员可以要求公司出具书面的委托书和介绍信，指派公司员工携带公章、营业执照等前往公司所在地的工商登记机关调取公司自成立以来的全部登记档案，也可以委托律师事务所指派执业律师前往工商登记机关调取。目前，部分省市开通了本地企业和律师事务所线上调取工商登记电子档案的系统，可以不去工商登记机关复印，下载后自行打印非常便捷。

2. 公司历次股本及股权变动情况

公司的股权结构应当清晰，且稳定。尽职调查人员通过获取公司历次变更的全部工商登记资料，梳理公司股权变动情况。具体工作包括：

(1)核查公司历次增资、减资等股本变化情况及履行的内部决议、外部审批程序，是否涉及国有产权主管部门批准备案(国有股权管理)、集体企业确权、外资商务或外经贸主管部门的批准。

(2)核查增资、股权转让及整体变更，要核查历次增资及股权转让时定价依据，注意低价转让及估值差距的合理性；历次股权转让、股利分配及整体变更时公司股东履行纳税义务情况；历次股权转让、股利分配及整体变更时公司决策程序是否合法完备；历次股权转让及增资是否存在委托持股、利益输送或其他利益安排。

(3)对于公司减资，不仅要核查股东会决议、董事会决议等决策机构的决策文件、章程修正案或新章程、工商行政管理部门出具的准予企业变更通知书及换发的新的营业执照；还需特别注意公司是否向特定债权人发出的减资通知书、在报纸上刊登的关于减少公司注册资本的公告，否则可能导致股东承担补充赔偿责任。

(4)对于股权转让，需核查是否履行价款支付及缴纳个税的义务，是否存在争议纠纷。另外，如有股权代持，应与相关当事人访谈；获取委托持股相关文件及解除委托持股的相关文件，确保不存在争议纠纷。

(5)如企业为高新技术企业或存在国有创业引导基金前期投资的情况，要关注国有创投公司投资公司时是否履行相关法律程序。

考虑到各地工商登记机构对于股权变动登记材料的窗口差异，尽职调查团队通过核查企业的股权变动的工商登记档案后，如发现可能存在工商登记档案和企业真实的股权变动情况不一致的，应要求拟投公司提供真实的股东情况和协议文本，并要求公司股东出具承诺函保证提供材料的真实、准确、完整及合法有效。

3. 公司章程制定及修改

公司章程相当于公司的“宪法”，公司章程有对外公示的效力，是法院解决股东、董事、高管等责任纠纷的重要依据。所以，尽职调查团队要关注公司章程的内容。具体工作包括：

(1)查阅目标公司设立时制定的公司章程、公司章程批准文件及制定章程的董事会和股东会决议等资料。

(2)根据目标公司具体情况确认公司章程的制定、修改是否涉及其他政府主管部门审批，章程的制定、修改是否已取得该等审批文件。

(3)查阅目标公司设立以来历次公司章程的修正案及相关的董事会和股东会决议等资料。

(4)查阅目标公司现行有效的公司章程、工商登记文件、相关会议资料。

私募基金投资后，还会涉及对公司章程的修改，尽职调查团队应关注届时有效章程是否有对己方权利重大不利的内容，应在尽职调查报告中进行相关提示并提出修改建议。

4. 公司股东及实际控制人

对目标公司股东和实际控制人进行调查，需区分自然人、法人、合伙企业、其他组织等不同情形进行核查。

如果股东是自然人的，需核查其有效的身份证明文件，关注是否具备出资能力，是否存在代持情况等；尽职调查团队应穿透核查公司的控股股东/实际控制人到自然人，核查实际控制人的身份情况。鉴于股东的出资可能涉及夫妻共同财产或家庭共同财产的问题，建议尽职调查团队适当问询股东及实际控制人的配偶、子女情况，避免股东或实际控制人的婚姻不稳定导致股权被冻结、分割等纠纷，尽职调查团队应在尽职调查报告中做相应的风险提示并提供规避风险建议。

5. 公司核心团队

尽职调查要关注公司核心团队的履历、背景及稳定性。核心团队包括公司高管团队和研发团队，一个公司好不好、值不值得投资，与核心团队密切相关。尽职调查人员应梳理公司的组织架构，列出各部门的核心人员，获取公司员工名册、核心员工简历及劳动合同，对核心团队逐一进行访谈，了解团队对于公司发展方向的认知与对公司的忠诚度及稳定性。必要时，可以对核心团队的人员开展背景调查，了解其是否具有相关的职业资历。

6. 公司资产情况

公司的资产主要包括银行存款、固定资产、无形资产、商誉等，尽职调查应围绕资产负债表中的资产情况展开调查。具体工作包括：

(1) 对于银行存款，尽职调查团队要获取公司所有开户银行信息及银行对账单，向银行发送询证函，核查企业相关存款情况是否与公司提交的资产负债表一致。

(2) 对于固定资产，尤其是房屋建筑物、在建工程等不动产，应取得并核查与房屋建筑物、在建工程相关的房屋所有权证或房地产权证；对于重要的房屋建筑物、在建工程在必要情况下可安排实地调查。

(3) 对于土地使用权，首先应确定公司土地使用权的取得方式，系招拍挂取得还是划拨取得。

(4) 对于公司的商标、专利等无形资产的调查，尽职调查团队要取得并核查与商标、专利相关的文件、资料，包括但不限于商标、专利权利证书，转让协议及证明(如有)，续展证明(如有)，商标、专利许可协议及备案证明(如有)，专利年费交纳凭证等。

(5)对于目标公司长期股权投资,尽职调查团队应取得并核查目标公司的控股子公司及参股公司最新有效的营业执照、批准证书或其他政府批准或备案登记文件、政府主管部门的设立批准文件、最新有效的公司章程、合资合同或股东协议、生产经营资质或许可等。

(6)对于目标公司有租赁资产的,应取得并核查租赁协议、租赁备案登记文件、出租方产权证明文件并进行查验。

此外,尽职调查团队还要重点关注公司资产上的权利负担情况,关注公司资产是否存在抵押、质押或其他权利负担。

7. 公司债权债务情况

调查公司的债权债务情况,尤其是或有债务情况,对于控制投资风险有重要意义。对于公司的债权情况,尽职调查团队应关注应收款项目,了解金额较大且期限较长的应收账款明细,并以此为导向,查阅相关交易协议,判断相关交易协议是否合法有效,以及是否存在潜在纠纷或其他重大法律风险,给公司提示避免呆坏账风险。

对于主要债务,尽职调查团队的具体工作包括:

(1)关注银行贷款的数额、期限及利息情况,判断企业现金流是否可以覆盖利息。

(2)重点调查或有债务问题,问询公司及股东、实际控制人是否为他人提供了担保,要查阅担保合同,判断相关合同是否合法有效,以及是否存在潜在纠纷或其他重大法律风险。

企业除合同之债以外,还有可能存在侵权之债。尽职调查人员要核查目标公司是否存在因环境保护、知识产权、产品质量、劳动安全、人身权等原因产生的重大侵权债务。

8. 公司主要合同及履行情况

公司的业务情况是通过合同反映出来的,所以尽职调查团队应要求公司提供3年内的合同台账及主要合同进行核查,了解公司的主营业务情况。

尽职调查团队应关注合同履行情况,包括是否按约履行,是否有违约情形,是否会发生合同纠纷等;关注是否存在不公允关联交易情况,并在尽职调查报告中进行体现和作出相应提示。

9. 公司劳动人事情况

对公司劳动人事情况的调查,主要是要了解拟投企业的员工情况,包括员工构成、部门人数、用工形式、劳动合同签订情况、社保缴纳情况等，对企业劳动用工是否规范作出判断，避免产生集体用工风险。

尽职调查团队应该关注公司的劳动合同签订情况和社保缴纳情况，并核查劳动合同及公司规章制度的内容，必要时还应关注公司规章制度是否合法有效，在尽职调查报告中作出相应的体现和提示。

10. 公司涉诉、涉罚情况

公司经营过程中产生纠纷，通过诉讼、仲裁等司法渠道解决纠纷很正常。但公司涉诉、仲裁过程中有可能会发生银行账户、主要资产被冻结的情况，影响公司经营，进而影响股东利益，所以公司涉诉、涉罚情况是尽职调查的一个重要方面。

尽职调查团队可通过信用中国网站、中国审判流程信息公开网、中国裁判文书网、中国执行信息公开网、失信被执行人信息查询等官方网站查询目标公司的涉诉信息。

此外，在企业的合规经营调查变得越发重要的今天，尤其对于一些有进出口业务的公司而言，公司在境内外的经营是否受到他国法律管辖，是否可能会受到他国法律制裁，进而限制企业的进出口或者相关授权，这些都需要尽职调查团队根据现实情况进行判断，并在尽职调查方案制定和尽职调查报告中进行体现。

11. 股权投资法律尽职调查要点

股权投资法律尽职调查有特别的关注要点。首先，股权投资法律尽职调查的重点根据行业或产业特点不同而不同。若为医疗器械生产企业，有必要核查环境评价报告和批复等去了解标的公司是否存在环保问题；若为连锁零售类企业，由于经营场所一般为租赁取得，需要核查房屋是否取得不动产登记证、租赁协议约定的租期、房屋剩余的使用期限等；若为技术密集型企业，则重点核查其对核心技术的持有和保护情况。尽职调查应当尽量做到审慎全面，根据公司实际情况制定不同的尽职调查方案，并有所侧重。法律尽职调查报告的内容还可以报告关联方公司税务及财政补贴等情况，此处不再赘述。

（四）结论

法律尽职调查本质上解决的是信息不对称的问题。通过评估潜在法律风险，股权投资法律尽职调查能够为下一步的交易结构、交易对价、股权交割后权利义务的划分等商业谈判提供法律上的建议和解决方案，保障股权投资活动合理、有效地进行。

律师应当遵守法律、行政法规及相关规定，恪守律师职业道德和执业纪律，围绕对投资方作出投资决策可能有重大影响的法律事项，审慎尽责核验法律事实、独立发表法律意见。合法、独立、勤勉尽责原则贯穿法律尽职调查流程的始终，也指引着法律尽职调查方法的正确实施，并帮助律师避免陷入执业风险。

二　对私募基金管理人实际控制人的尽职调查要点解析

私募基金管理人的实际控制人代表基金公司的拥有者和责任人，其资信能力和投资水平也是基金投资人申购基金的信赖基础。2023 年 5 月 1 日实施的《登记备案办法》加强了对实际控制人的监管。"实际控制人"的概念在一般商事领域规定得较为抽象，而在私募领域却是监管重点。无论是管理人登记备案还是实际控制人的变更，都需要对实际控制人及私募基金整体进行核查并发表法律意见书，下文将根据《登记备案办法》着重对实际控制人的认定及核查进行解析。

（一）对实际控制人的认定

1. 商事领域的认定

《公司法》第 216 条第 3 项规定："实际控制人，是指虽不是公司的股东，但通过投资关系、协议或者其他安排，能够实际支配公司行为的人。"

《深圳证券交易所股票上市规则》（2023 年 8 月修订）的释义中规定："实际控制人，是指通过投资关系、协议或者其他安排，能够实际支配公司行为的自然人、法人或者其他组织"。深交所对实际控制人的认定标准与《公司法》第 216 条第 3 项的规定大致是相同的，但两者在控股股东与实际控制人的概念是否互斥上存在出入；此外，两者均没有对实际控制人对公司控制的程度和比例进行描述。

2. 私募领域的认定

根据《登记备案办法》第 80 条第 3 项释义，"实际控制人，是指通过投资关系、协议或者其他安排，能够实际支配私募基金管理人运营的自然人、法人或者其他组织。"

此外，《登记备案办法》及其配套指引文件对不同类型的实际控制人认定路径作出了详细的规定，本书将其整理成如下表格（见表 22）。

表 22　不同类型的实际控制人认定路径相关规定

注意事项	主要要求	主要规定
公司型私募基金管理人实际控制人认定路径	1. 持股 50% 以上的； 2. 通过一致行动协议实际行使半数以上股东表决权的； 3. 通过行使表决权能够决定董事会半数以上成员当选的或者能够决定执行董事当选的。	《2 号指引》第 11 条第 1 款
	应当追溯至自然人、国有企业、上市公司、金融管理部门批准设立的金融机构、大学及研究院所等事业单位、社会团体法人、受境外金融监管部门监管的机构等。	《2 号指引》第 11 条第 2 款
	通过一致行动协议安排认定实际控制人的，协议不得存在期限安排。	《2 号指引》第 11 条第 3 款
	不得通过任何方式隐瞒实际控制人身份，规避相关要求。不得滥用致行动协议、股权架构设计等方式规避实际控制人认定，不得通过表决权委托等方式认定实际控制人。	《2 号指引》第 11 条第 4 款
合伙企业型私募基金管理人实际控制人认定路径	其执行事务合伙人或者最终控制该合伙企业的单位或者自然人为实际控制人；执行事务合伙人无法控制私募基金管理人的，结合合伙协议约定的对合伙事务的表决办法、决策机制，按照能够实际支配私募基金管理人行为的合伙人路径进行认定。	《2 号指引》第 12 条
国资实际控制人	政府及其授权机构控制的私募基金管理人的实际控制人应当追溯至有效履行相关职责的相关主体，包括追溯至财政部、各地财政厅（局）或者国务院国资委、各地方政府、各地国资委等直接控股企业主体。	《2 号指引》第 13 条第 1 款
	因层级过多或者股权结构复杂，导致前款主体无法履行实际控制人职责的，应当充分说明合理性和必要性，追溯至能够实际有效履行实际控制人责任的主体；因行政管理需要导致实际控制人认定的股权层级与行政管理层级不一致的，应当提供相关说明。	《2 号指引》第 13 条第 2 款

续表

注意事项	主要要求	主要规定
境外实际控制人	私募证券基金管理人的实际控制人为境外机构的，应当追溯至与中国证监会签署合作备忘录的境外金融监管部门监管的机构。	《2 号指引》第 14 条第 1 款
	私募股权基金管理人的实际控制人为境外机构或者自然人的，应当追溯至与中国证监会签署合作备忘录的境外金融监管部门监管的机构、境外上市公司或者自然人。	《2 号指引》第 14 条第 2 款
共同实际控制人	通过公司章程或者合伙协议、一致行动协议以及其他协议或者安排共同控制的，共同控制人签署方应当按照本指引第 11 条和第 12 条的规定，同时穿透认定私募基金管理人的共同实际控制人。	《2 号指引》第 15 条第 1 款
	无合理理由不得通过直接认定单一实际控制人的方式规避实际控制人的相关要求。	《2 号指引》第 15 条第 2 款
无实际控制人	私募基金管理人出资分散无法按照本指引第 11 条认定实际控制人的，应当由占出资比例最大的出资人按照本指引第 11 条、第 12 条穿透认定并承担实际控制人责任，或者由所有出资人共同指定一名或者多名出资人，按照本指引规定穿透认定并承担实际控制人责任，且满足实际控制人相关的要求。	《2 号指引》第 16 条第 2 款

3. 对实际控制人认定的审核要点

结合上述对实际控制人的认定路径，在从事法律尽职调查的工作时，尽职调查人员须要求管理人（以公司型私募基金管理人为例）提供下述审核事项的相关材料并对实际控制人作出认定：

（1）管理人的股东之间是否签署任何委托表决、受托表决、归集表决权等可能导致公司股东表决权行使与持股比例所对应表决权不一致的情形；

（2）管理人的控股股东为法人时，申请机构法人股东的股东之间是否签署任何委托表决、受托表决、归集表决权等可能导致公司股东表决权行使与持股比例所对应表决权不一致的情形；

（3）管理人的股东会决议事项及表决机制，董事会决议事项及表决机制，股东会成员或董事会成员中是否存在部分成员享有一票否决权的情形；

(4)管理人的实际控制人对公司的控制关系及支配作用的具体体现。

(二)对实际控制人的要求[1]

1.出资及相关要求

(1)实际控制人的出资要求。实际控制人必须以合法自有资金出资，不得以委托资金、债务资金等非自有资金出资，不得违规通过委托他人或者接受他人委托方式持有股权、财产份额。

中国基金业协会此前发布过的私募管理人中止登记案例中曾提到关于股权代持的案例，某机构试图通过直系亲属代持股权，从而规避冲突业务的审查，被中国基金业协会中止办理私募管理人登记。

(2)不得存在循环出资、交叉持股、结构复杂等情形，隐瞒关联关系。无合理理由不得通过特殊目的载体设立两层以上的嵌套架构，不得通过设立特殊目的载体等方式规避对股东、合伙人、实际控制人的财务、诚信和专业能力等相关要求。

中国基金业协会在审查私募管理人登记申请，特别强调公司的股权架构要简明清晰，不要设置过多层级，建议向上穿透不超过二层，如果超过二层应说明多层股权架构设置的合理性及必要性。股东架构嵌套层级较多或者较复杂，发生变化时，中国基金业协会难以追踪，有可能会导致被退回登记申请并要求整改。除此之外，股权架构复杂还会涉及一个弊端，如很多管理人会将私募公司注册在各地基金小镇，想要享受当地的各类政策。但如果股权架构复杂混乱，有可能会导致穿透审查后不能在当地落税，对园区而言风险较大，从而影响注册工作。

此外，不得为规避监管而进行特殊股权构架设计。如果出资人通过特殊目的载体(SPV)间接持有申请机构股权，应详细说明设立合理性、必要性。

(3)私募基金管理人的实际控制人不得为资产管理产品。资产管理产品不得作为私募基金管理人主要出资人，对私募基金管理人直接或者间接出资比例合计不得高于25%。但省级以上政府及其授权机构出资设立的私募基金管理人除外。

(4)私募基金管理人的股东、合伙人不得虚假出资或者抽逃出资。

(5)私募基金管理人的实际控制人为自然人的，除另有规定的外，应当担任私募

---

〔1〕 参见《中基协登记备案新规：私募管理人实控人最新要求梳理》，载玖豫企服2023年5月23日，http://fundspace.com.cn/news/2215.html。

基金管理人的董事、监事、高管或者执行事务合伙人或其委派代表。

2. 从业经验要求

《登记备案办法》第 9 条第 1 款第 3 项规定，控股股东、实际控制人、普通合伙人没有经营、管理或者从事资产管理、投资、相关产业等相关经验，或者相关经验不足 5 年，不得担任私募基金管理人的股东、合伙人、实际控制人。

（1）私募证券基金管理人的实际控制人为自然人的，相关经验包括：

①在商业银行、证券公司、基金管理公司、期货公司、信托公司、保险公司及相关资产管理子公司等金融机构从事证券资产管理、自有资金证券期货投资等相关业务，或者担任部门负责人以上职务或者具有相当职位管理经验；

②在地市级以上政府及其授权机构控制的企业、上市公司从事证券期货投资管理相关工作，或者担任高管或者具有相当职位管理经验；

③在私募证券基金管理人从事证券期货投资或者担任高管，其任职的私募基金管理人应当运作正常、合规稳健，任职期间无重大违法、违规记录；

④在受境外金融监管部门监管的资产管理机构从事证券资产管理等相关业务，其任职的资产管理机构应当具备良好的国际声誉和经营业绩；

⑤在政府部门、事业单位从事经济管理等相关工作，并具有相应的管理经验；

⑥在经中国证监会备案的律师事务所、会计师事务所从事证券、基金、期货相关的法律、审计等工作，并担任合伙人以上职务不少于 5 年；

⑦中国证监会、中国基金业协会规定的其他相关工作经验。

投资管理工作经验不包括个人证券或者期货等投资经验。

（2）私募股权基金管理人的实际控制人为自然人的，相关经验包括：

①在商业银行、证券公司、基金管理公司、期货公司、信托公司、保险公司及相关资产管理子公司等金融机构从事资产管理、自有资金股权投资、发行保荐等相关业务，或者担任部门负责人以上职务或者具有相当职位管理经验；

②在地市级以上政府及其授权机构控制的企业、上市公司从事股权投资管理相关工作，或者担任高管或者具有相当职位管理经验；

③在私募股权基金管理人从事股权投资或者担任高管，其任职的私募基金管理人应当运作正常、合规稳健，任职期间无重大违法、违规记录；

④在受境外金融监管部门监管的资产管理机构从事股权投资等相关业务，其任职的资产管理机构应当具备良好的国际声誉和经营业绩；

⑤在运作良好、合规稳健并具有一定经营规模的企业担任股权投资管理部门负责人,或者担任高管或者具有相当职位管理经验,或者在具备一定技术门槛的大中型企业担任相关专业技术职务,或者是科研院校相关领域的专家、教授、研究人员;

⑥在政府部门、事业单位从事经济管理等相关工作,并具有相应的管理经验;

⑦在经中国证监会备案的律师事务所、会计师事务所从事证券、基金、期货相关的法律、审计等工作,并担任合伙人以上职务不少于5年;

⑧中国证监会、中国基金业协会规定的其他相关工作经验。

此外,《登记备案办法》还规定,实际控制人不得在非关联私募基金管理人任职,最近5年不得从事冲突业务。

3. 诚信要求

(1)《登记备案办法》第15条规定,有下列诚信问题的,不得担任私募基金管理人的实际控制人:

①因犯有贪污贿赂、渎职、侵犯财产罪或者破坏社会主义市场经济秩序罪,被判处刑罚;

②最近3年因重大违法违规行为被金融管理部门处以行政处罚;

③被中国证监会采取市场禁入措施,执行期尚未届满;

④最近3年被中国证监会采取行政监管措施或者被中国基金业协会采取纪律处分措施,情节严重,包括:a. 被中国证监会及其派出机构认定为不适当人选或者被中国基金业协会采取加入黑名单的纪律处分措施,期限尚未届满;b. 被中国证监会撤销基金从业资格或者被中国基金业协会取消基金从业资格;c. 其他社会危害性大,严重损害投资者合法权益和社会公共利益的情形。

⑤对所任职的公司、企业因经营不善破产清算或者因违法被吊销营业执照负有个人责任的董事、监事、高管、执行事务合伙人或其委派代表,自该公司、企业破产清算终结或者被吊销营业执照之日起未逾5年;

⑥因违法行为或者违纪行为被开除的基金管理人、基金托管人、证券期货交易场所、证券公司、证券登记结算机构、期货公司等机构的从业人员和国家机关工作人员,自被开除之日起未逾5年;

⑦因违法行为被吊销执业证书或者被取消资格的律师、注册会计师和资产评估等机构的从业人员、投资咨询从业人员,自被吊销执业证书或者被取消资格之日起未逾5年;

⑧因违反诚实信用、公序良俗等职业道德或者存在重大违法、违规行为,引发社会重大质疑或者产生严重社会负面影响且尚未消除;对所任职企业的重大违规行为或者重大风险负有主要责任未逾 3 年;

⑨因提供有虚假记载、误导性陈述或者重大遗漏的信息、材料,通过欺骗、贿赂或者以规避监管、自律管理为目的与中介机构违规合作等不正当手段办理相关业务,或者因未经登记开展基金募集、投资管理等私募基金业务活动,被终止办理私募基金管理人登记的机构及其控股股东、实际控制人、普通合伙人,自被终止登记之日起未逾 3 年;

⑩被注销登记的私募基金管理人的控股股东、实际控制人、普通合伙人、法定代表人、执行事务合伙人或其委派代表、负有责任的高管和直接责任人员,自该私募基金管理人被注销登记之日起未逾 3 年;

⑪所负债务数额较大且到期未清偿,或者被列为严重失信人或者被纳入失信被执行人名单;

⑫被中国基金业协会采取撤销私募基金管理人登记的纪律处分措施,自被撤销之日起未逾 3 年;

⑬存在重大经营风险或者出现重大风险事件;

⑭从事的业务与私募基金管理存在利益冲突;

⑮有重大不良信用记录尚未修复;

⑯法律、行政法规、中国证监会和中国基金业协会规定的其他情形。

(2)《登记备案办法》第 24 条规定,拟登记机构实际控制人出现以下情形时,将中止办理私募管理人登记:

①实际控制人因涉嫌违法违规被公安、检察、监察机关立案调查,或者正在接受金融管理部门、自律组织的调查、检查,尚未结案;

②实际控制人出现可能影响正常经营的重大诉讼、仲裁等法律风险,或者可能影响办理私募基金管理人登记的重大内部纠纷,尚未消除或解决;

③实际控制人出现重大负面舆情,尚未消除;

④其他情形。

4. 特殊情形要求

(1)涉及再次登记的实际控制人

①因以下情形被终止办理私募基金管理人登记的机构及其控股股东、实际控制

人、普通合伙人，自被终止登记之日起超过3年才可再次登记：

提供有虚假记载、误导性陈述或者重大遗漏的信息、材料，通过欺骗、贿赂或者以规避监管、自律管理为目的与中介机构违规合作等不正当手段办理相关业务；

未经登记开展基金募集、投资管理等私募基金业务活动，法律、行政法规另有规定的除外。

②因下列情形被注销登记的私募基金管理人及其控股股东、实际控制人、普通合伙人，自被终止登记之日起超过3年才可再次登记：

因非法集资、非法经营等重大违法犯罪行为被追究法律责任；

提供有虚假记载、误导性陈述或者重大遗漏的信息、材料，通过欺骗、贿赂或者以规避监管、自律管理为目的与中介机构违规合作等不正当手段办理相关业务；

金融管理部门要求中国基金业协会注销登记；

因失联状态被中国基金业协会公示，公示期限届满未与中国基金业协会取得有效联系；

采取拒绝、阻碍中国证监会及其派出机构、中国基金业协会及其工作人员依法行使检查、调查职权等方式，不配合行政监管或者自律管理，情节严重；

不能持续符合法律、行政法规、中国证监会和中国基金业协会规定的相关要求；或出现重大经营风险，严重损害投资者利益或者危害市场秩序的，中国基金业协会可以要求出具专项法律意见书，提交的法律意见书不符合要求或者出具否定性结论；

中国证监会、中国基金业协会规定的其他情形。

(2)境外实际控制人

有境外实际控制人的私募证券基金管理人，该境外实际控制人应当符合如下要求：

①境外股东为所在国家或者地区金融监管部门批准或者许可的金融机构，且所在国家或者地区的证券监管机构已与中国证监会或者中国证监会认可的其他机构签订证券监管合作谅解备忘录；

②私募证券基金管理人及其境外股东最近3年没有受到监管机构和司法机关的重大处罚。

(3)涉及多家管理人的实控人

对于同一控股股东、实际控制人控制两家以上私募基金管理人的：

①应当符合中国证监会和中国基金业协会的规定，具备充分的合理性与必要性，其控制的私募基金管理人应当持续、合规、有效展业。

②应当合理区分各私募基金管理人的业务范围，并就业务风险隔离、避免同业化竞争、关联交易管理和防范利益冲突等内控制度作出合理有效的安排。

③应当建立与所控制的私募基金管理人的管理规模、业务情况相适应的持续合规和风险管理体系，在保障私募基金管理人自主经营的前提下，加强对私募基金管理人的合规监督、检查。

(4)上市公司实控人

私募基金管理人的控股股东、实际控制人为上市公司或者上市公司实际控制人的，该上市公司应当具有良好的财务状况，并按照规定履行内部决策和信息披露程序，建立业务隔离制度，防范利益冲突。

私募基金管理人的控股股东、实际控制人、普通合伙人和法定代表人、高管、执行事务合伙人或其委派代表担任上市公司高管的，应当出具该上市公司知悉相关情况的说明材料。

(5)实控人在金融机构任职

私募基金管理人的股东、合伙人、实际控制人在金融机构任职的，应当出具该金融机构知悉相关情况的说明材料，并符合相关竞业禁止要求。

(三)结论

综上所述，《登记备案办法》颁布后实际控制人的认定路径更明确，对其监管也更加严格。在进行实际控制人部分的尽职调查的过程中，应当严格遵照规定的要求制定核查程序，除了诚信要求的大部分核查要点能够进行网络核查，其他部分的核查资料还有赖于管理人的积极配合。在高门槛、严监管的新规大环境下，依规完成实际控制人部分的尽职调查，乃是帮助管理人成功申请登记备案和完成实际控制人变更的重中之重。

三 股权投资协议主要条款设计

股权投资协议，即投资方与融资方就投资相关事宜所签订的对投融资双方均具有显著影响力的核心法律文件，其约定内容是否合理有效，是股权投资事宜中不可忽视的关键内容。因此,本书对股权投资协议中的主要条款展开分析,并从投资者的视角提供相应设计思路,以期为读者提供相应帮助。

股权投资协议中与投资者利益紧密相关的条款,大致可以确定为四类,分别是:“估值调整”条款、“公司治理”条款、“反稀释”条款、“退出保障”条款。下面对这四类条款展开分析。

(一)“估值调整”条款

“估值调整”条款(Valuation Adjustment Mechanism,VAM),又称为“对赌条款”,该条款的内容是约定由标的公司的股东向投资方承诺,若标的公司未实现股权投资协议所约定的一定指标或目标,或出现其他严重影响估值的情形(如丧失业务资质、重大违约等)时,则投融资双方需对约定的投资价格进行调整或者协商提前退出。因此,“估值调整”条款能够为投资方的投资增添保障,是投资方在签订股权投资协议中应当力争的条款内容。

针对“估值调整”条款的内容设计,可以从估值调整的方式与估值调整的触发条件两个方面展开。

首先,估值调整的主流方式有三种,即股份补偿、现金补偿、股权回购,其中又以现金补偿的方式居多。对估值调整而言,其适用的前提条件就是标的公司的经营状况未达预期,因此相较于股份补偿方式,现金补偿方式更具有直接性与稳妥性。因为此时标的公司的经营状况已经未达预期,其股份价值难以确定,因此股份补偿的方式也具有不确定性。而若采用股权回购方式,将涉及减少标的公司的注册资本等一系列事宜,操作程序较复杂,不建议采用。相较而言,我们更推荐投资方采纳现金补偿的估值调整方式。

而对于现金补偿的金额确定,具体包括两种计算方式:

现金补偿金额=(年度保证经营指标-年度实际经营指标)÷年度保证经营指标×投资方的实际投资金额

现金补偿金额=投资本金×(1+X/365×N)-投资方历年累计分得的红利(若有),N为投资之日起至回购价款支付之日止的天数,X为固定年化收益率。

其次,对于估值调整的触发条件,经总结归纳,实践中主要存在以下几类:(1)标的公司的经营业绩(扣非净利润、净利润和营业额);(2)IPO情况(包括但不限于境内资本市场各个板块:主板、中小板、创业板、科创板;境外资本市场:中国香港联合交易所、纳斯达克、纽约证券交易所等);(3)标的公司大股东变动情况;(4)标的公司与主营业务密切相关的其他非业绩经营性指标。

此外,根据最高人民法院(2012)民提字第11号案的裁判观点可知,最高人民法院认为投资者与目标公司股东签订的估值调整/对赌协议系有效协议,另根据《九民纪要》第5条的规定,投资者与目标公司签订的对赌协议有效。

(二)“公司治理”条款

投资方认可签署股权投资协议,对标的公司进行投资,其深层原因是对标的公司的经营或治理能力的信任与认可,相信标的公司可以基于合理的运营情况获利。因此,对于公司治理事宜,应当属于股权投资协议中的重要条款之一,通过该条款,规范约束标的公司的运营情况,进一步确保投资方获利有可能转变为现实。公司治理条款系通过对原股东就公司治理的原则和措施进行约定,以规范或约束标的公司及其原股东的行为,从而确保标的公司的正常运行。

具体而言,投资方可要求签订以下条款内容。

1. 一票否决权条款

约定由投资方指派一名或多名人员担任标的公司董事或监事,有些情况下还会指派财务总监。被指派的人员对标的公司的部分事项享有一票否决权,但对于其他事项,标的公司无须征得被指派人员的同意。基于对实务的总结,“公司治理”条款一般会约定被指派的人员对标的公司的根本事项(如合并、分离、变更主营业务等)或公司非常规事项(如对外担保,对外捐赠等)享有一票否决权。此外,还存在约定被指派人员对标的公司股东会或董事会的所有决议均享有一票否决权的情形,但该种约定较难争取。

2. 优先分红权条款

《公司法》第34条规定赋予了公司全体股东可以约定不按照出资比例分取红利的权利,第166条规定赋予了股份有限公司章程规定不按持股比例分配利润的权利。因此,出于对投资者利益保护的考量,投资方可以主张在股权投资协议中约定由标的公司的股东约定不按持股比例分配红利,并约定投资方的分红比例高于其持股比例。

3. 董事会席位条款

董事会作为公司的执行机构,负责公司日常的经营事项,因此对公司的正常运营发挥着关键作用。为确保及时、有效地了解标的公司的治理状况,可以在股权投资协议中约定董事会席位条款,通过委派人员的了解,真实掌握标的公司的运营情况。

董事会席位条款通常表述为："公司董事会由 X 名董事组成，其中，投资人有权任命 Y 名董事进入公司董事会，Z 名董事由创始股东委派或者同时兼任。包括投资人提名董事在内，董事会由 Y＋Z 名董事组成。"

4. 竞业禁止条款

投资方投资标的公司，自然希望标的公司可以在不受干扰的情况下获得最大的利益，而同业竞争将对标的公司的良好发展带来不利影响。为尽量避免标的公司人员实施同业竞争行为，损害标的公司的发展前景，投资方可通过要求相关人员签署竞业禁止条款，确保标的公司中可能实施同业竞争的相关人员禁止兼职与标的公司业务有竞争的职位，且该同业竞争限制在相关人员离职后一定期限内仍然有效。

具体而言，竞业禁止条款可参考如下内容：

(1)标的公司的经营范围以其营业执照记载内容为准，若后续增减其经营范围，则以修改后执照记载的经营范围为准。

(2)标的公司应确保公司高级管理人、董事、监事等核心人员，以及公司创始股东，以标的公司作为其从事标的公司的经营范围所包含事宜的唯一实体公司。

(3)未经投资方书面同意，被要求竞业禁止的人员不得直接或间接从事以下任何行为：

①自行开业生产或经营与标的公司生产或经营产品的同类产品；

②自营与标的公司同类的业务；

③为他人经营与标的公司生产或经营的产品同类的产品；

④为他人经营与标的公司同类的业务。

(4)标的公司竞业禁止人员，不论因何种原因从标的公司离职或退出股东身份后两年内不得在与标的公司行业相同或相近的企业及与标的公司有竞争关系的企业内工作。

(5)标的公司竞业禁止人员不论因何种原因从标的公司离职或退出股东身份后两年内不得自办与标的公司有竞争关系的企业或者从事与标的公司商业秘密有关的产品的生产、销售。

(6)标的公司竞业禁止人员不论因何种原因从标的公司离职或退出股东身份后两年内不能直接地或间接地通过任何手段为自己、他人或任何实体的利益或与他人或实体联合，以拉拢、引诱、招用或鼓动之手段使标的公司其他成员离职或挖走标的公司其他成员。

(三)“反稀释”条款

所谓“反稀释”条款,是指为了防止投资方在向标的公司投资后,标的公司通过后续融资时擅自以低于投资方的投资价格对外融资,导致投资方的股权价值降低的情况发生所制定的相应条款,其实质目的在于维护投资方的投资利益不被减损。

“反稀释”条款具体包括反稀释持股比例的优先认购权条款以及反稀释股权价格的最低价条款等,通过“反稀释”条款,投资方的投资股份与价格将获得相应调整,从而确保融资事宜不会减损投资方的权益。

1. 优先认购权条款

具体而言,投资方可在股权投资协议中要求写明如下条款:标的公司在新增资本时,应在召开相关股东(大)会会议之前通知投资方,并详细告知新增发股权的数量、价格以及拟认购方,投资方有权优先认缴出资或认购股份。

投资方行使优先认购权能够防止因标的公司增发新股而稀释自己在公司的权益比例,并且该权利还能维持标的公司的股权结构变动情况在投资方可控范围之内,避免发生对投资者不利的变更。

2. 最低价条款

为确保标的公司后续不会以低于本轮投资价格的投资价格开启新一轮融资,或在以低价融资时保证投资方的投资利益不受损,投资方可要求如下约定内容:标的公司确保在其签署本股权投资协议后至其上市或挂牌之前进行的融资,投资价格不得低于本轮投资价格。标的公司确需以低价融资的,则由标的公司控股股东或实际控制人无偿向投资方转让标的公司部分股权,或者由控股股东、实际控制人以现金方式补偿投资方(现金补偿)。

现金补偿存在两种计算方式,即完全棘轮法和加权平均法,完全棘轮法是指若公司后续发行的股票价格低于前一轮的股票价格,则前一轮的股票发行价格应调整为新一轮股票的发行价格;加权平均法是指公司后续发行的股票价格低于前一轮发行的股票价格,则前一轮股票的发行价格应调整为前一轮价格和后一轮价格的加权平均值。相较而言,完全棘轮法能够在更大程度上保护投资方。

(四)“退出保障”条款

股权投资属于风险性投资,如何处理与应对投资风险,并将投资风险尽可能地降低以维护自身的权益,是投资方理应关注的重点问题之一。而在股权投资协议中,存在“退出保障”条款,该条款使投资方在标的公司的投资价值减少或丧失时得以及时退出投资,从而最大限度地减少投资损失。

具体而言,“退出保障”条款的类型包括以下几种。

1. 股权回购。在此种退出方式下,投资方一般要求若标的公司在一定年限内无法完成相应条件,或者在发生了一些严重影响公司经营的重大事项的情况下,投资方有权按照事先约定的时间、比例和价格等要求标的公司股东购买其投资股权,实现退出。该退出方式与“估值调整”条款存在重合之处,目的均为保护投资利益。

合同条款表述可参考如下内容:

如发生以下任一情形,则投资者有权按本条约定的投资者回购价格将其所持公司股权或股份要求公司回购,公司和创始股东及核心团队届时应积极推进公司完成股权回购,配合签署所有必要法律文件及办理变更审批、登记手续,推荐公司按约定价格支付股权转让金或回购价款。

(1)标的公司未能于特定时间(具体时间可协商确定)合格上市的;

(2)标的公司的全部股权被第三方全面收购的;

(3)标的公司名下的动产、不动产、知识产权、财产性利益等资产被设立抵押权、质押权等事宜,严重影响标的公司正常经营,并且在合理时间内(具体时间可协商确定)未能采取有效措施予以解决的;

(4)标的公司创始股东、核心团队成员、董事、监事、高管出现重大个人诚信问题或违法违规问题的;

(5)核心团队与其在本协议签署前的原单位或其他合作方存在既有或潜在的竞业禁止和知识产权方面的纠纷而导致对公司的主营业务产生重大影响的。

2. 随售权条款。该条款是指在创始股东、控股股东拟转让其持有的部分或全部标的公司股权时,则投资方有权在同等条件下,按其与创始股东、控股股东之间的持股比例,将其持有的相应数量的股权售出给拟购买待售股权的第三方。设立该条款的目的是保证投资人在创始股东、控股股东退出时有同步退出的权利。

合同条款表述可参考如下内容:

当标的公司其他股东拟出售公司股权时,在投资方发出共同出售通知的情况下,投资方有权但无义务要求受让方以转让通知中载明的价格和其他条款和条件向该投资方购买一定数量的公司的股权(共同出售权),该数量的最高值为下列两项的乘积:(x)转让通知中载明的拟转让的公司股权的数量,(y)一个分数,其分子为该投资方届时持有的公司股权的数量，其分母为所有拟行使共同出售权的投资方所持股权数量与拟转让公司股权的股东所持股权数量之和。

3. 强制出售权条款。该条款一般是指在一定条件下，如果投资方意欲出售公司股权，则投资方有权强制要求标的公司的股东（尤其是控股股东）接受该出售要求，强制要求股东以相同的交易条款和条件与投资方共同向第三方转让标的公司股份。该条款能使投资方掌握一定转卖公司的权利，为投资者增加退出途径。同时，标的公司的其他股东通常会与投资方在协议中约定行使强制出售权的一些限制条件，如约定在投资方行使强制出售权时，其他股东有权按照第三方提出的同等交易条件受让投资方持有的公司股权，即优先购买权。

合同条款表述可参考如下内容：

当发生________情形时，一经投资方发出行使强制出售权的书面通知，则标的公司现有股东有义务：

（1）在相关股东会和董事会上对强制出售权触发情形投赞成票；

（2）根据投资方合理要求，签署和递送所有有关文件并配合完成，包括放弃其对该等被处置股权的优先权；

（3）如果是股权转让交易，应按投资方要求，以与投资方相同的交易条款和条件向第三方转让其持有的公司全部或部分股权。

四 国外股权投资中常见特殊权利条款的启示

（一）美国 VC/PE[1]领域中对赌/回购机制设计对国内的启示

首先，需要对“对赌”和“回购”的概念作出区分。“对赌”是为了解决投资人与原始股东之间信息不对称、导致出资/投资环节可能存在估值分歧的问题，从而通过现金补偿、股权转让的方式对估值变化进行调整的做法；而回购是为了保障投资人的退出渠道和投资收益进行的权利设置。二者不能混为一谈。

对赌条款，在大部分投资者印象中是“舶来品”。但是，由于具有更为细致的金融服务机制、卖方主导的市场环境、较长的业绩目标实现周期和更完善的优先股权

---

〔1〕 VC，风险投资，Venture Capital；PE，私募基金，Private Equity。

利保障机制,在 VC“大本营”美国基本不存在以现金补偿、股权转让为主要做法的对赌条款。Fenwick & West 的投资协议条款趋势调查报告显示,在美国风投领域几乎从未涉及 VAM 一词;而“硅谷无对赌”等国内学术期刊的研究也证实了这一观点。[1] 实践中,美国投资者仅在一小部分估值分歧较大的项目或领域中,采用“分期融资机制”的方式来降低投资风险。

另外,美国虽然有类似国内“回购条款”的赎回权条款,但其创设的“营运资金例外原则”,很大程度上避免了对公司资本维持原则的破坏。

二者在机制设计上更有利于建立愿赌服输、尊重市场的风险投资环境,对于我国现有的对赌/回购方式具有借鉴意义。

1. 美国相关方面立法

《美国标准商事公司法》与作为主要 VC/PE 和公司上市所在地法律的《特拉华州普通公司法》没有直接规定上述条款的条文。但《美国标准商事公司法》第 7.32 条明确了股东之间可以对股权转让作出意思自治约定。同样,《特拉华州普通公司法》第 6 分章第 202 节规定了公司证明文件、章程、任何数量的股东之间订立的协议或者股东与公司之间的协议,可以对股权转让作出限制性规定。[2] 可见,分期融资条款和赎回权条款作为约束股权转让协议条款的一种,美国法律并未限制其合法性。

同时,美国风险投资协会制定了可以被法院判决直接引用的《示范合同》,为投资人提供了一份完整的投资指南。具体包括:(1)投资条款清单;(2)A 系列优先股收购规则;(3)公司章程;(4)示范补偿协议;(5)股东权益条款;(6)管理权凭证形式文本;(7)优先购买权和同步卖出权规则;(8)投票规则。上述文件涵盖了所有关于风险投资的常见法律要点,并且为各种融资模式的实施提出了多种可行的解决办法。

《示范合同》在投资条款清单、公司章程部分都有专门的赎回权条款(redemption rights provision)。需要注意区分的是,在美国,股份赎回(redemption)一般是指依据合同或公司章程,强制公司购买股东持有的股份,如赎回权条款;股份回购(repurchase)通常是指公司与股东之间自愿达成的股份买卖交易,如资本市场回购。[3] 因此国内的回购条款应当对标美国的赎回权条款。

---

[1] 参见张巍:《资本的规则》,中国法制出版社 2017 年版,第 10 ~ 16 页。

[2] 参见卞耀武主编:《特拉华州普通公司法》,法律出版社 2001 年版,第 67 ~ 68 页。

[3] 参见刘燕:《对赌协议与公司法资本管制:美国实践及其启示》,载《环球法律评论》2016 年第 3 期。

2. 国内现有做法存在的问题

如上文所述,“对赌”和“回购”二者不能混为一谈,但国内的司法判例中却对二者鲜有区分。

江苏省高级人民法院(2019)苏民再 62 号、最高人民法院(2015)民申字第 2819 号、最高人民法院发布的指导案例 96 号、最高人民法院(2020)最高法民申 1191 号等裁决表明,企业与股东的对赌/回购协议虽未触犯法律法规的强制性要求,但依旧存在潜在风险,如是否符合资本维持原则要求,是否会侵犯第三方债权人的合法权益,并且需要履行烦琐的减资、退出程序。

3. 美国解决针对出资/投资环节可能存在的估值分歧的方法——采用分期融资机制

实践中,美国解决这一问题的主要策略是以盈利支付条款(earn-out clause)为代表的分期融资机制(staged finance),即 VC/PE 投资者通过分期出资、及时止损的安排来降低初始投资估值过高可能带来的损失。它通过多期、重复博弈,最大限度地降低当事人在博弈中的不确定性。

盈利支付条款大致的交易结构是收购方在并购交易交割时仅支付并购价款的一部分,其余部分根据被收购企业在并购完成后的业绩支付,其功能在于解决并购交易双方在企业业绩预期以及定价上的分歧。

“对赌协议”和盈利支付条款有两个显著的差异:其一,应用范围有所不同。“对赌协议”一般仅用于风险投资;盈利支付则能够应用于更广泛的市场并购领域。其二,资金流动方向不同。盈利支付的做法是先收取支付部分价款,剩下的费用将根据公司未来的表现来决定;“对赌协议”的做法是支付全部价款,如果公司未能实现预期的表现,再由融资者进行补偿。[1]

(1)中美双方“对赌条款”的实际应用产生如此巨大差异,可能有如下原因:[2]

①中国相关金融服务机制的不健全让投融资双方更倾向于选择对赌协议。

投资人需要对赌协议来补偿不确定性,由于缺乏足够有效的股票市场定价环境、有效力的全国统一公司估值机制、目前的债务执行机制仍缺乏足够的威慑力和惩戒力等因素影响,投资人在一部分情况下只能靠对赌协议来约束融资人。

---

〔1〕 参见潘林:《重新认识“合同”与“公司”基于“对赌协议”类案的中美比较研究》,载《中外法学》2017 年第 1 期。

〔2〕 参见刘燕:《对赌协议与公司法资本管制:美国实践及其启示》,载《环球法律评论》2016 年第 3 期。

②美国资本市场长期是卖方市场，而国内近年来随着创业者的数量激增，倾向买方市场。

③美国风投股权融资的时间一般是 8～12 年，不存在对 3～5 年实现对赌协议的业绩目标或上市的约定方式。

④美国的金融服务机制较为成熟。创业公司获得资金的方式和选择较多，对股权融资的刚需较低；风险投资者的尽职调查能力较强；美国对债务人失信惩戒也较具威慑力。

⑤虽然《公司法（征求意见稿）》中对普通股与类型股作出了区分，但目前我国现行的立法缺少直接对优先股的支持。而美国风险投资将可转换优先股作为投融资工具的运用更为普遍。优先股扩张了普通股的某些财产性、治理性权能，如反稀释保护、回购权、领售权、清算优先权、一票否决权、董事席位数等，从而契合了风险投资家的投资偏好和风险管理需求。[1]

（2）盈利支付条款应当包括以下内容：

①购买价款的确定方式。购买价款可以是固定的、可调整的或者完全取决于未来事件的。

②未来事件的定义和衡量标准。可以包括多种财务性指标或非财务性指标。

③付款时间和方式。付款时间可以是固定的、根据未来事件发生时间而定的或者根据双方协商而定的。付款方式可以是现金、股票或者其他形式。

④争议解决机制。争议解决机制可以包括仲裁、诉讼或者其他方式，以处理双方在未来事件的确定、衡量和付款等方面可能出现的争议。

这种分期融资/注资安排由于公司财产不会反向回流股东，不会受资本维持原则限制，相较于现金补偿机制有更多的想象空间，随着我国金融服务机制的逐渐成熟，未来值得我国借鉴学习。但由于分期融资/注资引进国内也面临是否适用出资加速到期原则规制以及后续投融资双方违约的道德风险等问题，所以还有很多制度问题需要进一步完善。

近年来，我国立法已经开始尝试解决该问题。《公司法（修订草案二次审议稿）》第 144 条提出了公司可以根据其章程规定发行不同于普通股的股票，可以将可

---

〔1〕 参见潘林：《重新认识“合同”与“公司”基于“对赌协议”类案的中美比较研究》，载《中外法学》2017 年第 1 期。

转换优先股作为投资工具,从而满足风险投资者的投资偏好和风险管理要求。

4. 美国解决标的公司的回购义务可能违反资本维持原则问题的方法——“营运资金例外”原则

2010 年 11 月,特拉华州法院对 SV Investment Partners, LLC *v.* ThoughtWorks, Inc. 案作出裁决,ThoughtWorks 案作为美国在回购条款的实际执行方面的类案,其“营运资金例外”的判决观点值得我国借鉴。

法院认为,《特拉华州普通公司法和判例法》的基本立场是公司赎回股份不得削弱公司资本、损害公司的持续经营能力或招致公司资不抵债,从而保护公司债权人。实际上,“合法的可利用的资金”或者类似的术语常见于关于赎回或者分红的章程条款。即使有关条款遗漏了这一表述,法律也会对公司赎回作出类似限制。对于 Thoughtworks 董事会所决定的“合法的可利用的资金”的数量,原告必须证明董事会恶意、依据不可靠的方法和数据或者其决定极不合理,进而构成实际的或者推定的欺诈,才能推翻这一决定。[1]

综上所述,根据合法的可利用的资金,加之对董事会的审慎义务履行情况进行考量,对公司承担回购义务的范围作出了限制。其对于回购义务范围作出事前限制的做法,与我国目前的履行相应的决议减资、工商变更登记等程序的事后限制的做法相比,能够更大限度地保障回购行为不损害公司利益。

5. 小结

一方面,美国针对估值分歧和投资人退出问题上的不同的解决思路,对我国有一定启示意义。美国采取“防患于未然”的方式来解决投资/出资环节可能出现的估值差异,即根据投资过程中的企业运营状况,采取分期出资的方式,以便及时采取措施避免损失。在解决公司的回购义务与资本维持原则相冲突的问题上,美国通过类案创设了“营运资金例外”原则,降低了公司承担回购义务时受到的损害。值得一提的是,我国《公司法》和《九民纪要》中回购权条款可以通过利润分配方式向投资人支付回购款项,但只能使用公司可分配利润作为资金来源进行分配,不能在无盈余情况下直接使用公司资本金的规定,与美国的“营运资金例外”的创设理念存在一定

---

〔1〕 该案原告 SV 投资合伙(以下简称 SV)是一家风险投资企业,1999 年认购了被告 ThoughtWorks 公司 94% 的 A 系列优先股。ThoughtWorks 是一家从事商业软件应用方案设计及咨询服务的高科技公司,1993 年成立,1999 年开始谋划 IPO,预计两年内上市。然而 ThoughtWorks 的 IPO 计划最终未能实现,SV 于 2007 年请求法院强制公司赎回股份,请求法院判决 ThoughtWorks 支付优先股的全部价值 6691 万美元。

相似性。

同时,我国应当加强相关金融服务机制的建设,包括有效的股票市场定价环境、有效力的全国统一公司估值机制、更透明的资本市场信息的披露和公开机制、更有力的债务执行和诚信机制等,使投资人不必只能依托对赌协议来补偿信息的不确定性。对投资人来说,也可以参考美国投资者的长周期、多轮次的尽职调查方式,更加关注商业本质,在投资前合理评估和把控投资风险,降低对对赌/回购条款的依赖性。

(二)国外 VC/PE 领域中领售/随售条款的违约责任承担方式对国内的启示

Drag-Along Right,即"领售权"或"强制出售权",与其相关的另一项特殊权利为"随售权"。虽然领售权/随售权在国外 VC/PE 中的使用较慎重,但在实践中已经得到国外,特别是英美法系立法和司法判决的支持。在"俏江南"领售权一案引起关注前,我国对领售权/随售权条款的讨论程度较低。由于我国目前对领售权/随售权的条款设置经验和司法实践先例较为贫瘠,因此可借鉴国外的应用经验。

1. 国外在领售/随售条款方面的立法

美国的立法规定,同上文对赌条款与回购条款的相关内容。除此之外,在美国,FilmLoop *vs.* Coom Ventures 与 Minnesota Invco of RSA #7, Inc. *vs.* Midwest Wireless Communications LLC 案,一般被解读为对领售权和随售权的肯定。Halpin *v.* Riverstone National, Inc. 一案更是明确肯定了领售权和随售权条款的正当性。在案件的分析过程中,法官多次援引股东协议中的领售权和随售权条款,并以其中的具体内容作为分析案件的重要根据。

从其他国家的法律和判例来看,在英国上诉法院 2015 年审判的 Arbuthnott *v.* Bonnyman and others 一案中和澳大利亚新南威尔士州最高法院判决的 William McCausland *v.* Surfing Hardware International Holdings Pty Ltd 一案中,司法机关都认可领售权和随售权的效力。

2. 国内现有做法存在的问题

经公开检索,目前国内缺乏直接因随售权、领售权的履行问题而产生的诉讼案件,亦不存在关于领售权/随售权是否具有可执行性的司法实践,对领售权/随售权能否直接得到法院执行尚无定论。

3. 国外解决领售权/随售权条款可执行性的保障

英美法系中,对领售权/随售权条款建立了一套以确认效力和可执行性为基础,加以行权期限和违约金上限作为限制的领售权/随售权条款执行保障体系。

首先,英美法系中对领售权/随售权条款的有效性和可执行性,由具有立法效力的司法判例进行确认。

其中,典型的案例是 Minnesota Invco of RSA #7, et al. *v.* Midwest Wireless Holdings, LLC, et al. 案,美国特拉华州衡平法院明确表明被告未侵犯原告作为 Midwest Wireless Communications LLC 股东的优先购买权,并且享有领售权且有权要求原告配合完成股权转让。

另外,在 Halpin *v.* Riverstone National, Inc. 和 William McCausland *v.* Surfing Hardware International Holdings Pty Ltd,FirmLoop 等案件中,法院的判决均强制执行了领售权/随售权。

其次,英美法系虽然对领售权/随售权的有效性和可执行性予以确认,但为了保障小股东的合法权益,也对其可执行性进行了一定限制,典型表现为行权通知和违约金上限。

一方面,从国外司法判例中可以看出,法院非常看重领售股东在行权时是否已经按照合同要求履行了通知及相应程序。例如2015 年的 Halpin *v.* Riverstone Nat'l, Inc. 一案,美国特拉华州法院特别审查了作为大股东的 Riverstone Nat'l, Inc. 是否适当履行了领售权条款项下的通知义务,通知其他小股东并要求小股东共同出售股权。经审理, 大股东 Riverstone Nat'l, Inc. 并未适当履行该通知义务,公司的小股东无义务配合大股东出售股权。

另一方面,与我国相似,大多数国外司法机构会对过高的违约金进行酌减。如果违约金过高,超过了合理的损失范围,那么法院或仲裁机构可能会认定该条款为“罚则条款”,从而拒绝执行或酌减。英国则是坚持前述司法观点的典型国家。

4. 小结和建议

(1)通过对比,可以总结出目前国内“领售权/随售权”条款面临的履行难点有如下几个方面:

①立法和司法实务对领售权/随售权条款的可执行性没有直接定论,对其履行次序仍存在争议。例如,根据《公司法》第 71 条第 3 款的规定,经股东同意转让的股权,在同等条件下,其他股东有优先购买权。在领售权与优先购买权的效力层级约定不明时,对履行顺序可能会产生冲突。

②公司登记实践中,市场监督管理部门一般要求股东就股东转让提供股东会决议或转让股权的股东就股权转让事项发给其他股东的书面通知、其他股东的答复意

见，股权转让协议以及相应的公司章程修正案，前述法律文件均要求现有股东配合签字。虽然有领售权条款，但是如果被拖售股东阻挠或拒不通过相关决议，不配合办理工商登记，同样会阻碍领售权条款的实现。

（2）对此，参考国外上述司法判例中领售权/随售权的约定方法，为避免其他股东在管理人股东/大股东行使领售权/随售权过程中的干扰和阻挠，以及为领售权/随售权条款在无法得到直接执行时设定备选方案，在签订相关投资协议时应当注意以下几点：

①清晰约定一方在行使领售权时的股东会召集程序、方式及表决方式；

②清晰约定一方在行使领售权时，其他股东均放弃彼此股权的优先购买权；

③清晰约定在其他股东拒绝配合召开股东会，或其他股东拒不出席股东会的情况下管理人股东/大股东有权代表“其他拒不配合、拒不签字的股东”签名，并提前签订授权委托书；

④作为对上述约定的保障，以及领售权/随售权无法直接获得强制执行时的替代方案，建议清晰约定在其他股东拒绝配合行使领售权时的违约责任、由此导致股权转让失败的违约责任（预期股权转让价款及利息等）以及由此产生的维权费用（律师费、诉讼费、保全费、差旅费等）。

五 股权投资交割的要点

（一）股权投资交割的定义

交割，通常理解为双方完成交易，双方相互转移所有权，手续已结清。

因此，股权投资交割可以简单理解为投资人完成投资并取得标的企业股权的过程，本质是“投资款”与“股权”相互结清手续的过程。

（二）确定交割条件

交割条件，又称交割先决条件，是指交易股权收购双方实施股权或资产过户等交割事项之前需要完成的前提条件。按照能否豁免，分为法定交割条件和意定交割条件，法定交割条件不能豁免，意定交割条件可以豁免。

1. 如何设置交割条件

交割条件的设置，需着重考虑交易双方的时间紧迫性、风险承受能力、风险偏好以及其他重要因素。根据股权收购双方的需求和实际情况，如交易双方希望在短期内完成交易，且具有较高的风险承受能力，则交割条件的设定可相对较简单，重点涵盖相对较重要的事项和瑕疵；反之，则交割条件需要设定详细涵盖整体交割的事项。

2. 法定交割条件

法定交割条件主要是指在股权或资产过户等交割事项实施之前，法律规定必须具备的前置程序或必须能取得的前置审批。即便不在合同中约定，依据法律规定，在相关条件未成就时，实际上也无法完成股权或资产过户等交割事项。主要包括以下几类：

（1）投资项目核准或备案。

（2）特殊行业准入许可。

特殊行业（房地产、矿业、电信、银行业、证券、保险等）政府主管部门的前置审批程序。

（3）外商投资项目核准或备案及行业准入审查。

（4）外资并购国家安全审查。

（5）经营者集中反垄断审查。

经营者集中是指经营者合并；经营者通过取得股权或者资产的方式取得对其他经营者的控制权；经营者通过合同等方式取得对其他经营者的控制权或者能够对其他经营者施加决定性影响。

（6）企业国有产权转让审批。

企业国有产权转让涉及的主管国有资产监督管理机构（或其授权企业）的外部审批、资产评估、产权交易机构公开交易程序等。

（7）其他法定交割条件。

《公司法》《民法典》等其他相关法律法规规定的交割条件。根据《公司法》的相关规定，公司股东向股东以外的人转让股权，应经其他股东过半数同意；标的公司董事会、股东会决议审议通过增资事宜等。另外，也需符合标的公司章程所规定的交割条件。

3. 意定交割条件

意定交割条件主要是指交易双方约定改进交易标的瑕疵或其他相关瑕疵的条件，主要包括：

（1）重组架构。

(2)解决尽职调查中发现的各种问题,如重大资产的权利瑕疵等。

(3)完成对确保公司继续运营和并购方利益至关重要的其他特定事项。

(三)交割准备

1. 确定交割日

股权收购交割日一般由股权收购双方在协议中根据实际情况具体约定,实践中交割日的约定一般与收购款项支付日挂钩。交割日当天收购方应安排人员进入目标公司开展交割事项。

2. 确定交割对接人员

如果目标公司设立时间较长、经历多次变更或目标项目情况比较复杂,则双方需要交接的资料可能内容繁多,且涉及不同业务领域,交割不可能由单一人员完成清点移交。为了避免因对接人员更换、调整导致资料移交过程中的混乱及权责不清,建议转让方与受让方提前根据不同的业务设立不同的对接口(如法律、税务、人事、财务、成本、营销等),由指定对接人员专项对接所归口业务资料清点、移交及后续补充工作,该指定人员同时作为最终移交确认书的签字人员。提高交割效率的同时,也有助于核查交割材料。

3. 确定交割时间、场地、方式

双方协商确定实物资料及固定资产的交割时间、场地以及方式,确保各项资料统一集中移交。需要分批移交的,要明确每一批次的材料内容、时间、场地以及方式。

4. 确定交割材料清单

应提前审查、确认、完善交割资料清单(应按各归口业务部门制作交割资料清单),以作为交割的依据。交割资料清单中应当尽可能细致,明确注明移交文件的形式(原件、复印件、电子版)、份数,对特殊要点、安排需注明。

5. 准备交割物料

为确保交割工作有序进行,应当提前约定准备:打印好交割清单,在交割时按照交割清单进行核对;运输车辆、人员、密封箱、封条、胶带、纸、笔等交割所需物料。

(四)交割事项

1. 股权交割

股权交割需要按照收购协议约定时间节点,配合目标公司向市场监管部门递交交易所需的工商变更登记文件,并完成工商变更手续,具体需要完成以下工作:

(1)验资。《公司法》取消了验资程序，验资不再是确认实缴出资的必经程序，但作为有志于资本市场的企业来说，第三方机构验资独立出具的验资报告，对确认出资人实缴出资无疑具有更强的说服力。建议委托会计师事务所办理实缴出资验资为妥。

(2)出具出资证明书。收到出资(并经验资)后，标的公司应当向投资人出具出资证明书，载明公司名称、成立日期、注册资本、股东的姓名或者名称、缴纳的出资额和出资日期、出资证明书的编号和核发日期，证明投资人已出资到位。

(3)更新股东名册。投资人完成实缴出资后即获得了股东资格，享有股东权利，履行股东义务。公司应当依据《公司法》的规定，更新股东名册，将投资人股东的姓名或者名称及住所、出资额、出资证明书编号等登记在股东名册。

(4)变更工商登记。标的公司备好股东会决议、增资协议、验资报告、公司章程修正案、推选董事、监事的决议等资料，向当地工商部门办理股东、董事、监事、公司章程变更登记，领取新的营业执照。

(5)通知。基于投融资双方的良好互动，办理完毕工商登记手续后，应当即时将工商部门审核确认的全套变更登记通知书交投资人存档。

(6)费用承担。办理工商变更登记手续所需的验资费、登记费等通常由标的公司承担。

(7)法律责任。除非因政府方面原因或不可抗力的因素外，标的公司未能按投资协议约定的时限办理完毕相关验资和工商变更手续，公司及原股东或许要承担法律责任——投资人可能要求解除协议，返还投资款及银行同期贷款利息，但投资人同意豁免的除外。

2. 决策、经营权交割

重点关注收购方任命的董事、监事、总经理和其他高管是否依法被任命或有效登记。

交割日前目标公司股东、执行董事、监事、总经理和其他高管享有的决策权、管理权、人事权以及其他一切权利应当停止。此前已经作出但尚未执行或者尚未执行完毕的决议、决定、批示、安排等，需经交割日后，由收购方加入后重新成立或选举、委派的股东会(股东)、董事会(执行董事)、监事、总经理和其他高管确认后方可执行或继续执行。

3. 债权债务交割

收购方可以依据尽职调查载明的债权、债务进行交割，必要时召开债权人或债务人会议，逐项确认债权或债务，组织团队与账面记载的供应商、客户进行逐笔对账，确认债权债务的真实性、合理性，在最后一笔股权转让款支付前完成所有债权债务确认工作。

4. 资产交割

固定资产交割分为动产和不动产，动产应当核实权属、资产状态、使用年限以及明确保管人，在核实后统一移交给收购方指定人员保管；不动产需要核实位置、权属、抵押情况、资产状态，对有产权证书的还需要交割产权证书，必要时需要聘请专业机构对资产情况进行检测。

5. 印鉴交割

印鉴交割主要包括被收购方公司公章、法人章、财务章、合同章和发票专用章等，以及公司的项目部或者工程部等可能刻有的印章，应当与被收购方确认印鉴数量一并收回。

6. 档案材料交割

档案材料交割是交割工作的重点，根据公司的不同，有的公司档案设有专门的档案室保存，有的公司由财务部门或者行政部门统一保管。档案包括公司证照、行政许可、政府文件及会议纪要、招投标资料、合同、结算资料、投融资、历次股东会决议等。交割过程需要注意核对移交资料是否为原件，以及移交资料份数、存放地点等。

7. 财务、税务交割

财务交割主要分为以下方面：

(1)银行账户(及U盾)，所有公司银行公户、私户，以及与账户有关的证件资料都应当进行交割。

(2)会计账簿，包括会计凭证、财务报表、纳税申报表、序时账、科目余额表等。

(3)财务资料，包括财务制度、供应商与客户对账单、财务分析报告及第三方财务审计报告等资料。

税务交割主要分为以下方面：

(1)电子税务局账号密码、税盘账号密码及变更管理员。

(2)对被投资企业有无欠税、偷逃漏税进行核实，确保涉税信息真实、完整。

(3)核对报税信息,包括财务报表与纳税申报表是否一致、税务发票等。

(4)与主管税务机关进行接洽,完成对接人员变更。

8. 涉诉材料交割

诉讼案件交割分为已经结案和尚未结案,已经结案的诉讼资料交割应当移交最终的判决书、裁判书及调解书;尚未结案的诉讼资料应当移交起诉书、答辩书、一审判决书等资料,必要时需要与案件代理律师取得联系,跟进案件进度对可能出现的结果进行预判,提前做好防范准备。

(五)过渡期

过渡期是指投融资双方签署投资协议书至投资人完成投资成为公司股东前的期间。过渡期主要为融资方及原股东设定相应的义务。过渡期内融资方及原股东需要完成"先决/前提条件",并需要保证过渡时期内公司主业、重要资产和人员不发生不利于投资人的变化,避免损害投资人利益。

1. 过渡期的风险

过渡期的风险主要包括经营风险显著增加,资产大额减少,负债大幅增加,非正常资产处置,修订公司章程,关键人员异动等,发生这些异动的后果是公司估值和投资价值降低。

(1)经营风险显著增加,包括公司主营业务发生变化;从事股票期货等高风险投资等。

(2)资产大额减少,包括提前偿还债务;放弃对第三人的债权或追偿权;进行或宣称进行任何形式的利润分配等。

(3)负债大幅增加,包括公司在现有资产或财产上设立权利负担,为他人提供保证、抵押、质押担保等。

(4)非正常资产处置,包括转让或许可他人使用公司关键知识产权;超出正常业务范围且交易总额超过约定限额的资产出售、租赁、转移、购买、投资或其他处置;超出正常业务范围的重大关联交易等。

(5)修订公司章程,包括对公司章程作出(不利于投资人的)修订;对已有的协议作出不利于公司的修改或承诺;修改公司会计核算方法或财务会计规章制度等。

(6)关键人员异动,包括公司实际控制人发生变化或原股东转让标的公司的部分或全部股权套现;解聘任何关键员工或促成关键员工离职(主动离职除外)。

2. 过渡期的损益归属安排

过渡期的期间损益安排，即目标企业实现盈利，或因其他原因而增加收益的，由哪一方享有；发生亏损，或因其他原因而发生损益的，由哪一方承担。例如，约定过渡期内的经营活动产生的损益归出让方享有，收益归收购方所有，或由双方按一定比例分别享有和承担。

3. 违反过渡期安排的责任

如出让方违反过渡期安排，则违约方应按收购方要求承担立即改正、继续履行、赔偿损失、支付违约金等违约责任，收购方有权选择降低交易对价、调整交易范围、增加担保措施等方式要求违约方承担违约责任。出让方违约情形严重导致目标公司重大损失，收购方依据自身合理商业判断认为无法实现本次收购目的的，有权单方终止本次收购，并要求违约方承担违约责任或缔约过失责任。

（六）交割收尾

1. 交割完成确认

交割完成后应当签章确认交割事项确认函，避免将来就交割事项是否完成引发争议。

2. 履行后合同义务

收购合同终止后，并不意味着交易各方不存在应当履行的义务。根据法律规定还应当遵守交易习惯，履行通知、协助、保密等义务。任何一方违反该等后合同义务，给相对方造成损失的，相对方有权请求赔偿实际损失。

（七）交割中的风险提示

1. 交割条件未成就的合同效力风险

(1)法定交割条件未成就的合同效力

法定交割条件被法律明确规定为合同生效要件的，该法定交割条件未成就，则该合同成立但未生效。法定交割条件未被法律明确规定为合同生效要件的，该法定交割条件未成就，则该合同成立且生效，除非在合同中被明确约定为合同生效要件。

(2)意定交割条件未成就的合同效力

意定交割条件被约定为合同生效要件的，该意定交割条件未成就，则该合同成立但未生效；但不正当地阻止条件成就的，视为条件已成就，合同生效；正当地阻止条件成就的，视为条件不成就，合同未生效。

2. 人事任命与员工继受风险

（1）收购方应根据需求明确约定目标公司的原董事、监事、总经理和其他高管向目标公司递交辞职函并不向目标公司提出索赔要求，并约定如有发生该情况的责任承担方。

（2）收购方需要提前确定继受与不予继受的员工名单，并约定继受部分员工不得辞退，确认是否签订有效的劳动合同；对于不予继受的人员应当约定目标公司在交割日前对相关员工作出辞退、人事关系转移等处理终止劳动关系，并支付由此产生的赔偿金、补偿金等费用。

特别注意在交割日前，应当约定目标公司不得对其他员工进行人员变动，岗位调整，薪酬、福利或其他报酬调整，或发生其他未经收购方书面认可的劳动合同实质性条款变更情况。

3. 印鉴交割的风险

印鉴交割应当明确时间，一般在股权交割后进行印鉴交割，需更换印鉴的，应当约定交割之后停用，所有回收旧印鉴登报声明作废后全部启用新印鉴，这样能区分责任，避免法律风险。

4. 交割事项履行时间节点的风险

实际履行中交割事项的完成是一个具有“分水岭”意义的重要时间点，对交易标的的权属转移、风险承担、会计处理、税务处理等具有重大影响。收购方需要重点关注合同内约定的每一项交割事项履行时间节点的先后顺序及附随的通知、告知等义务，避免瑕疵履行的法律风险发生。

六 合伙型私募基金收购上市公司要点

（一）数据检索

经检索上市公司在巨潮信息网发布的公告和 Choice 系统，截至 2019 年 4 月，共有 58 家上市公司的控股股东为有限合伙企业。

经核查中国基金业协会网站，共有 15 家上市公司的控股股东是已在中国基金业协会登记备案的有限合伙制私募股权基金。具体信息如表 23 所示。

表 23 上市公司有限合伙企业控股股东情况统计

序号	证券代码	证券名称	控股股东名称	控股股东持股比例（%）	实际控制人	是否办理基金备案
1	000403. SZ	振兴生化	杭州浙民投天弘投资合伙企业（有限合伙）	27. 49	史某志	否
2	000506. SZ	中润资源	宁波冉盛盛远投资管理合伙企业（有限合伙）	25. 08	郭某玮	是
3	000533. SZ	顺钠股份	广州蕙富博衍投资合伙企业（有限合伙）	17. 37	无	是
4	000584. SZ	哈工智能	无锡哲方哈工智能机器人投资企业（有限合伙）	18. 6	乔某，艾某	是
5	000676. SZ	智度股份	北京智度德普股权投资中心（有限合伙）	39. 25	吴某心	是
6	000711. SZ	京蓝科技	北京杨树蓝天投资中心（有限合伙）	16. 68	郭某增	是
7	000892. SZ	欢瑞世纪	欢瑞联合（天津）资产管理合伙企业（有限合伙）	10. 87	钟某艳，陈某	否
8	000998. SZ	隆平高科	中信兴业投资集团有限公司，中信建设有限责任公司，深圳市信农投资中心（有限合伙）	18. 74	中国中信集团有限公司	否
9	002111. SZ	威海广泰	新疆广泰空港股权投资有限合伙企业	28. 25	李某太	是
10	002199. SZ	东晶电子	宁波梅山保税港区蓝海投控投资管理中心（有限合伙）	10. 02	钱某蓉	否
11	002207. SZ	ST 准油	湖州燕润投资管理合伙企业（有限合伙）	23. 3	解某锟	否

续表

序号	证券代码	证券名称	控股股东名称	控股股东持股比例（%）	实际控制人	是否办理基金备案
12	002228. SZ	合兴包装	新疆兴汇聚股权投资管理有限合伙企业	33. 96	许某津，许某光，许某荣，吕某英	否
13	002306. SZ	* ST 云网	上海臻禧企业管理咨询合伙企业（有限合伙）	23. 11	陈某	否
14	002313. SZ	日海智能	珠海润达泰投资合伙企业（有限合伙）	24. 69	薛某	是
15	002316. SZ	亚联发展	嘉兴乾德精一投资合伙企业（有限合伙）	19. 84	刘某	是
16	002356. SZ	赫美集团	赫美联合二期（深圳）消费品投资中心（有限合伙）	29. 99	无	否
17	002399. SZ	海普瑞	深圳市乐仁科技有限公司，乌鲁木齐金田土股权投资合伙企业（有限合伙），乌鲁木齐飞来石股权投资有限公司	73. 96	李某 1，李某 2	否
18	002412. SZ	汉森制药	新疆汉森股权投资管理有限合伙企业	42. 13	刘某安	否
19	002429. SZ	兆驰股份	新疆兆驰股权投资合伙企业（有限合伙）	54. 5	顾某	否
20	002432. SZ	九安医疗	石河子三和股权投资合伙企业（有限合伙）	35. 65	刘某	否
21	002438. SZ	江苏神通	湖州风林火山股权投资合伙企业（有限合伙）	18. 47	罗某	否
22	002459. SZ	天业通联	深圳市华建盈富投资企业（有限合伙）	36. 39	何某平	否

续表

序号	证券代码	证券名称	控股股东名称	控股股东持股比例（%）	实际控制人	是否办理基金备案
23	002464. SZ	众应互联	宁波冉盛盛瑞投资管理合伙企业(有限合伙)	24.04	郭某玮	否
24	002518. SZ	科士达	新疆科士达股权投资合伙企业(有限合伙)	59.74	刘某,刘某宇	否
25	002548. SZ	金新农	舟山大成欣农股权投资合伙企业(有限合伙)	38.99	无	否
26	002576. SZ	通达动力	天津鑫达瑞明企业管理咨询中心(有限合伙)	30.27	魏某军,魏某	否
27	002606. SZ	大连电瓷	杭州锐奇信息技术合伙企业(有限合伙)	23.03	应某	否
28	002621. SZ	三垒股份	珠海融诚投资中心(有限合伙)	29.9999	解某锟	否
29	002629. SZ	仁智股份	西藏瀚澧电子科技合伙企业(有限合伙)	19.76	金某	否
30	002652. SZ	扬子新材	南宁颐然养老产业合伙企业(有限合伙)	29.9963	无	否
31	002670. SZ	国盛金控	深圳前海财智发展投资中心(有限合伙),深圳前海财智远大投资中心(有限合伙),北京凤凰财鑫股权投资中心(有限合伙),北京凤凰财智创新投资中心(有限合伙)	41.32	杜某,张某	是
32	002674. SZ	兴业科技	石河子万兴股权投资合伙企业(有限合伙)	28.05	吴某春	否

续表

序号	证券代码	证券名称	控股股东名称	控股股东持股比例（%）	实际控制人	是否办理基金备案
33	002937. SZ	兴瑞科技	宁波哲琪投资管理有限公司，宁波和之合投资管理合伙企业（有限合伙）	38.42	张某琪，张某瑞张某良，张某芬	否
34	300038. SZ	数知科技	上海诺牧投资中心（有限合伙）	30.32	张某，张某勇	是
35	300125. SZ	易世达	杭州光恒昱股权投资合伙企业（有限合伙）	21.88	刘某东	是
36	300159. SZ	新研股份	嘉兴华控腾汇股权投资合伙企业（有限合伙）	8.5985	张某	是
37	300202. SZ	聚龙股份	柳某诠，新疆科大聚龙集团股权投资有限合伙企业，周某芹	55.62	柳某诠，周某芹，柳某庆	否
38	300214. SZ	日科化学	济南鲁民投金湖投资合伙企业（有限合伙）	14.58	无	否
39	300221. SZ	银禧科技	石河子市瑞晨股权投资合伙企业（有限合伙）	19.6	谭某斌，周某	否
40	300272. SZ	开能健康	钧天（宁夏）投资管理中心（有限合伙）	8.17	赵某钧	否
41	300280. SZ	紫天科技	新余市安常投资中心（有限合伙）	22.92	姚某燕，郑某	否
42	300282. SZ	三盛教育	福建卓丰投资合伙企业（有限合伙）	27.2	程某，林荣某	否
43	300319. SZ	麦捷科技	深圳远致富海电子信息投资企业（有限合伙）	26.44	深圳远致富海电子信息投资企业（有限合伙）	否

续表

序号	证券代码	证券名称	控股股东名称	控股股东持股比例(%)	实际控制人	是否办理基金备案
44	300342. SZ	天银机电	佛山市澜海瑞兴股权投资合伙企业(有限合伙)	28.5225	佛山市南海区国有资产监督管理局	否
45	300383. SZ	光环新网	舟山百汇达股权投资管理合伙企业(有限合伙)	33.27	耿某根	否
46	300442. SZ	普丽盛	新疆大容民生投资有限合伙企业	27.8	姜某东,姜某伟张某亮,舒某泉	否
47	300460. SZ	惠伦晶体	新疆惠伦股权投资合伙企业(有限合伙)	32.6	赵某清	否
48	300558. SZ	贝达药业	宁波凯铭投资管理合伙企业(有限合伙),浙江贝成投资管理合伙企业(有限合伙),Yinxiang Wang	32.54	Yinxiang Wang,丁某明	否
49	300682. SZ	朗新科技	无锡朴华股权投资合伙企业(有限合伙),无锡群英股权投资合伙企业(有限合伙)	27.5	郑某标,徐某军	否
50	300736. SZ	百邦科技	北京达安世纪投资管理有限公司,北京悦华众城投资管理中心(有限合伙)	34.75	刘某峰	否
51	600234. SH	ST 山水	深圳市前海派德高盛投资合伙企业(有限合伙)	13.418	吴某交	否
52	600622. SH	光大嘉宝	北京光控安宇投资中心(有限合伙),上海光控股权投资管理有限公司,上海安霞投资中心(有限合伙)	29.16	中国光大集团股份公司	是

续表

序号	证券代码	证券名称	控股股东名称	控股股东持股比例（%）	实际控制人	是否办理基金备案
53	600678. SH	四川金顶	深圳朴素至纯投资企业(有限合伙)	20.5	梁某	是
54	600732. SH	ST 新梅	上海新达浦宏投资合伙企业(有限合伙)	22.05	朱某东，李某军，王某华等	是
55	601615. SH	明阳智能	Wiser Tyson Investment Corp. Limited FIRST BASEINVESTMENTS LIMITED. 明阳新能源投资控股集团有限公司，KEYCORP LIMITED，中山博创企业管理咨询合伙企业(有限合伙)，中山瑞信企业管理咨询合伙企业(有限合伙)	30.95	张某，吴某，张某卫	否
56	603690. SH	至纯科技	尚纯(上海)投资咨询中心(有限合伙)	49.14	蒋某，陆某英	否
57	603871. SH	嘉友国际	嘉信益(天津)资产管理合伙企业(有限合伙)	37.5	韩某华，孟某	否
58	603939. SH	益丰药房	宁波梅山保税港区济康企业管理合伙企业(有限合伙)	26.68	高某	否

（二）协议转让的基本流程

1. 协议转让的基本流程

协议转让上市公司股权遵照的主规则包括上交所《上市公司股份协议转让业务办理指引》、深交所《上市公司股份协议转让业务办理指引》《上市公司流通股协议转让业务常见问题解答之一至四》等。

协议转让股权的基本流程如图 1 所示：

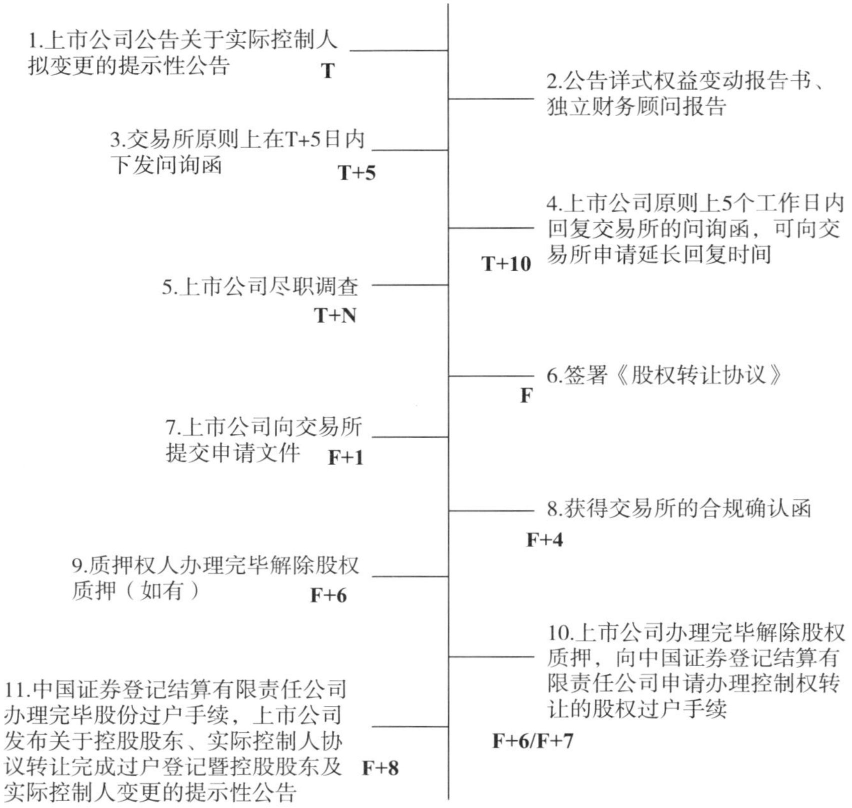

图 1　协议转让股权的基本流程

注:1. F 为签订《股权转让协议》日期;2. T 为上市公司发布关于实际控制人拟变更的提示性公告日期。

2. 案例简介

(1)签署《股权转让协议》

日科化学于 2019 年 1 月 6 日发布公告,赵某日先生与金湖投资签署了《股份转让协议》,赵某日先生拟以人民币 7.69 元/股的价格将其持有的公司 25,260,263 股(占公司总股本的 5.93%)转让给金湖投资。若本次交易最终完成,金湖投资及其一致行动人合计持有公司股份 93,179,110 股,占公司总股本的 21.88%。本次交易将会导致日科化学控股股东、实际控制人发生变更。

(2)控股股东、实际控制人协议转让完成过户登记

2019 年 2 月 14 日,日科化学发布公告称控股股东赵某日协议转让部分公司股

份事宜已在中国结算深圳分公司完成过户登记手续，并收到了中国结算出具的证券过户登记确认书。

（三）交易所对协议收购行为的关注重点

经梳理，共16家上市公司就协议转让股权的交易收到了交易所关注的问询函，其中以下问题被问询的频率较高，属于交易所关注的重点问题。

1. 产权控制结构

通达动力、哈工智能、日科化学等8家上市公司被交易所要求全面有效地披露收购方产权控制结构，穿透披露至自然人、国有资产管理部门或者股东之间达成某种协议或安排的其他机构。同时，如果产权控制关系中涉及信托或其他合伙企业，则需要对涉及信托或其他合伙企业的参与主体信息、出资额来源、权利义务等重要信息进行详细的说明。

通过对股权结构的分析，监管机构能进一步了解该等控制权转让交易中收购人的情况，从而确保交易的安全性、合法性，进而维护中小股东的利益。

按照交易所的要求，上述上市公司通过产权控制关系方框图的形式穿透披露收购方的产权结构直至最终的自然人，并对收购方各合伙人的出资方式、比例及出资来源进行说明，从各合伙人的权利义务、利益分配、控制人认定等方面进行详细的披露。

产权控制关系中涉及信托等权益机构的，上市公司应按照规定披露上述主体的基本信息和权益结构。此外，参与主体主要信息也属于应披露的范围，包括信托名称、委托人与受托人、参与的业务、出资额及资金来源、权利义务等内容。产权控制关系中有限合伙企业涉及其他合伙企业的，需按照前述的标准对相关信息进行披露。

2. 收购资金来源

东晶电子、中润资源等10家上市公司都被交易所问询到收购资金来源的问题。交易所的关注点主要包括以下几个方面：（1）收购方用于收购上市公司的资金来源的具体分类和途径；（2）收购方用于收购上市公司的资金是否涉及借贷；（3）收购方自身产权控制及其出资人的资金来源。

交易所关注该问题的出发点是严控高杠杆行为，落脚点仍旧是保护中小投资者的利益。此前市场上盛行高杠杆收购，监管机构十分重视并采取了一系列严控高杠杆的措施。无论是对资金来源类别和性质的关注，还是对借贷协议的格外关注，其本质都是对高杠杆的限制。

就资金来源的类别而言,上市公司需要说明收购资金是自有资金或自筹资金还是向第三方募集的资金,以及是否存在直接或间接源于上市公司及其关联方的情况。就资金来源的性质而言,上市公司需说明相关类别的资金是否包含杠杆结构化等情形。如涉及借贷,需提供借款协议主要内容,包括借款方、金额、利息、借贷期限、担保、还款计划及资金来源。最后就收购方自身产权控制及出资人的资金来源而言,需参照产权控制部分的回答披露各参与主体的资金来源、合伙企业利润分配、亏损负担及合伙事务执行的有关协议安排。

3. 交易定价

由于大部分有限合伙企业是通过签订股权转让协议的方式收购上市公司股权从而成为控股股东,交易价格可能存在溢价、折价或平价的情况,交易所主要关注交易定价的依据及合理性问题,如扬子新材、日科化学、江苏神通、通达动力等公司都被问到了定价的相关问题。

从交易所发出的上述问询函来看,无论是溢价转让、平价转让还是折价转让,交易所都非常关心交易定价的定价依据以及合理性问题。无论交易价格是高还是低,都要符合上市公司本身存在的优势和劣势这一客观事实,更要符合交易本身的实际情况。

上市公司的回答主要从以下方面考虑:(1)依据上市公司经营状况或市场行情分析溢价/平价/折价收购的原因与主要考虑;(2)解释交易定价是通过双方反复协商或参考市场价格而确定,具有其合理性;(3)说明交易双方是否存在其他协议或安排,是否存在关联关系;(4)交易双方是否已履行股权转让所必需的内部决策程序,决策程序是否合理合法。

4. 关联交易

股权转让的受让方与上市公司间是否存在关联关系;受让方(或包括实际控制人、一致行动人等相关方)与上市公司控股股东、实际控制人、持股5%以上的股东、公司董事、监事、高管是否存在关联关系或其他利益安排也是交易所关注的高频问题。如众应互联、东晶电子、扬子新材、日海智能等上市公司都被问到了该问题。

原则上,在正常市场交易的情况下,股权转让交易双方的作价是公允的。但若交易双方之间存在关联关系,可能为了避免缴纳所得税,导致股权转让作价存在不公允的可能性,从而侵害上市公司原有股东的利益,同时减损国家的税收收入。因此,无论是中国证监会对并购重组的过程还是交易所对控制权转让的过程,都会对关联关系与关联交易的问题给予足够的重视。

而对该等问题的回复通常比较简洁,明确存在或不存在关联交易,部分受让方会出具相应的承诺函,承诺将避免关联交易。

5. 后续计划

上市公司控制权转让后新的控股股东对上市公司的后续发展是否有清晰的战略规划、未来12个月内有无对上市公司的重大调整计划、是否拟改变上市公司现任董事会或高管的组成等问题属于交易所普遍问询的问题。众应互联、四川金顶等7家上市公司都被问到类似问题,也有少数上市公司被问到是否拟在未来12个月内继续增持股份或处置已拥有权益的股份等特殊问题。

上市公司被收购后可能会对主营业务、资产变动、人员安排、组织结构等方面作出巨大变动。这样的变动存在诸多风险和不确定的因素,可能会给公司的股价带来波动,影响中小股民利益。此外,收购方可能后续会出现资产重组、借壳上市等情况,这就可能会触及中国证监会和其他有关部门的监管事项。因此,交易所进行事前的监管,有利于保护中小股民的利益,同时能更加严密、有力地监管上市公司的后续活动。

该问题上市公司应依据实际情况回答,原则上未来的总体规划和安排需要清晰合理,不会对上市公司的稳定性和持续经营能力造成重大影响。同时上市公司应作出承诺,如果后续因经营管理的需要出现上述变化事项,信息披露人应及时按照准则披露相关的信息。

6. 实际控制人认定

上市公司的控制权相关问题一直是公司信息披露中的重中之重,若公司的控制权不稳定则会影响企业的经营和管理,增加公司治理的不稳定性。谈到上市公司的控制权,首先考虑的是上市公司控制权的实际归属问题。若交易所认为上市公司存在控股股东或实际控制人模糊的情形,则会要求上市公司披露交易时公司的控股股东或实际控制人及认定的原因。在案例中还有涉及对于实际控制人经营管理公司能力的相关问询。如大连电瓷、日海智能、日科化学等上市公司都被要求解释实际控制人的认定依据,并披露是否存在其他的一致行动协议、表决权委托等其他安排。

在该问题上,交易所的监管逻辑可以理解为穿透披露作为一种监管手段,有助于提高交易的透明度，从而有效地规范实际控制人的行为，保障中小股东的利益。同时，若通过委托表决权、一致行动协议等达到控制权转让目的，则必然存在一定的控制权风险。因此，需要另外设置保持控制权稳定的具体措施。

关于控股股东、实际控制人的认定问题的回复与产权控制关系的披露有相似之处，上市公司应依据《上市公司收购管理办法》《证券法》《公司法》的规定，穿透披露至最终的自然人，解释说明实际控制人通过何种途径实现对公司的控制。

（四）协议收购的风险

通常情况下，在签订股权转让协议收购上市公司股权之前，收购方应对拟出让的股权进行调查核实。重点关注的问题包括股权结构是否清晰、拟出让的股权是否存在权利瑕疵、交易是否存在实施障碍、内部审批流程是否完备等。此外，就股份交割的设计，交割与付款时间节点的选择、资金监管措施及违约条款的合理安排，均是协议受让上市公司股权需要慎重考虑的方面。常见的风险包括如下几点：

1. 股权流转后，有可能发生因持股比例相对均衡，控股股东无法形成表决权的绝对优势。以金湖投资为例，在签署股权转让协议后，金湖投资及其一致行动人合计持有公司总股本的21.88%股份，成为日科化学的控股股东，而日科化学原控股股东赵某日先生及其一致行动人合计持有公司总股本的21.77%股份。由于二者的持股比例相差较小，存在金湖投资及其一致行动人无法享有表决权绝对优势的可能性。

2. 由于信息不对称，受让方对转让方的财务状况的了解往往源于公司财务报表、公司官网及公开媒体信息，如果收购方不能全面了解可能会陷入“收购陷阱”。在实践中，转让方持有的股权往往存在权利负担，出让方的债务以资产担保之债居多，同时可能还存在未决的诉讼和仲裁纠纷等，因此在作出股权转让决策前，应展开详尽的尽职调查，确保转让方及拟收购的上市公司所提供的材料的真实性、合法性，对该等风险负担情况应在股权转让协议中明确。

3. 交割是收购人取得上市公司控制权的重要环节，通过协议收购的，一般需要在满足协议约定的交割先决条件（包括但不限于各项审批程序的完成）后，再向中国结算申请办理股份交割。因此协议签署与实际交割之间会相隔一段时间，双方可能需要对过渡期间的损益进行安排。

4. 股份收购的交割完成并不必然意味着收购人获得对上市公司的实际控制权。通常而言，在收购股份和控制股份表决权的同时，为增强对上市公司的控制力，通常也需要对公司治理结构和经营管理维度方面的措施予以考虑，如董事会、监事会、公司高管的更换；公司既有章程、规章制度的修订；公司资料的交接（如公司公章、银行账户文件、财务会计资料、重要证照等对公司运营具有重要作用的文件及材料的交接）等，最大限度地保障收购人对上市公司的控制权。

（五）小结

目前，私募股权基金开展以获取上市公司控股权的投资行为已渐趋成熟，该等行为并不存在实质性法律障碍。值得注意的是，在这一过程中，监管机构将重点关注收购资金来源、后续计划、交易定价、关联关系与关联交易、收购方产权控制、上市公司控制权、公司治理与经营、实际控制人认定、一致行动人披露等问题。对此，私募股权基金在设计相关方案时应当予以充分研究和考量，同时私募股权基金亦应对所收购的股权进行全面的实质性审查，避免收购风险的发生。

七 不可撤销投票权委托的效力

在上市公司并购与控制权转移过程中，除传统的二级市场增持、定向增发、协议受让、发行股份购买资产等方式外，投票表决权的委托与放弃作为一种在特殊情形下采用的间接性并购手段，近年来也频频出现。

股东表决权委托的法律依据是《公司法》第106条。股东表决权委托有两种情形：一种是受托人接受股东的委托，按照股东的指示和意志行使表决权，可以称为代理投票；另一种是受托人无须按照股东指示和意志投票而是按照受托人自身的意志进行投票。在第二种情形下，为保证受托人独立和稳定行使表决权的权利，受托人常与委托的股东在表决权委托合同中约定在约定的期限内或约定的条件下表决权委托“不可撤销”。本书拟讨论第二种情形下“不可撤销”条款的效力，以及是否能排除委托合同的任意解除权等问题。

（一）表决权委托中“不可撤销”条款的效力问题

关于表决权委托合同中约定的表决权委托“不可撤销”条款是否有效的问题，实践中存在不同观点。

有观点认为，基于双方信赖订立的合同，在信赖丧失时合同成立的基础也不复存在，法律赋予合同双方在此情况下有任意解除权，而法定解除权是强制性规范，不能通过任何约定予以排除适用,遂无效。如《中华人民共和国民法典合同编理解与适用[四]》中讨论"对任意解除权进行限制的约定条款的效力问题"时,提到司法审判中有观点认为该约定无效。

也有观点认为,该约定不能排除任意解除权的行使,但可以据此追究解约方的违约责任。

还有观点认为,当事人约定有效,一方违反约定行使任意解除权的行为无效,不发生任意解除之效果。

(二)司法判例

1. 认为"不可撤销"条款无效的司法判例

(1)(2021)粤07民终7007号——在委托方与受托方信任基础动摇或丧失信任的情形下,双方所作出的不可撤销委托的约定不具有强制力

该案中,广东省江门市中级人民法院认为,"创慧公司主张融盛公司、江门智能云企业在出资协议中将其股东表决权不可撤销地委托给创慧公司行使,从而其无权在临时股东会中行使表决权。对此,本院认为,股东权利的性质属于成员权,系股东基于股东资格对公司享有的权利,其中,表决权是股东就股东会议的议案进行投票表决的权利,是股东参与公司经营管理的法定固有权利。也就是说,股东享有表决权的依据为股东资格,除非基于法律规定或公司章程的规定,公司任何机关不得对股东行使表决权进行限制……而在案证据显示,创慧公司在收到融盛公司、江门智能云企业于2019年7月22日发出的关于解除出资协议第10.6条约定的通知时,沈机集团已进入破产重整程序,即发生了当事人在签订出资协议第10.6条时无法预见的重大变化和导致合同目的不能实现的情形,且该表决权委托约定性质上属委托合同关系,在委托方与受托方信任基础动摇或丧失信任的情形下,双方所作出的不可撤销委托的约定显然不具有强制力,鉴于此,融盛公司、江门智能云企业提前解除该表决权委托,并未违反法律禁止性规定和公司章程的约定"。

(2)(2007)闵民二(商)初字第1535号——委托合同是以当事人之间的信赖关系为基础,故该约定本身不具有强制力

上海市闵行区人民法院也认为虽委托约定有不可撤销的内容,但由于委托合同是以当事人之间的信赖关系为基础,故该约定本身不具有强制力。委托人有权提前解除合同,即使表决权委托合同为涉案收购协议的附件。

2. 认为"不可撤销"条款有效的司法判例

(1)(2021)赣06民终375号——系当事人的真实意思表示,不违反法律法规的禁止性规定,合法有效

江西省鹰潭市中级人民法院认为,"黄某平与港汇控股集团有限公司、张某签订《表决权委托协议书》系当事人的真实意思表示,不违反法律法规的禁止性规定,合法有效。该协议书明确约定港汇控股集团有限公司、张某将拥有的公司全部44.33%股份表决权不可撤销地授权委托黄某平行使,委托时间自协议签订之日起至公司名下开发的项目结束之日。因此,委托人港汇控股集团有限公司、张某无权随时解除委托合同"。新疆维吾尔自治区乌鲁木齐市中级人民法院的(2017)新01民终1380号判决书也持类似观点。

(2)(2020)豫03民终5122号

河南省洛阳市中级人民法院认为,"王某能否依据原《合同法》第410条行使合同任意解除权的问题。原《合同法》第410条虽然规定委托合同双方当事人享有合同任意解除权,但是合同法关于任意解除权的规定不是强制性规定,而是属于授权性规范,双方当事人在《表决权委托协议》第3条对于王某和开元盛世公司行使合同解除权的条件作了特别约定,该特别约定系对于任意解除权的限制和排除,是有效的。王某在本案中并未提交有效证据证明案涉委托协议达到双方约定的解除条件,故王某在本案中不能依据合同约定行使解除权"。

(三)小结

关于约定不可撤销的表决权委托是否可以提前解除,司法实践尚存在争议。上述司法判例反映了几种常见的裁判观点。

1. 支持可以提前解除的观点认为:

(1)股东权利属于成员权,非基于法律或章程规定不受限制;

(2)表决权委托基于当事人之间的信赖,约定不可撤销不具有强制力。

2. 支持不可以提前解除的观点认为:

(1)约定不可撤销不违背法律法规的禁止性规定,合法有效且可以执行;

(2)委托合同的任意解除权属于授权性规范可以约定排除。

从法院效力层级和裁判时间来看,认为约定不可撤销的表决权委托有效且不可以提前解除的观点或许更具有说服力。一方面,该条款系当事人的真实意思表示,不违反法律法规的禁止性规定,合法有效;另一方面,如以"委托方与受托方信任基

础动摇或丧失信任的情形”作为不可撤销条款无效的情形，则涉及“丧失信任”的情形的具体认定标准问题，不利于统一裁判尺度。

最后，该问题尚未得到高级人民法院、最高人民法院的裁判观点论证，亦未得到司法解释的正面解答，仍存在一定的争议。双方在约定该类条款时，应当全面考虑条款被认定无效所可能导致的后果及风险，并从建立双方的信任基础层面进行强化约定，以尽可能降低法院认定其无效的可能性。

八 “老鼠仓”的认定及规避

《证券法》第54条规定：“禁止证券交易场所、证券公司、证券登记结算机构、证券服务机构和其他金融机构的从业人员、有关监管部门或者行业协会的工作人员，利用因职务便利获取的内幕信息以外的其他未公开的信息，违反规定，从事与该信息相关的证券交易活动，或者明示、暗示他人从事相关交易活动。利用未公开信息进行交易给投资者造成损失的，应当依法承担赔偿责任。”上述法律系对“老鼠仓”行为的明确禁止。

（一）“老鼠仓”的认定

“老鼠仓”是证券、期货中的内幕交易行为的俗称，是指不法分子凭借自身的信息优势，利用自有资金对某只股票提前进行低位建仓，再用公有资金买入这只股票，待股价拉高后，再卖出个人之前买入的股票，从而攫取巨额利润的腐败行为。其中，仓是指股票仓位。在实践中较常见的情况是，基金经理先以其个人款项低价买入证券，再用基金资金投资该证券，拉高价格，进而卖出个人手头持有的证券后获利。

除此之外，还存在场外期权的“老鼠仓”模式。所谓场外期权，是指不在证券交易所内进行的，期权条款不受交易所限制，可以根据买卖双方的需要自行制定相应条款的非标准化的一种期权合约交易。若行为主体在场外低价先利用马甲等形式将其伪装为私募等机构，并实质利用其个人资金买入场外期权，再以基金资金大量买入该期权以拉高其价格，随后再抛售其低价买入的期权获取高额利益，则该行为同样属于“老鼠仓”。

“老鼠仓”行为系相关从业人员逃避其不能直接参与证券股票投资的相关规定所实施的内幕交易行为，因此，在“老鼠仓”行为的认定上，可以从行为主体、内幕信息、行为本身三个方面出发进行认定。

1. 行为主体

就行为主体的角度而言,“老鼠仓”的行为主体系证券、期货业务的从业人员中对内幕信息等知情的人员,一般主体并非“老鼠仓”行为的主体。从实施内幕交易行为的主体身份上即可较为快捷地初步确定是否存在“老鼠仓”行为。而《证券法》第51条对知情人员进行了列举,具体包括:

(1)发行人及其董事、监事、高管。

(2)持有公司5%以上股份的股东及其董事、监事、高管,公司的实际控制人及其董事、监事、高管。

(3)发行人控股或者实际控制的公司及其董事、监事、高管。

(4)由于所任公司职务或者因与公司业务往来可以获取公司有关内幕信息的人员。

(5)上市公司收购人或者重大资产交易方及其控股股东、实际控制人、董事、监事和高管。

(6)因职务、工作可以获取内幕信息的证券交易场所、证券公司、证券登记结算机构、证券服务机构的有关人员。

(7)因职责、工作可以获取内幕信息的证券监督管理机构工作人员。

(8)因法定职责对证券的发行、交易或者对上市公司及其收购、重大资产交易进行管理可以获取内幕信息的有关主管部门、监管机构的工作人员。

(9)国务院证券监督管理机构规定的可以获取内幕信息的其他人员。

2. 内幕信息

就内幕信息的角度而言,“老鼠仓”行为的实施基础是行为主体知晓并利用内幕信息以及其他未公开信息。因此,界定行为主体所利用的信息是否属于内幕信息,便是认定“老鼠仓”行为的关键之一。

现行法律与司法解释对内幕信息以及其他未公开信息的认定采用列举的方式进行了明确界定,具体包括以下内容。

(1)《证券法》

第52条规定:“证券交易活动中,涉及发行人的经营、财务或者对该发行人证券的市场价格有重大影响的尚未公开的信息,为内幕信息。本法第八十条第二款、第八十一条第二款所列重大事件属于内幕信息。”

第80条规定:"发生可能对上市公司、股票在国务院批准的其他全国性证券交易场所交易的公司的股票交易价格产生较大影响的重大事件,投资者尚未得知时,公司应当立即将有关该重大事件的情况向国务院证券监督管理机构和证券交易场所报送临时报告,并予公告,说明事件的起因、目前的状态和可能产生的法律后果。

前款所称重大事件包括:(一)公司的经营方针和经营范围的重大变化;(二)公司的重大投资行为,公司在一年内购买、出售重大资产超过公司资产总额百分之三十,或者公司营业用主要资产的抵押、质押、出售或者报废一次超过该资产的百分之三十;(三)公司订立重要合同、提供重大担保或者从事关联交易,可能对公司的资产、负债、权益和经营成果产生重要影响;(四)公司发生重大债务和未能清偿到期重大债务的违约情况;(五)公司发生重大亏损或者重大损失;(六)公司生产经营的外部条件发生的重大变化;(七)公司的董事、三分之一以上监事或者经理发生变动,董事长或者经理无法履行职责;(八)持有公司百分之五以上股份的股东或者实际控制人持有股份或者控制公司的情况发生较大变化,公司的实际控制人及其控制的其他企业从事与公司相同或者相似业务的情况发生较大变化;(九)公司分配股利、增资的计划,公司股权结构的重要变化,公司减资、合并、分立、解散及申请破产的决定,或者依法进入破产程序、被责令关闭;(十)涉及公司的重大诉讼、仲裁,股东大会、董事会决议被依法撤销或者宣告无效;(十一)公司涉嫌犯罪被依法立案调查,公司的控股股东、实际控制人、董事、监事、高级管理人员涉嫌犯罪被依法采取强制措施;(十二)国务院证券监督管理机构规定的其他事项。

公司的控股股东或者实际控制人对重大事件的发生、进展产生较大影响的,应当及时将其知悉的有关情况书面告知公司,并配合公司履行信息披露义务。"

第81条规定:"发生可能对上市交易公司债券的交易价格产生较大影响的重大事件,投资者尚未得知时,公司应当立即将有关该重大事件的情况向国务院证券监督管理机构和证券交易场所报送临时报告,并予公告,说明事件的起因、目前的状态和可能产生的法律后果。

前款所称重大事件包括:(一)公司股权结构或者生产经营状况发生重大变化;(二)公司债券信用评级发生变化;(三)公司重大资产抵押、质押、出售、转让、报废;(四)公司发生未能清偿到期债务的情况;(五)公司新增借款或者对外提供担保超过上年末净资产的百分之二十;(六)公司放弃债权或者财产超过上年末净资产的百分之十;(七)公司发生超过上年末净资产百分之十的重大损失;(八)公司分配股利,作出减资、合并、分立、解散及申请破产的决定,或者依法进入破产程序、被责令关闭;(九)涉及公司的重大诉讼、仲裁;(十)公司涉嫌犯罪被依法立案调查,公司的控股股东、实际控制人、董事、监事、高级管理人员涉嫌犯罪被依法采取强制措施;(十一)国务院证券监督管理机构规定的其他事项。"

(2)《最高人民法院、最高人民检察院关于办理利用未公开信息交易刑事案件适用法律若干问题的解释》

第1条规定:"刑法第一百八十条第四款规定的'内幕信息以外的其他未公开的信息',包括下列信息:(一)证券、期货的投资决策、交易执行信息;(二)证券持仓数量及变化、资金数量及变化、交易动向信息;(三)其他可能影响证券、期货交易活动的信息。"

基于上述法律规定及司法解释可知,内幕信息以及其他未公开信息的认定存在两个关键要素:一是该信息尚处于应公开但尚未公开的状态,二是该信息的内容对证券、期货交易价格有重大影响。相应地,内幕信息以及其他未公开信息具有未公开性和价格敏感性两大特征。所谓未公开性,是指信息尚具有一定秘密性,尚未被众多投资者所知晓;而价格敏感性,是指信息能够较为显著地影响证券市场的交易价格。把握这两点特征,就可以对内幕信息以及其他未公开信息进行较为准确的认定。

3. 行为本身

就"老鼠仓"行为本身的认定而言,主要是把握行为主体是否利用所获取的内幕信息以及其他未公开信息进行建仓,即未公开信息和之后发生的交易活动之间具有关联性。具体而言,可以通过比对行为人是否存在下列行为判断是否属于"老鼠仓":行为人利用职务便利获取未公开信息后,是否存在多次买卖相同股票行为;在用客户资金买入股票前,行为人是否存在先行买入、先行卖出等异常交易行为;行为人获取未公开信息的初始时间与其从事相关交易活动的初始时间是否具有关联性;行为人从事相关交易的证券、期货品种、交易时间与未公开信息所涉证券、期货品种、交易时间等方面是否一致;行为人对其从事相关交易活动是否给予合理解释等。

此外,若要认定行为主体明示、暗示他人从事相关交易活动,应当综合以下方面的因素:行为人是否具有获取未公开信息的职务便利;行为人与他人之间是否具有亲友关系等关联关系;获取未公开信息的初始时间与他人从事相关交易活动的初始时间是否具有关联性;他人从事相关交易的证券、期货品种、交易时间与未公开信息所涉证券、期货品种、交易时间等方面是否具有关联性；他人从事相关交易活动是否具有正当理由；行为人对他人从事相关交易活动是否给予合理解释等。

（二）如何规避“老鼠仓”

1. 应当尽量不要购买曾曝出过“老鼠仓”事件的基金公司的旗下产品。

2. 在购买基金产品前，需要对基金经理个人以往业绩和管理的资金规模做一个全面的了解，尽量选择那些过往业绩处在整体中上游水平的基金经理。

3. 不少基金经理会跟投自己的产品，这样就和投资者们深度绑定。基金经理和公司员工跟投的份额都可以在基金年报中“基金管理人的从业人员持有本基金的情况”部分直销，跟投资金越多，公司和基金经理对此产品就越重视，也就表明存在“老鼠仓”情况的概率较小。

4. 购买指数基金，指数基金的逻辑与主动基金是完全不同的，主动基金与基金经理个人能力紧密关联，但指数基金是按照规定编制买入对应的股票。“老鼠仓”是主动型基金的最大的风险之一，而指数基金是被动型基金，直接跟踪和复制指数，基金经理照着指数买自然也就不用做什么买入卖出决策，因此，可以有效规避“老鼠仓”。

九 私募股权投资基金能否受让境外上市公司股票

随着我国企业加快“走出去”步伐，对外投资或进入海外资本市场越发常态化，涉外投资及金融领域的法律需求也趋于增长。近期有私募机构咨询本书，能否设立私募股权投资基金（以下简称私募股权基金）用于专门收购交易对方所持有的境外上市公司股票？因这一问题乍看起来有种似是而非的朦胧感，相关结论一时难以呼之欲出，故私募基金从业人员的关切和疑惑完全可以理解，与此相关的法律问题值得一番思索。

（一）私募股权基金受让境外上市公司股票的相关概念

通常理解，私募股权基金是指投资包括未上市企业和已上市企业非公开发行和交易的普通股、可转换为普通股的优先股和可转换债等的私募基金[1]。私募股权

[1] 中国基金业协会就“私募股权投资基金参与上市公司并购重组”相关问题答记者问，中国基金业协会，2018年10月22日。

基金的投资类型包括成长基金、并购基金、重整基金、夹层基金、房地产基金、基础设施基金、母基金及其他基金[1]。

1. 现行规定下的私募股权基金投资范围

在揭晓本书开篇所提问题的答案之前，有必要对私募股权基金的定义进行重温和辨别。

根据《私募投资基金监督管理条例》第 24 条第 1 款的规定，私募基金财产的投资包括买卖股份有限公司股份、有限责任公司股权、债券、基金份额、其他证券及其衍生品种以及符合国务院证券监督管理机构规定的其他投资标的。

2023 年 5 月 1 日施行的《登记备案办法》第 31 条第 2 款规定，私募股权基金的投资范围包括未上市企业股权，非上市公众公司股票，上市公司向特定对象发行的股票，大宗交易、协议转让等方式交易的上市公司股票，非公开发行或者交易的可转换债券、可交换债券，市场化和法治化债转股，股权投资基金份额，以及中国证监会认可的其他资产。

因此，我国现行法律规定已明确私募股权基金可以取得上市公司股票，并指明了相关可行路径，具体包括定向发行股票、大宗交易、协议转让等方式。既然私募股权基金受让上市公司的股票不存在实质性障碍，前言中抛出的问题便得以迎刃而解。

与此同时，考虑到相关交易过程将涉及境外资产、汇率等特别事项，由此可能出现的种种风险不容忽视，应当确保符合跨境交易的相关法律及资金监管等规范要求。

2. 定向发行股票、大宗交易、协议转让释义

《登记备案办法》等规定为私募股权基金通过上市公司定向发行股票、大宗交易、协议转让等方式取得上市公司股票破除障碍，但基于私募股权基金与私募证券基金、我国与境外股票市场的客观差异性，落实到操作层面仍需一一展开分析。

以我国股票市场（如无特别说明则指上交所）为例，相关交易方式的区别及要求大相径庭。

首先，就上市公司定向发行股票（俗称定向增发或定增）而言，定增以发行新股为目标，新股东"受让"的股份由上市公司新增而来，原股东如不愿稀释其股份，则应

---

〔1〕 私募基金登记备案系统填表说明，中国基金业协会，2014 年 4 月。

当按相同比例进行增资。2023 年 2 月 17 日发布的《上市公司证券发行注册管理办法》第 56 条第 1 款规定，上市公司向特定对象发行股票，发行价格应当不低于定价基准日前 20 个交易日公司股票均价的 80%；第 87 条规定，上市公司向特定对象发行股票将导致上市公司控制权发生变化的，还应当符合中国证监会的其他规定。《上海证券交易所上市公司证券发行上市审核规则》第 49 条第 1 款规定，上市公司向特定对象发行股票适用简易程序的，上交所对相关发行上市加强事后监管。

其次，如采用大宗交易方式买卖证券，则需符合《上海证券交易所交易规则》第 3.6.1 条的条件：A 股单笔买卖申报数量应当不低于 30 万股，或者交易金额不低于 200 万元；B 股单笔买卖申报数量应当不低于 30 万股，或者交易金额不低于 20 万美元；基金单笔买卖申报数量应当不低于 200 万份，或者交易金额不低于 200 万元；上交所可以根据市场情况调整大宗交易的最低限额。第 3.6.2 条则明确了上交所接受的大宗交易申报包括：意向申报；成交申报；固定价格申报；上交所认可的其他大宗交易申报。

最后，协议转让方式赋予交易主体更大的自主权，亦是实务中适用情形较广的一种选项，但须注意相关协议约定不得违反现行法律法规的强制性规定。以此形式交易上市公司股票的，根据《上海证券交易所上市公司股份协议转让业务办理指引》第 6 条规定，转让双方办理协议转让业务应当符合以下要求：(1) 转让协议依法生效；(2) 协议各方为自然人或者依法设立并有效存续的法人、其他组织；(3) 拟转让股份的性质为无限售条件流通股，法律法规以及上交所业务规则另有规定的除外；(4) 单个受让方的受让比例不低于上市公司总股本的 5%，转让双方存在实际控制关系、均受同一控制人所控制及法律法规、上交所业务规则另有规定的除外；(5) 股份转让价格不低于转让协议签署日（当日为非交易日的顺延至次一交易日）公司股份大宗交易价格范围的下限，法律法规、上交所业务规则另有规定的除外；(6) 转让双方就股份转让协议签订补充协议，涉及变更转让主体、转让价格或者转让股份数量等任一情形的，股份转让价格不低于补充协议签署日（当日为非交易日的顺延至次一交易日）公司股份大宗交易价格范围的下限；(7) 依据相关规定应当经行政审批方可进行的协议转让，已获得有关部门的批准；(8) 转让双方应当披露相关信息的，已经依法合规履行信息披露义务；(9) 中国证监会及上交所认定的其他要求。

综上所述，上市公司股票的交易方式之间差别显著，私募股权基金如需取得上市公司股票，其在具体路径选择方面应当结合实际情况加以斟酌。

(二)私募股权基金受让境外上市公司股票注意事项

不论是取得非公众公司的股权,还是上市公司股票,二者本质上都是相关交易主体之间关于股权/份及其权益的让渡。私募股权基金如受让境外上市公司股票,需要处理好一般规则与特殊问题的关系,特别需注意符合境外投资、外汇登记及资金监管要求并按规定和流程办理相关手续,以下将重点提示关注如下事项。

1. 关于上市公司股份限售问题

上市公司股份限售通常与"锁定期""减持"如影随形,也是备受关注的股票市场焦点。为维系上市公司的稳定性、持续经营和治理能力,控股股东、实际控制人、核心技术人员等在公司首次公开发行股份并上市前已持有股份并约定限售期及限售条件的,则其后续在减持上市公司股份方面均不同程度地受此影响。

以我国上交所为例,根据《上市公司股权分置改革管理办法》第 38 条规定,股权分置改革方案实施后,原非流通股股东持有的股份限售期届满,公司应当提前 3 个交易日刊登相关提示公告。

《上海证券交易所股票上市规则》第 3.1.9 条规定,发行人首次公开发行股票前已发行的股份,自发行人股票上市之日起 1 年内不得转让。第 3.1.10 条规定,发行人向上交所申请其首次公开发行股票上市时,其控股股东和实际控制人应当承诺:自发行人股票上市之日起 36 个月内,不转让或者委托他人管理其直接和间接持有的发行人首次公开发行股票前已发行的股份,也不由发行人回购该部分股份。

《上海证券交易所科创板股票上市规则》第 2.4.4 条规定,上市公司控股股东、实际控制人减持本公司首发前股份的,应当遵守下列规定:(1)自公司股票上市之日起 36 个月内,不得转让或者委托他人管理其直接和间接持有的首发前股份,也不得提议由上市公司回购该部分股份;(2)法律法规、上市规则以及上交所业务规则对控股股东、实际控制人股份转让的其他规定。发行人向上交所申请其股票首次公开发行并上市时,控股股东、实际控制人应当承诺遵守前款规定。转让双方存在控制关系或者受同一实际控制人控制的,自发行人股票上市之日起 12 个月后,可豁免遵守该条第 1 款规定。

相应地,私募股权基金受让境外上市公司股票,亦应当熟悉交易对方及相关股票市场标的股票有无锁定安排、限售期及限售条件等(如香港股票市场区分 H 股、红筹股,限售规则相应地按公司法、招股说明书实施),避免因此而导致交易落空。

2. 关于内地与香港股票市场交易互联互通特别机制

自2014年11月17日开始，上交所、香港联合交易所有限公司、中国结算、香港中央结算有限公司开展沪港股票市场交易互联互通机制试点（沪港通）。2016年12月5日，深交所、香港联合交易所有限公司、中国结算、香港中央结算有限公司正式启动深港股票交易互联互通机制（深港通）。

对内地投资者来说，如需买卖规定范围内的香港联合交易所有限公司上市的股票，通常借由“港股通”即投资者委托内地证券公司，经由上交所、深交所设立的证券交易服务公司，向香港联合交易所有限公司进行申报（买卖盘传递）。

2022年12月19日，为进一步深化内地与香港股票市场交易互联互通机制，促进两地资本市场共同发展，中国证监会、香港证券及期货事务监察委员会原则同意两地交易所进一步扩大股票互联互通标的范围。由此，港股通的标的范围调整为：在现行港股通股票标的基础上，纳入恒生综合指数内符合有关条件的在港主要上市外国公司股票，即属于恒生综合大型股指数、恒生综合中型股指数、市值50亿港元及以上的恒生综合小型股指数成份股的在港主要上市外国公司，根据现行规定纳入港股通；将沪港通下港股通标的范围扩大至与深港通下港股通一致，即沪港通下港股通纳入市值50亿港元及以上的恒生综合小型股指数成份股。

因此，基于内地与香港股票市场不同的交易结算规则和运行机制，私募股权基金需遵循相应交易互联互通机制，通过二级交易市场取得交易对方所持有的境外上市公司股票。同时，《上海证券交易所港股通交易风险揭示书必备条款》中提示，如“港股通股票可能出现因公司基本面变化、第三方研究分析报告的观点、异常交易情形、做空机制等原因而引起股价较大波动的情形”，相关交易方应当充分了解交易规则及市场风险。

3. 关于境外资产交易所涉ODI[1]备案及外汇登记要求

根据《企业境外投资管理办法》第2条第1款的规定，“境外投资”是指中华人民共和国境内企业直接或通过其控制的境外企业，以投入资产、权益或提供融资、担保等方式，获得境外所有权、控制权、经营管理权及其他相关权益的投资活动。

国家发改委外资司于2020年5月发布的《境外投资核准备案百问百答》进一步明确“11号令中的‘资产、权益’包括货币、证券、实物、技术、知识产权、股权、债权等

〔1〕 ODI，境外直接投资，Outbound Direct Investment。

各类资产、权益”。

因此,我国境外投资法律规定对于包括私募股权基金受让境外上市公司股票在内的涉及境外资产交易行为已明文约束,并要求相关主体按规定履行项目备案及金融监管等手续。以深圳经济特区为例,经本书近期向深圳市发展和改革委员会工作人员电话确认,其答复涉及境外资产交易即应申请 ODI 备案。

《企业境外投资管理办法》第 14 条规定,实行备案管理的范围是投资主体直接开展的非敏感类项目,也即涉及投资主体直接投入资产、权益或提供融资、担保的非敏感类项目。实行备案管理的项目中,投资主体是中央管理企业(含中央管理金融企业、国务院或国务院所属机构直接管理的企业)的,备案机关是国家发改委;投资主体是地方企业,且中方投资额 3 亿美元及以上的,备案机关是国家发改委;投资主体是地方企业,且中方投资额 3 亿美元以下的,备案机关是投资主体注册地的省级政府发展改革部门。具体实操中,申报单位须登录全国境外投资管理和服务网络系统,在线申请并提交申请材料。

此外,完成 ODI 备案前置手续后,还需按照相关外汇管理规定办理外汇登记、资金汇兑等事宜。根据《企业境外投资管理办法》第 33 条规定,属于核准、备案管理范围的项目,投资主体未取得有效核准文件或备案通知书的,外汇管理、海关等有关部门依法不予办理相关手续。

《外汇管理条例》第 17 条规定,境内机构、境内个人向境外直接投资或者从事境外有价证券、衍生产品发行、交易,应当按照国务院外汇管理部门的规定办理登记。国家规定需要事先经有关主管部门批准或者备案的,应当在外汇登记前办理批准或者备案手续。《境内机构境外直接投资外汇管理规定》第 6 条规定,外汇局对境内机构境外直接投资及其形成的资产、相关权益实行外汇登记及备案制度。

4. 其他注意事项

本书提示与私募股权基金受让境外上市公司股票相关的两个细节。

以港股交易为例,私募股权基金通过特定方式取得上市公司股票的,基金监管机构、托管机构往往要求基金合同中明确私募股权基金的投资范围包括港股通,因此在基金合同起草阶段即应予以关注并列明。

还有一点值得注意,《登记备案办法》第 28 条规定,基金财产在境外进行投资的,私募基金管理人应当通过风险揭示书向投资者进行特别提示。显然,因私募股权基金受让上市公司股票的行为应归入“基金财产在境外进行投资”之列,故基金管理人在基金募集阶段应当如实披露、提示风险。

坚持"引进来"和"走出去"是我国现代改革开放实践中最为鲜明的特征,二者互为表里,缺一不可。随着投资活动的国际化浪潮兴起,私募基金的投资领域与机遇越发广阔。在面对诸如私募股权基金受让境外上市公司股票等问题时,基金管理人需要厘清与此相关的现实问题并加以通盘考虑,从而为"投资出海"保驾护航。

十 对外股权投资项目中回购权的主要谈判要点及常见争议

投资人进行投资的最终目的是获得较大的经济利益,但是往往高收益也伴随着高风险,投资人对目标公司进行股权投资时常常会因信息不对称及目标公司未来经营状况的不确定性等遭受投资风险,而股权回购作为投资方常用的风险规避措施,其条款的设计就显得尤为重要。在股权回购条款的协商和谈判过程中,存在回购主体选择、触发回购情形、回购责任上限、行权期限等诸多博弈点,本书就股权回购谈判要点及常见争议展开分析,研究如何确保股权回购条款的合法性和可操作性。

(一)争取实际控制人/核心股东的个人回购+公司回购

根据《九民纪要》对于对赌协议效力的认定,无论是投资方与目标公司股东或实际控制人,或是与目标公司"对赌",在不存在法定无效事由的情况下,均应认定回购条款有效。

从双重保险、最大限度维护投资方利益的角度来看,在条款中直接约定投资方可以要求公司和/或股东回购股权,实质上包括两种对赌:一种是投资方和公司的对赌,另一种是投资方和股东的对赌。在对赌协议约定的回购条件触发时,投资方可以自行选择回购主体,既可以要求公司回购,也可以要求股东回购,还可以要求公司和股东回购。

(二)公司对"股权回购"承担担保责任

按照《九民纪要》的内容,由目标公司的实际控制人及股东承担对赌义务则无须过多强制性审查。《九民纪要》中删除了对赌协议中约定由目标公司就股权回购义务承担连带担保责任效力的内容,因而目前的司法实践存在较大分歧。一种观点认为,审查法院皆认为目标公司提供连带担保时与目标公司直接承担回购义务别无二致,同样需要履行减资程序。因此在实际操作中,目标公司为股东回购提供连带担保的条款并不必然有效，存在一定的可履行性风险［如（2021）京0108民初179号、（2020）沪0116民初7351号］；另一种观点认为，支持目标公司承担连带责任，不要求目标公司必须履行减资程序［如（2019）最高法民申4849号、（2020）最高法民申6603号］。

就投资方而言，要求目标公司与实际控制人、原股东一起承担责任只是为了多一层保障，只要能让目标公司承担责任，能将目标公司的财产纳入责任财产范畴，其目的就已达到，至于目标公司是承担直接责任还是担保责任，对投资方无实质影响。

因此，本书建议可以通过让目标公司依法提供担保的方式间接规避、化解"投资方与目标公司对赌"的强制性审查，或者说，投资方通过这种方式可以让目标公司实质参与对赌。让目标公司为实际控制人和股东的股权回购义务承担连带责任，以补强股东或实际控制人的偿债能力。

（三）投资方应对公司担保决议程序尽到审慎注意和形式审查义务

根据《公司法》第16条第2款的规定，公司为公司股东或者实际控制人提供担保的，必须经股东会或者股东大会决议。对于债权人在接受公司为其股东提供的担保时是否对担保事宜经过股东（大）会决议负有审查义务以及未尽审查义务时是否影响担保的效力，我国法律暂无明确规定。

最高人民法院已有诸多判例从维护交易安全角度出发认定《公司法》第16条是管理性强制性规定，是公司内控规则，是否经过股东会决议不影响担保效力。但尽管如此，实践中仍有投资方因未对目标公司法定代表人作出担保的意思表示是否经过股东会决议尽到基本的形式审查义务，而被法院认为其不应属于善意的相对人，该担保对目标公司不产生法律效力，且认定投资方对此负有过错责任。

因此，投资方对目标公司提供该等担保经过股东会或股东大会决议进行必要的审查，要求合作方提供相应的股东会或股东大会决议文件，并谨慎留存该股东会或股东大会决议文件的原件，避免因目标公司提供担保未经过法定程序，被认定为投资方未尽到审慎注意和形式审查义务，从而导致投资方要求目标公司承担担保责任的诉求无法获得裁判机关支持。若目标公司为上市公司，还应审查经上市公司披露的对外担保公告，避免因目标公司法定代表人越权代表行为导致担保无效。

（四）"个人回购以股权价值为上限"的条款设计

一般而言，实际控制人或创始股东不愿意以其个人财产承担全部股权回购责任，因此，往往会要求仅以其所持公司股权为限承担回购责任，通常的约定方式为创始股东以其持有的目标公司股权/目标公司股权价值为限承担回购义务。

从投资方的角度来看,建议拒绝接受该等回购责任上限条款;投资方如果接受该等回购责任上限条款,也要加以必要的限制。

1. 对该条款增加排除适用规则

例如,创始股东以其持有的目标公司股权/股权价值为限承担回购义务,但创始股东存在故意、重大过失或欺诈的情形除外。

2. 明确是“以股权价值为限”还是“以股权为限”

建议约定“以股权价值为限”较为合适,“以股权价值为限”并未彻底隔离创始股东的个人财产。由于“以股权价值为限”仅是对创始股东回购责任的金额限制,故在执行程序中,投资方的权利不应限于拍卖、变卖创始股东所持目标公司股权所得价款,而可以在“股权价值”的范围内,有选择地执行创始股东的各项财产。

除此之外,“以股权价值为限”的约定尚需明确计算股权价值的时点和具体方式。从计算时点来看,“股权价值”既可能指投资完成后目标公司股权的价值,也可能指投资方主张回购权利时的股权价值;而从计算方式来看,则可能存在直接按照投资时目标公司的估值计算、由法院委托评估计算以及按照拍卖变卖股权所得价款计算等不同计算方式。

3. 避免“抽象性”责任约定

建议投资方具体明确地将“竞业限制”“管理团队稳定”“重大诚信问题”“重大违法”等特殊类型的回购条件排除在回购责任上限约定之外,以避免因“故意、重大过失或者欺诈”的抽象性而产生的争议。

(五)合格 IPO 不含新三板和北交所、不包含申报

从“新三板”的定义来看,新三板挂牌企业是进入代办股份系统进行股份转让交易,而国务院或者国务院授权的证券管理部门并未批准新三板挂牌企业在证券交易所进行股票交易,新三板挂牌企业从严格意义上讲并不是通常意义上的上市公司,由于新三板挂牌企业与上市公司在准入条件、审核要求、交易规则、信息披露等方面存在诸多不同,并且根据北交所的上市规则,只有在新三板连续挂牌满 12 个月的创新层挂牌公司,符合预计市值、财务标准等条件,经中国证监会注册,完成向不特定合格投资者公开发行后,公众股东持股比例等达到相应要求的,可以在北交所上市。

因此,在“合格 IPO”的约定中,明确排除“新三板、北交所上市”的情形,更大限度地保障投资方的退出利益。

(六)尽可能全面地约定回购触发情形

触发回购条件通常包括投资方认为对本次投资尤为重要的相关情形,总结来看可包括以下几方面:

1. 目标公司上市是投资方实现投资退出的主要途径之一,因此目标公司能否实现上市也是股权回购的重要判断标准。其中,主要包括能否在承诺的时间内完成上市(或递交上市申请材料)、是否存在实质性上市障碍等(如目标公司发生重大违法违规行为,给上市造成实质性障碍等情况)。

2. 投资方看好目标公司所处业务领域及目标公司在该业务领域的发展前景,系投资方投资入股的重要原因之一。

因此,建议投资方关注并要求公司主营业务发展方向明晰且具有稳定性。回购触发情形除未完成"合格 IPO"之外,延伸至主营业务实质性变化、创始股东侵占转移公司资产、目标公司运营状态发生重大不利变化、拒绝信息披露、财务造假、目标公司及其控股股东、实际控制人、高管发生重大违法违规行为等。

3. 除关注业务的发展外,就投资方而言,创始股东自身所掌握的技术、资源等可能也是投资方尤为看重的因素。基于此,建议投资方在回购条款中约定创始股东的竞业禁止义务、全职服务条款、知识产权归属条款等内容。

(七)谨慎设置回购权的行使期限

司法实践中关于股权回购权的法律性质认定主要存在两种观点,分别为形成权和债权请求权。回购条件达成后,投资方有权选择是否进行回购,该阶段权利性质应为形成权,其除斥期间内权利人选择回购后,才产生回购股权、回购款给付的债权请求权,此时方能适用诉讼时效制度。

建议在设置回购权的行使期限时,投资方应当关注:

1. 明确回购条件的触发情形以及标志性时间,以此节点起算行权期限。

2. 不同立场下判断是否需要锁定行权期限。

3. 如协议约定需条件达成后目标公司通知投资方行权,则需细化通知送达条款。

4. 触发后投资方需及时行权或签署补充协议明确回购条件已成就并确定行权期限。

5. 以合同约定方式送达告知。

(八)公司回购中的程序性条款及违约条款设计

目标公司作为股权回购主体,争议中的裁判重点问题在于目标公司是否完成减资程序。根据《公司法》的规定,减资程序要求2/3以上多数股东同意,且不能约定排除,并且公司减资属于公司内部自治事项,人民法院也无法强制公司履行减资程序。因此,一旦目标公司怠于履行减资程序,投资方利益将无法得到保障。

1. 在责任主体的选择上

(1)开放性选择回购责任主体

协议约定如对赌失败,投资方有权选择原始股东、实际控制人或目标公司任一或全部主体承担回购责任。

(2)实际控制人+目标公司:绕开减资程序

协议要求实际控制人(或创始股东)进行回购,目标公司承担连带保证责任。虽然该保证具备效力需通过股东会或股东大会,但投资方可根据《民法典》的规定,以担保人目标公司存在过错为由要求其就实际控制人(或创始股东)承担相应责任。

(3)目标公司:推动减资程序

协议约定如目标公司不履行减资程序则实际控制人承担连带责任,以此推动公司履行减资程序。

2. 在交易结构的设计上

(1)扩大合同签订主体

要求目标公司以及2/3以上股东共同签署投资协议或要求2/3以上股东签署不可撤销的减资投票权委托协议,提前锁定多数表决权。

(2)提前获得减资文件

建议在有谈判空间的前提下,投资方在签订对赌协议的同时提前取得目标公司的减资文件。当然,目标公司此时提供的减资决议是一份附条件生效的决议,即所附条件为,当条件被触发投资方请求目标公司回购股权时,不可被撤销的减资决议生效。

(3)明确减资程序的时限

如约定收到回购书面文件后180日内完成减资程序并回购。

(4)将减资义务与公司治理条款衔接

通过控股股东和其他股东共同签署不可撤销的授权书,授权内容为在投资方请求回购后将相应的公司减资程序的表决权授权于投资方进行表决。

(5)将减资义务与违约条款衔接

如约定限期内无法完成减资回购程序,则实际控制人以回购款等价现金进行赔偿。

(九)设计替代性条款

回购条件成就后,创始股东或公司未能按照协议约定履行回购义务的则会涉及违约金问题。为了保证回购条款实现,建议可以设置逾期违约金、诚信补偿/违约金条款、退市补偿/违约金条款等辅助性或替代性条款,此类条款相当于双重保险。违约金的金额可以设置为私募基金欲取得的投资额加溢价,这样即使初始股东不履行义务,私募基金也可以根据协议的约定,要求违约金赔偿。

十一 私募股权投资中的对赌案例研究

(一)实践中的对赌分类

近年来,中国私募股权基金行业虽然遭遇了阶段性的募资难,但总体行业影响力仍在不断增强。据清科集团的数据,2022 年在境内外新上市的中国企业达 508 家,有 VC/PE 支持的新上市公司数量为 352 家,占全年新上市公司数量的 69.3%,其中,科创板 VC/PE 渗透率达 94.3%。

在众多 VC/PE 投资案例中,对赌几乎是投资合同必备条款,由于对赌的内容和主体各不相同,对赌种类亦相对较多。按照对赌的内容来区分,常见的对赌条款有以下几种:(1)业绩承诺对赌;(2)股权回购对赌;(3)其他特定目标对赌。按照对赌的义务主体是否仅为被投资公司及其股东,可以分为单向对赌和双向对赌。实务中,一般都是单向对赌,即被投资公司及其股东承担对赌义务,投资者享受对赌权利。单向对赌中,按照对赌的主体,又可以分为:(1)与被投资公司股东(有时会是被投资公司的实际控制人)的对赌;(2)与被投资公司的对赌。

(二)触发对赌条款后的应对实践

现实投融资市场中,投资方一旦以非控股股东身份将资金投入被投资公司,投资方往往处于信息和管理上的劣势,此时,投资方在投资协议中享有的对赌权利往往会成为投资方实施投后管理的重要抓手,有时甚至是唯一的抓手,在投资方和被投资公司博弈的过程中,投资方依据对赌条款所享有的权利,实质上是一种带有保护性色彩的权利。在瞬息万变的市场环境下,被投资公司的经营情况、财务数据和上市进展往往会出现各种重大变化,由此可能导致融资方(包括被投资公司及其控股股东、实际控制人）违反其在投资协议中做出的对赌承诺，此时，如何妥善解决，对投融资双方都是一种考验。妥善解决，可能皆赢；矛盾激化，可能全输。

【案例1】东北某制药公司

2009年，A基金投资东北某制药公司。2010年，公司当年年度净利润未达到对赌承诺的金额，A基金遂要求实际控制人履行业绩补偿责任。当时国内资本市场行情较好，创业板新上市公司市盈率普遍较高，在此背景下，有不少投资方愿意投资该公司。经实际控制人协调，新进入投资方以增资认购新股和受让A基金所持部分老股的方式投资该公司，实际控制人对新进入的投资方提供业绩和回购承诺。A基金取得的股权转让款，等于其最初的投资价款，也即A基金名义上已经收回了全部转让款。但由于A基金是公司制基金，适用25%的企业所得税税率，所以从税后净所得看，A基金并没有收回全部投资款。

2014年，由于未实现协议约定的上市目标，A基金和实际控制人协商一致，签署了回购协议，约定由控股股东（实际控制人控股的公司）回购A基金所持的剩余股权。回购价格由利息和利息滞纳金两部分组成。利息以初始投资成本为本金，年利率15%，计息期自A基金支付投资款日至取得前述股权转让款日。利息滞纳金计算方式，以前述利息为本金，计息期自取得前述股权转让款日起算至双方商定的回购付款日，利息滞纳金利率为10%。

回购协议生效后，控股股东支付了少量回购款，后A基金起诉至法院要求控股股东继续支付回购款，胜诉后A基金申请强制执行，因被执行人无可供执行的财产，执行法院裁定终结此次执行程序。

【案例2】长三角某化工公司

2012年，B基金和C基金共同投资长三角某化工公司，投资协议中设置了业绩对赌。投资时，公司成立刚满2年，尚未盈利，公司拟自建生产线，但因管理层无建厂经验，建设进度严重滞后于预期。

2014年，因公司未完成上年承诺利润，且预计无法在承诺时点完成IPO，B基金要求实际控制人回购股权，而C基金认为公司尚处于发展期，愿意继续持股。同年，公司开展新一轮融资，因较多新投资人看好公司发展前景，经实际控制人协调，该次融资采用增资加转让老股的方式，投资前估值为上轮公司融资估值加计一定的资金成本，B基金将所持全部股权转让给了新进入的投资者。

若干年后，公司业务有所发展，但离上市仍有差距，C基金通过回购实现了退出。

【案例3】中部地区某农产品加工公司

2013年,D基金投资中部地区某农产品加工公司,投资协议约定了业绩承诺和未上市回购等条款。

2014年,围绕公司上年未达承诺业绩一事,D基金和公司实际控制人未能达成诸如暂停执行或者变更对赌承诺的一致意见。当时市场普遍流行Pre-IPO投资,该公司作为地方重点支持企业,公司实际控制人对公司前景自信满满,便主动向D基金提出回购股权。双方协商一致后迅速签约并完成履约。时至今日,该公司仍然没有上市。

【案例4】西部地区某制药公司

2010年,E基金投资西部地区某制药公司,投资协议约定了投资当年的双向业绩对赌,如公司未达到承诺业绩,公司向投资方支付补偿,如果公司当年超额完成承诺业绩,由投资方向公司支付补偿。因公司未达到2011年承诺业绩,E基金依据投资协议中的仲裁条款向国内某仲裁机构申请仲裁,请求裁令公司支付投资补偿款。2014年,仲裁机构出具裁决书,支持E基金要求该公司支付投资补偿款的请求。之后E基金向法院申请强制执行仲裁裁决,获得了法院的支持。由于仲裁耗时较长,仲裁期间,E基金拒绝在公司IPO申报材料上签字,导致公司未能及时申报IPO,之后行业出现调整,公司财务数据下滑,一直未再次启动IPO工作。

该案件实体方面的特殊之处是,承担对赌责任的主体是公司。而当时流行的观点是公司不能作为承担对赌责任的主体。该案纠纷解决方式是仲裁,从仲裁庭的裁决来看,仲裁庭更充分地贯彻私法自治的理念,认为投资人和公司对赌不违反法律和行政法规的强制性规定。从法院强制执行的角度来看,法院对该案裁决持完全支持态度。2019年,最高人民法院发布《九民纪要》,该纪要第5条指出"【与目标公司'对赌'】投资方与目标公司订立的'对赌协议'在不存在法定无效事由的情况下,目标公司仅以存在股权回购或者金钱补偿约定为由,主张'对赌协议'无效的,人民法院不予支持,但投资方主张实际履行的,人民法院应当审查是否符合公司法关于'股东不得抽逃出资'及股份回购的强制性规定,判决是否支持其诉讼请求"。从该条规定来看,法院对以目标公司为对赌责任承担主体案件的审理,虽然与之前相比有所变化,但仍然持谨慎态度。由此对比,一定程度上可以看出仲裁的灵活性优势。

【案例5】某影视公司

2011年,F基金投资某影视公司,投资协议约定,如该影视公司未能于2013年年底前实现上市,则F基金有权要求该影视公司及其股东收购其所持有的公司股权。后该影视公司未在2013年年底前实现上市。2014年年初,公司承担回购义务的股东之一去世。

2014年,某仲裁机构裁决:某影视公司其他承担回购义务的股东连带性地向F基金承担回购义务;对前述回购义务,已去世股东的继承人在其继承的财产范围内承担连带清偿责任。

2017年,某中级人民法院判决:对于上述仲裁裁决确定的影视公司其他承担回购义务的股东连带性地向F基金承担的回购义务,已去世股东的配偶在一定金额范围内承担连带清偿责任。2019年,某高级人民法院作出终审判决,维持原判。

该案的特殊之处在于,法院认为,夫妻共同生活并不限定于夫妻日常家庭生活,还包括家庭的生产经营活动,由于投资协议并未明确回购债务是否属于个人债务,而已去世股东承担回购义务是为了期望企业上市带来经济利益,该利益将及于股东配偶,因此,因回购义务而产生的债务指向家庭经营活动,属于夫妻共同生活的一部分,故该债务属于夫妻共同债务。

(三)给被投资公司和投资方的法律风险防范建议

1. 给被投资公司的建议

理性评估自身发展前景,诚信、合理确定融资金额和融资条件,如果投资协议约定对赌条款,需要格外注意,对赌内容应当具有一定程度的可实现性和可操作性,避免以不可能完成的任务作为对赌内容。

增强法律意识,加强风险防范和隔离。在具备条件的情况下,公司股东不妨尝试通过约定财产制进行风险隔离。此外,交易过程中需要注意税收影响,尤其是以股权转让的方式融资时。

知己知彼,对投资方实施适度的反向尽职调查。市面上投资方众多,各家投资方的基金存续期、投资偏好和风险容忍度差异较大,如何选择一家适合企业的投资方,并不简单,需要对潜在投资方进行比较充分的了解。

2. 给投资方的建议

对赌是一项重要的投资工具,但并不全能,对赌不能解决投资方和被投资公司之间的信息不对称,无法替代投资前的充分尽职调查,也不能解决全部的投资风险,投资方仍需通过构建稳健的投资组合分散和管理风险。

投资容易退出难,解决的关键之一在于投后跟踪管理,在力所能及的范围实现投后管理和服务相结合,躬身入局,严控法律和其他方面的风险。实务中,有一些投资方对后进的投资方做了回购或者保证承诺,这种承诺往往是在疏忽大意的情况下做出的,但是一旦做出,该承诺一般来说都会被认定为有效承诺,对承诺者具有法律效力。也有一些投资方因对被投资公司的经营发展缺乏了解,结果在企业遭遇暂时下行时过早退出,遗憾地失去了潜在的较大获利机会。

第五章 私募基金管理

一 私募股权投资基金投后管理的关注要点或注意事项

私募股权投资基金的投后管理,是指在投资协议签署或打款完成后至项目退出期间,对被投资企业(以下或称标的公司)展开项目跟踪及风险管理,并为标的公司提供增值服务的一系列活动。投后管理主要的内容分为投后监管和提供增值服务两部分。本书对该两部分事宜办理过程中的关注要点或注意事项进行分析整理,以期为读者提供启迪与帮助。

(一)投后监管

投后管理行为的主要目的在于确保私募基金能够基于对标的公司的投资,获取投资回报。因此,及时了解并尽力确保标的公司的运营情况,便是重中之重。具体而言,至少应对以下事项予以关注:

1. 投资资金用途监管

私募股权投资基金的资金使用事宜,应当严格按照约定内容展开,这是私募股权投资的根基,若投资资金未按约定用途使用,则属于根本违约行为。因此,在投后的监管过程中,应始终关注资金使用情况,杜绝未按照约定用途使用资金的情况发生。

具体来讲,若投资者具备标的公司的银行账户控制权,则可基于银行账户的资金变动情况,核查资金用途是否符合约定。若并不享有标的公司银行账户的控制权,则应要求标的公司按期提供银行流水,以核查资金使用情况。当然,单纯关注标的公司的银行账户,尚不能全面、合理地核实资金的使用情况,因为标的公司完全可以通过第三方主体虚构事实,将投资资金以约定的用途方式转出,若只关注标的公司本身,便有可能导致投资资金在合法形式的掩盖下流失。因此,除关注标的公司本身外，还应当对资金的接收方以及资金最终的流向进行核实确认，确保资金使用情况的真实性。

2. 标的公司股东、实际控制人、高管变动情况检查

私募股权投资，系基于对标的公司的整体构成评估后的结果作出的投资决定，而标的公司的股东、实际控制人及高管的变动情况可能会显著影响标的公司的运营及获利情况，因此，在投后管理过程中需要对标的公司的股东、实际控制人、高管保持高度关注。

对于股东变更事宜的监管，除大股东外，对小股东也应当保持适当关注，因为可能存在小股东因了解到标的公司的运营风险等情况而提前退出，从而规避风险的情况。对于此类情形，在发现股权变动情况后，应努力尝试向相关股东了解其退出原因，核查标的公司是否存在潜在的经营风险事宜。

此外，虽然法律规定股东、股权变动事宜需进行工商登记，但实务中经常存在公司刻意隐瞒或遗忘将股东和股权变化的情况在工商部门进行变更备案的情况。因此，除查询工商登记信息外，还应当与标的公司相关人员（包括但不限于实际控制人、大股东、高管等）进行访谈，尽可能了解标的公司真实的运营情况及股东、股权情况，若发现存在股权、股东变更情况，则需详细了解变更原因并展开相应的风险评估。

3. 财务报表分析

对于标的公司的财务报表，应当重点关注以下内容：

首先，核查财务报表的真实性。财务报表是掌握标的公司发展情况的关键之一，因此，为避免标的公司虚假制作财务报表内容，错误影响投后管理工作的正常开展，针对财务报表展开的第一项工作，应当是真实性核查。核查过程，应当遵循全面性、真实性的原则，对财务报表中以真实情况为依据的内容，努力结合实际情况，确定财务报表的真实性，切勿脱离实际情况，仅进行形式上的核查与确认。

其次，报表中的负债类内容，因直接关系标的公司的资金状况，因此应当重点关注。具体而言，对于短期借款及长期借款（金融负债）科目，应当对借款事宜的全流程进行了解，确保借款事宜的真实性与合理性。此外，还应当关注标的公司的中长期债务，分析其是否契合标的公司经营业务的长远利益。

最后，关于标的公司的应付账款内容，通过获取应付账款所对应的基础合同，核实基础业务的真实性、合理性，排除虚假交易行为的发生。此外，标的公司长期挂账

的应付账款需重点关注,分析该类应收账款是否存在不能实现的风险。

4. 标的公司舆情信息整理分析

互联网时代,公司是否能够正常运营并盈利,与其商业名誉具有密切关联关系。因此,在投后监管过程中,应当有意识地关注并整理与标的公司相关的网络舆情信息。该项工作应当在投后管理的全流程中坚持进行,并实时更新,这样才能真实有效地对标的公司相关的舆情信息进行掌握,从而更全面地展开投后管理工作。

舆情信息的搜集渠道,如通过综合搜寻标的公司官方网站、网络及电视新闻报道、国家企业信用信息公示系统、企查查等途径展开全方位的查找,在查找过程中,要着重注意关键词的选用,除标的公司名称外,还可利用标的公司的具体业务确定关键词,从而尽量全面地检索舆情信息。如果标的公司属于上市公司,则除上述查找途径外,还可关注标的公司的公告以及监管部门的行政处罚信息。

需要注意的是,对于非官方处所获取的舆情信息,应当注重对信息内容真实性的审查,对于内容不实的信息,应予以剔除。

(二)增值服务

投后管理的增值服务,可以为标的公司提供一系列帮助与服务,为标的公司的健全与完善助力,从而促进标的公司自身的健康发展,进而在提高私募股权投资收益的同时降低投资风险。

增值服务针对不同的标的公司,其服务的侧重点亦有所不同,具体而言,若标的公司成立时间较短,尚处于前期发展阶段,则增值服务可侧重于标的公司的组建与经营策略的确定;若标的公司已较为成熟,拥有相对完善的管理制度,企业经营大方向也已确定,则增值服务可侧重于未来发展战略的细化,以及对现有管理制度的完善;若标的公司属于十分成熟的企业类型,则增值服务可侧重于标的公司的资本市场相关业务,推动标的公司进一步发展。

具体而言,增值服务的开展,可以选择从以下要点中进行。

1. 协助制定公司发展战略

发展战略决定了公司未来整体的发展方向与前景,对公司的长远发展而言举足轻重。因此,投资机构可以与标的公司的核心管理层人员召开会议,详细探讨公司的未来发展思路,结合标的公司的实际状况、市场现有行情及未来发展趋势,与标的公司共同讨论确定适合标的公司自身情况的发展战略,为标的公司未来的发展减少不确定性,做到专业聚焦,防止标的公司在未来发展过程中出现方向偏差。

2. 标的公司管理架构的完善

公司是否能够正常、有效地开展运营并盈利,与公司的管理构造存在密切联系。因此,在提供增值服务时,可以通过对标的公司现有管理架构进行了解与分析,发现其中的可完善之处,并与标的公司充分沟通,提出相应整改意见,从而提高标的公司的管理能力与效率,推动标的公司运营的高效开展。

3. 标的公司财务系统的完善

公司以营利为目的,而良好有效的财务管理系统,是实现公司有效盈利不可缺少的制度依靠。因此,投资机构可以利用自身能力,在充分考察标的公司现有财务系统的基础上,结合标的公司的特殊性与现实情况,协助标的公司建立能有效规避财务风险的财务管理系统。这不仅有利于标的公司财务办理事宜的高效、安全开展,也为有效核实、确保投资资金的合理使用提供了便捷。

4. 协助进行后续再融资、上市工作

针对标的公司的后续融资事宜,投资机构可以协助标的公司开展后续的股权及债权融资行为,重点在于协助标的公司制订切合实际的融资计划,明确融资关键事宜。

对于上市事宜,投资机构作为专业机构,可以在标的公司办理上市工作的前期准备阶段中,协助标的公司核查公司内部问题、帮助标的公司确定合适的上市时间点、协助标的公司选择确定券商、律师事务所、会计师事务所等中介机构。在上市工作开展过程中,投资机构可以监督者的角色,全程跟进上市工作办理事宜,对其中存在的问题以及风险点进行揭示,帮助标的公司顺利完成上市事宜。

二 私募基金存续过程中如何变更基金管理人

在私募基金运作过程中,可能因为各种原因需要变更基金管理人,如私募基金管理人因异常经营而注销,私募基金管理人失联,私募基金管理人业务规划调整,私募基金管理人团队离职变更,私募基金管理人破产、同类管理人合并。

私募基金管理人变更的流程也根据能否联系到私募基金管理人而有所区别。

(一)无法联系到管理人的变更流程

无法联系到管理人,大致的变更流程为:基金份额持有人自行召集份额持有人大会—按照基金合同的约定提起通知相关事项—现场开会/通讯开会—表决—计票—形成决议—与新基金管理人签署基金合同—提交协会进行审批—变更完成。如果要变更的基金投资者人数少,且能够获得投资者的所有联系方式,在有新的基金管理人接收的情况下,一般可以完成基金管理人的变更手续。但实践中,也会有一只基金存在很多投资者的情况,因为无法联系到管理人,投资者这边也不能取得联系,往往在第一步即召集份额持有人大会就难以实现。

(二)可以联系到管理人的变更流程

可以联系到管理人,大致的变更流程为原管理人向托管人提出变更申请—基金合同及协议沟通定稿—原管理人召开份额持有人大会并进行基金合同及协议签署—基金合同及协议生效—提交 AMBERS 系统—等待审核—账户变更—变更完成。

具体步骤如下:

第一步,发起变更。原管理人确认变更意向后,根据原基金合同约定发起变更流程。基金合同中关于管理人变更的条款一般是“管理人、托管人及所有份额持有人书面同意”,故原管理人需要取得所有上述参与方的同意。同时,新管理人同步完成托管人(如有)的准入工作。

第二步,基金合同及协议沟通。原管理人和新管理人明确变更需求后,确认新版基金合同、变更管理人协议,此过程中可能涉及协议的来回多次沟通。

第三步,召开份额持有人大会及签署基金合同及协议。原管理人要召开份额持有人大会,形成变更基金管理人的决议,同时基金合同需要新管理人、托管人及全部投资者签署,变更管理人协议需要原管理人、新管理人、托管人及全部投资者签署,待合同生效后即可进行下一步提交 AMEBRS 系统。

第四步,提交 AMBERS 系统。原管理人登录中国基金业协会 AMBERS 系统,提交新增或变更管理人(具体以系统显示为准)的申请,按照系统要求填写相应内容及上传相关附件。原管理人操作之后由新管理人在系统中“接收”变更的基金产品。

第五步,审核通过,通过后出具生效公告。具体的变更在原管理人和新管理人系统中通过审核后,由新管理人出具生效公告,告知所有投资者及托管机构管理人变更通过事宜。

第六步,缴清费用(如有)。变更事项生效后,托管机构的基金会计根据生效日期划断新旧管理人管理费、增值税金额,将生效日前的管理费与增值税划付给原管理人。生效日起,计提的管理费归属于新管理人,计提的增值税应该由新管理人进行代缴。

第七步,账户变更。包括托管账户(如有)变更、股东交易账号(如有)变更,并且将新的交易账户与托管账户进行三方关联。

三 私募基金管理人涉及刑事犯罪后私募基金何去何从

私募基金管理人涉及刑事犯罪后,其私募基金管理人的私募基金可能存在几种不同情况:情景一,该私募基金未投向真实的项目,而是投资于资金池、用于管理人及其集团自融等;情景二,该私募基金投向了真实的股权项目,且有项目能够通过非公开发行股票、并购、股权转让等方式实现退出。对于情景一,显然该私募基金要作为私募基金管理人刑事犯罪的内容予以追究责任;而对于情景二,以下几点可以深入研究探讨。

(一)该私募基金是否能正常开展民事经济活动

《证券投资基金法》第5条第2款、第3款、第4款规定:"基金财产独立于基金管理人、基金托管人的固有财产。基金管理人、基金托管人不得将基金财产归入其固有财产。基金管理人、基金托管人因基金财产的管理、运用或者其他情形而取得的财产和收益,归入基金财产。基金管理人、基金托管人因依法解散、被依法撤销或者被依法宣告破产等原因进行清算的,基金财产不属于其清算财产。"

虽然在集资参与人报案时,该基金的规模在刑事立案时一般会被算入犯罪数额,但本书认为该基金是正常投资真实项目的,如果该基金的投资标的(如上市公司股票、公司股权等)未被刑事冻结或者被列入冻结范围,则该基金本身可以对外开展民事经济活动。只是在刑事立案之前,该基金对外是由基金管理人代为行使权利义务,而基金管理人涉刑之后往往会被公安机关管控公章、账户等信息,如果该基金要对外开展经济活动,可能需要变更基金管理人之后才能操作。

(二)该私募基金能否自行实施退出

本书认为,该私募基金投资的是真实的项目,资金来源也是投资者的合法自有资金,基金财产应独立于基金管理人的财产,不能因基金管理人涉及刑事犯罪而波及合法有效又独立的私募基金产品。如果能联系到该私募基金的所有投资者,并召开份额持有人大会，则可以通过份额持有人大会决议出处置基金财产，并实施基金退出、基金清算事宜。

（三）该私募基金能否更换基金管理人

如果按照中国基金业协会AMBERS系统对更换基金管理人的要求，至少要满足两个条件，一是原管理人在系统提交变更申请，二是新管理人能够“接收”该基金产品。而在实践中，第一个条件往往就存在阻碍，中国基金业协会可能因为原管理人涉嫌刑事犯罪而注销原管理人的系统，即使没有注销系统也可能因为管理人涉刑而不允许管理人的变更操作。如果有新的管理人能够在实际中接收该基金产品，而不在系统中达到“接收”的效果，或许能够实现变更基金管理人的目的。如果不能变更基金管理人，私募基金可以采取强制清算的方式实现退出目的。

总之，私募基金管理人涉及刑事犯罪后，即使是合法的私募基金在司法实践中往往也很难独善其身，且各地公检法的执法力度不一，可能对私募基金以及其投资的标的有不同的处理措施。如果存在私募基金管理人涉刑，而基金产品是合法有效成立并投资真实的项目，建议一事一议委托专业人士与公检法进行充分沟通。

四 私募基金管理人从事投资顾问业务的要点及要求

根据相关法律规定，私募基金管理人可以从事投资顾问业务，但从事该业务以满足一定的条件为前提，首先便是获得投资顾问资格。所谓投资顾问资格，即证券期货经营机构提供投资建议服务的资格，只有符合条件且备案完成的私募证券投资基金管理人，方可为证券期货经营机构提供投资建议服务。而现行法律对此制定了相应的条件及要求，若私募基金管理人欲从事投资顾问业务，则应当审查自身是否满足相应法规，以确保自身行为的合法合规。

（一）私募基金管理人从事投资顾问业务事宜的条件要求

现行法律中对私募基金管理人从事投资顾问业务事宜的相应法律规定可参见如下内容：

1.《新八条底线》第14条第8项规定，符合提供投资建议条件的第三方机构，是指依法可从事资产管理业务的证券期货经营机构，以及同时符合以下条件的私募证券投资基金管理人：（1）在中国基金业协会登记满1年、无重大违法违规记录的会员;(2)具备3年以上连续可追溯证券、期货投资管理业绩的投资管理人员不少于3人、无不良从业记录。

根据上述规定可知,私募基金管理人从事投资顾问业务的积极条件为登记为会员的期限满1年;消极条件为无重大违法违规记录、具备相应条件的投资管理人员3人及以上。

2.《备案管理规范第2号》第3条规定,证券期货经营机构应当对拟聘请的第三方机构进行尽职调查,要求其提供符合《新八条底线》第14条第8项规定的资质证明文件,并在设立资产管理计划时将尽职调查报告、资质证明文件等材料向中国基金业协会进行备案。拟聘请的第三方机构为私募证券投资基金管理人的,应当已加入协会,成为普通会员或观察会员。

私募证券投资基金管理人提供投资建议服务应提交以下文件:

(1)私募证券投资基金管理人出具的承诺函。

①承诺在中国基金业协会登记满1年,已成为中国基金业协会会员,经营期间无重大违法违规记录;

②承诺具备3年以上连续可追溯证券、期货投资管理业绩的投资管理人员不少于3名,且最近3年无不良从业记录;

③承诺函应当加盖公司公章,3名投资管理人员本人签字。

(2)资质证明文件。

①中国基金业协会官网公示的私募证券投资基金管理人公示信息截图;

②中国基金业协会会员证书或中国基金业协会官网公示的观察会员名单截图;

③全国企业信用信息公示系统中第三方机构违法违规记录查询结果截图;

④基金从业人员系统中3名投资管理人员不良从业记录查询结果截图,或其他可验证可核查的证明材料。

(3)投资管理人员工作经历证明。

包括3名投资管理人员的:

①曾任职单位出具的投资管理经历说明[1]或离任审计报告(应包括管理的基金/产品名称、期间、职责等),或担任投资顾问期间的委托管理协议。

---

[1] 如投资管理人员在现任单位具备3年以上连续可追溯证券、期货投资管理业绩,不需要过往任职单位出具工作经历证明文件。工作经历证明中应当包括该投资管理人员任职期间、职务、所管理产品/账户的名称及管理期间,并与提供的投资管理业绩证明相匹配。

②基金从业资格证明[1]文件,或海外基金从业人员曾就职的基金或投资管理公司出具的工作履历证明(中英文翻译件);

③中国基金业协会要求提供的其他证明材料。

(4)投资管理业绩证明文件。

提供以下一项即可:

①曾管理的基金/产品的托管机构或审计机构出具的,该名人员管理期间的基金/产品净值变化情况证明;

②第三方评价机构[2]出具的该名人员管理期间的基金/产品净值变化情况证明;

③曾管理的基金/产品在该名人员管理期间的定期报告复印件,并说明自己管理的业绩区间;

④曾任职单位出具的所管理的证券、期货自营账户净值变化情况证明;

⑤聘任私募证券投资基金管理人担任投资顾问的机构出具的,该名人员管理产品期间的产品净值变化情况证明;

⑥其他基金业协会认可的可核查可验证的基金/产品投资业绩证明文件。

同时,《备案管理规范第 2 号》对上述要求中的内容还作出了进一步解释:

3 年以上连续投资管理业绩:是指投资管理人员连续 3 年从事证券、期货投资管理工作所形成的投资业绩记录,中间未有中断,但因疾病、生育、法规限制或合同约定限制等客观原因中断从业经历且不超过 1 年的,可不重新计算连续年限。

投资管理人员:是指在受国务院金融监管部门监管的持牌机构或已在中国基金业协会登记的私募基金管理机构任职,具备证券、期货自营账户或受托账户投资管理工作经历的人员,包括基金经理、投资经理、投资决策委员会成员、投资总监,以及经机构授权承担投资决策职能的其他人员。

不良从业记录:是指投资管理人员在从事证券、期货投资管理业务过程中,存在因违反法律法规或自律规则被采取行政监管措施或纪律处分,或因违反任职单位规定被辞退或开除的记录。

投资管理业绩:是指能够明确归属于投资管理人员本人且满足连续 3 年条件的

[1] 所有提供投资建议服务的投资管理人员均需要具备基金从业资格。

[2] 第三方评价机构是指中国基金业协会官网披露的基金评价机构。

投资管理业绩,不限于最近连续3年。

基于上述规定可知,中国基金业协会对私募基金管理人从事投资顾问业务的条件,与中国证监会所规定的条件实际是一致的,仅是中国基金业协会对中国证监会规定的条件进行了进一步的完善与细化,为私募基金管理人从事投资顾问业务提供了具体可操作的官方指引。

(二)私募基金管理人从事投资顾问业务事宜的会员条件要求

中国基金业协会会员的类型包括普通会员、联席会员、观察会员和特别会员,而根据上述《备案管理规范第2号》第3条之规定可知,私募基金管理人从事投资顾问业务事宜,需要成为的会员类型为普通会员或观察会员。具体而言:

1. 根据《证券投资基金会员管理办法》第14条之规定,申请成为中国基金业协会会员,首先应当满足以下条件:

(1)拥护中国基金业协会章程,接受中国基金业协会自律管理,遵守中国基金业协会自律规则和业务规范;

(2)履行诚实信用、谨慎勤勉义务,遵循自愿、公平原则,保护投资人合法权益;

(3)最近3年不存在严重违法违规情形及其他不良诚信记录;

(4)中国基金业协会规定的其他条件。

满足上述条件的,即可成为观察会员。

2. 而对于成为普通会员的条件,《基金会员管理办法》第8条规定,下列机构可以申请成为普通会员:

(1)在中国基金业协会备案的资产管理规模不低于10亿元,受中国证监会监管的从事私募资产管理业务的各类金融机构及其子公司。

(2)自成为观察会员之日起满1年从事非公开募集基金业务的基金管理人,其中私募证券投资基金管理人、私募资产配置类管理人备案的基金规模不低于5亿元,私募股权、创业投资基金管理人备案的基金规模不低于20亿元或备案的创业投资基金投向中小微企业、高新技术企业基金规模不低于1亿元。

(三)私募基金管理人从事投资顾问业务事宜的相关要点

1. 关于私募基金管理人会员条件的例外规定

私募基金管理人管理的基金财产主要投资股权,且与其他私募基金管理人之间存在合法合规的附属关系的,可以由居于控制地位的私募基金管理人代表附属机构加入中国基金业协会成为会员。代表附属机构成为会员的管理人应当书面承诺其附属机构遵守中国基金业协会的自律管理,对附属机构违反自律规则的行为承担责任。

换言之,对于股权类的私募基金管理人,如果各个私募基金管理人存在控制关系,则可以仅由居于控制地位的管理人申请入会成为会员,其余处于被控制地位的私募基金管理人可不必再申请入会。

2. 私募基金管理人从事投资顾问业务的禁止性事宜

(1)《备案管理规范第 2 号》第 3 条第 2 款规定:私募证券投资基金管理人不得为主要投资于非标资产的资产管理计划提供投资建议服务。

(2)《私募证券投资基金运作指引(征求意见稿)》第 15 条规定:同一实际控制人控制的私募证券基金管理人的自有资金、管理的所有私募证券投资基金、担任投资顾问管理的资产管理产品合计持有单一上市公司发行的股票不得超过该上市公司可流通股票的 30%,中国证监会、中国基金业协会另有规定的除外。

3. 投资顾问费用的收取事宜

对于投资顾问费用的收取方式,目前行业内常见的投资顾问费计算与收取方式主要存在基于服务期限、投资者资产规模、差别佣金收取费用的方式,也有根据自身实际情况采取其他投资顾问收费的方式。

由于投资建议与基金收益情况往往存在紧密关系,因此投资顾问费用的收取,往往也会与基金投资利益产生关联。而投资顾问业务本身仅是向基金管理人出具投资建议的单纯建议类业务,因此,投资顾问业务不得与基金业务的盈利或亏损情况挂钩。对此,《证券法》第 161 条规定证券投资咨询机构及其从业人员从事证券服务业务不得与委托人约定分享证券投资收益或者分担证券投资损失。《证券、期货投资咨询管理暂行办法》第 24 条则规定证券、期货投资咨询机构及其投资咨询人员,不得与投资人约定分享投资收益或者分担投资损失。因此,在从事投资顾问业务时,应当谨慎地将投资顾问费的收取与基金收益情况隔离开来,避免因违反上述法律规定而导致自身无法依约获得投资顾问费,进而遭受损失。

4. 禁止通道业务

《私募证券投资基金运作指引(征求意见稿)》第 4 条规定:私募基金管理人应当对投资者资金来源的合规性进行审查,不得由投资者或其指定第三方下达投资指令或者自行负责投资运作,不得为金融机构、其他私募基金管理人,金融机构资产管理产品以及其他私募基金提供规避投资范围、杠杆约束、投资者门槛等监管要求的通道服务。

因此，当私募基金管理人获得投资顾问资格后，不得基于办理通道业务的需要，与私募基金管理人约定由其直接出具并执行投资指令，该约定因违反法律关于禁止办理通道业务的规定而将被认定为无效。

五 私募基金关联交易的认定及规范

（一）关于关联交易的认定及处理原则

《私募投资基金监督管理条例》第 28 条第 2 款规定，关联交易是指私募基金管理人运用私募基金与自己、投资者、私募基金管理人所管理的其他私募基金、私募基金管理人实际控制人控制的其他私募基金管理人管理的私募基金，或者与私募基金管理人有重大利害关系的其他主体进行的交易。

根据《私募投资基金监督管理条例》第 28 条、《登记备案办法》第 38 条第 1 款及《私募投资基金备案须知》第 19 项等规定，关联交易应当遵循投资者利益优先、平等自愿、等价有偿的原则，不得以私募基金财产与关联方进行不正当交易或者利益输送，不得通过多层嵌套或者其他方式隐瞒关联关系。

（二）私募基金设立及运作过程中涉及关联交易的规范要求

本书收集了有关私募基金设立及运作过程中涉及关联交易的法律法规，见表 24。

表 24 私募基金设立及运行过程中涉及关联交易的相关规定

相关内容	项目类别	依据
基金合同制作要求	基金合同中明确约定关联交易的识别认定、交易决策、对价确定、信息披露和回避等机制	《私募投资基金监督管理条例》第 28 条第 2 款、《登记备案办法》第 29 条第 2 项及第 38 条第 1 款
募集文件制作要求	在风险揭示书中特别列示相应风险并向投资者进行特别风险提示	《登记备案办法》第 28 条第 2 款第 3 项
关联交易决策	私募基金管理人应根据基金合同约定履行关联交易的相关决策，如提交合伙人会议或投资决策委员会或咨询委员会审议并决议，应注意相关关联方应受回避表决等制度约束	《私募投资基金监督管理条例》第 28 条第 2 款、《登记备案办法》第 38 条第 1 款、《私募投资基金备案须知》第 19 项

续表

相关内容	项目类别	依据
信息披露	私募基金管理人应根据基金合同约定向投资者履行信息披露义务并向中国基金业协会履行重大事项临时报告	《私募投资基金监督管理条例》第28条第2款、《私募投资基金信息披露管理办法》第18条第11项
基金审计	私募股权基金管理人应当在经审计的私募股权基金年度财务报告中对关联交易进行披露	《登记备案办法》第38条第2款

六 基金触及止损线的相关问题解析

基于风险控制、避免投资损失过大等因素考虑，部分证券基金会设置止损线条款。所谓止损线，是指当基金净值达到一个预定水平时，为避免投资损失进一步扩大，基金管理人需根据基金合同约定对基金持有的可变现的非现金类资产进行不可逆变现，并对基金进行清算，将所得剩余财产扣除相关费用后返还给投资者。实务中，一般将基金净值的止损线设置在0.7～0.8。本书就基金净值低于或等于止损线（以下简称触及止损线）相关法律问题进行解析。

（一）基金触及止损线后的基金管理人义务

在基金合同约定止损线条款的情况下，因为投资管理、市场波动等原因导致基金触及止损线的，作为基金管理人，应当根据相关法律法规、中国基金业协会自律规则及基金合同的有关规定，履行如下义务。

1. 信息披露

《私募投资基金信息披露管理办法》第18条第5项规定，触及基金止损线的，信息披露义务人应当按照基金合同的约定及时向投资者披露。通常基金合同也会对触及止损线的信息披露进行明确约定，一般要求基金管理人在触及止损线后5个工作日内向投资者进行信息披露，并向中国基金业协会进行报送。

信息披露是基金触及止损线时，基金管理人应尽的重要的管理义务，因为该信息对基金投资者的利益具有重大影响，需要保障投资者的知情权，以便投资者根据情况决定是否采取进一步措施。

2. 变更止损线条款

基金触及止损线的原因是多样的,除基金管理人自身投资管理能力导致基金触及止损线外,证券市场本身的波动也是很重要的原因。比如,2022 年年初,因国内外环境的重大变化,证券价格发生剧烈波动,导致基金在短期内出现大幅回撤。针对这种证券市场本身引发的不可控因素导致的基金净值波动,如果进行平仓操作,对投资者而言,不一定是最好的止损方式,因为该证券波动可能系短期非理性行为,如果此时进行止损,可能失去在证券价格下跌时买入、将来证券价格上涨时收益更加丰厚的机会。基于对证券市场的信心,基金管理人如不希望进行平仓操作,应根据基金合同约定,及时与投资者充分沟通或召开持有人大会,协商变更、取消或者暂停执行止损线条款,保持基金的持续运作,并避免承担违约责任。

3. 平仓处理

在未与投资者达成变更、取消或者暂停执行止损线条款的情况下,基金管理人需要根据基金合同进行平仓处理,即对基金持有的可变现的非现金类资产进行不可逆变现,并对基金进行清算,将所得剩余财产扣除相关费用后返还给投资者。基金管理人根据基金合同约定进行平仓操作的风险及责任由基金投资者承担,基金管理人不承担违约及赔偿责任。

(二)基金管理人未按基金合同约定强制平仓的损失认定

《民法典》第 577 条规定,当事人一方不履行合同义务或者履行合同义务不符合约定的,应当承担继续履行、采取补救措施或者赔偿损失等违约责任。在基金净值触及止损线,且未对止损线条款进行变更的情况下,基金管理人未按基金合同约定进行平仓操作的,将违反基金合同约定,构成违约,需承担违约责任。

《民法典》第 584 条规定,当事人一方不履行合同义务或者履行合同义务不符合约定,造成对方损失的,损失赔偿额应当相当于因违约所造成的损失,包括合同履行后可以获得的利益;但是,不得超过违约一方订立合同时预见到或者应当预见到的因违约可能造成的损失。但在基金管理人未按基金合同约定强制平仓的情况下,该损失如何认定和计算,目前并无具体明确的法律依据。

实务中有投资者主张按照止损线为基数计算损失的情况。基金管理人进行平仓操作时,基金净值一般会在止损线上下波动,不一定与止损线完全保持一致。因此,直接以止损线为依据计算损失不具有合理性及客观性。

司法实务中,通常裁判机构会根据合同条款约定采用以下两种方式计算投资损失。

1. 以约定的平仓期内的平均基金净值作为计算依据

在(2021)粤03民终3484号案中,案涉基金合同约定止损线为0.8元,并约定基金存续期内每一个估值日估值完成后(T日),基金的单位净值不高于止损线(低于或等于止损线)的,无论未来证券市场趋势如何以及基金能否恢复到止损线之上,管理人均应当于T+5日内进行止损操作,将基金资产全部变现。案涉基金净值于2019年3月13日跌至0.798元。之后,T+1日即3月14日对应的基金净值为0.811元,T+2日即3月15日对应的基金净值为0.817元,T+3日即3月18日对应的基金净值为0.786元;T+4日即3月19日对应的基金净值为0.8元;T+5日即3月20日对应的基金净值为0.826元。深圳市中级人民法院认为,案涉基金于2019年3月13日跌破止损线,但德福公司未依上述约定进行平仓变现,致使损失扩大,故德福公司应对其违约行为导致的损失承担上述法律规定中的赔偿义务。其投资本金损失应以"(约定平仓日基金净值-清盘日基金净值)×基金份额"来计算。因案涉基金合同约定应在T+5日内进行平仓变现操作,故被告德福公司在T+5日期间的任何一日平仓均符合约定。一审法院酌定以T+5日期间的基金净值平均值为约定平仓日基金净值,具体为(0.811+0.817+0.786+0.8+0.826)÷5=0.808元,即按照T+5日期间的基金平均值为约定平仓日基金净值,以平仓时变现金额减去李某实际收到的金额并无不当。

2. 以约定平仓的当日基金净值作为计算依据

在(2019)沪74民终663号案中,基金合同约定案涉基金的止损线为0.7元。若经管理人(盘中/收盘后)估算的基金参考份额净值(未经托管人复核)连续3个工作日(第3个工作日为T日)等于或低于止损线,则视为本基金触及止损线,管理人应从T+1日开始对本基金持有的全部资产进行不可逆平仓,直至基金资产全部变为现金资产,该基金自行终止。2017年12月21日、22日、25日3个工作日,案涉基金单位净值依次为0.673元、0.666元、0.652元。2017年12月26日,案涉基金单位净值为0.657元。此后,产品净值未再超过0.7元的止损线。2018年9月5日,被上诉人缠红公司赎回了案涉基金,并向上诉人赵某账户汇入870,259.62元。上海金融法院认为,就上诉人主张的平仓损失,因基金合同约定缠红公司应在触及止损线后的T+1日开始平仓操作,而T+1日的基金产品净值实际低于止损线,故上诉人主张以止损线作为损失计算依据有所不妥。一审法院据此调整为以T+1日即

2017 年 12 月 26 日的基金产品单位净值 0.657 元作为计算依据，有其合理性，法院予以认可。

（三）基金托管人在强制平仓中应履行的义务及责任

一旦投资者因为基金管理人未按基金合同约定进行平仓操作导致损失进而要求基金管理人承担赔偿责任的，一般会同时要求基金托管人承担连带责任。

《证券投资基金法》第 36 条第 6 项与第 10 项规定，基金托管人应当履行的职责包括办理与基金托管业务活动有关的信息披露事项，以及按照规定监督基金管理人的投资运作。第 37 条规定，基金托管人发现基金管理人的投资指令违反法律、行政法规和其他有关规定，或者违反基金合同约定的，应当拒绝执行，立即通知基金管理人，并及时向国务院证券监督管理机构报告。基金托管人发现基金管理人依据交易程序已经生效的投资指令违反法律、行政法规和其他有关规定，或者违反基金合同约定的，应当立即通知基金管理人，并及时向国务院证券监督管理机构报告。据此，基金托管人在基金交易中承担监督、通知、报告等义务，并不直接涉及基金交易。基金合同一般会约定在触及止损线的情况下，基金托管人应履行的具体义务。

在触及止损线的情况下，因基金托管人不享有交易权限，其无法直接通过代替基金管理人交易的方式进行平仓操作。因此，对于基金托管人而言，其如果已经根据基金合同约定及时甚至多次向基金管理人履行通知提示义务，一般认为其已经尽了作为基金托管人应尽的法定及合同义务，除基金合同约定基金托管人对基金管理人的该项违约行为承担连带或补充赔偿责任外，对基金管理人违反合同约定的行为不承担赔偿责任。在（2019）沪 74 民终 663 号案中，上海金融法院认为，案涉基金存续期间，基金托管人国信公司已举证其按照协议约定的预警线、止损线向基金管理人缠红公司作出提示，且基金合同已明确约定基金托管人对于基金管理人是否妥当执行风险控制措施不承担监督职责，基金管理人未按照合同约定执行预警止损操作给委托人造成损失的，由基金管理人承担相应责任，基金托管人不承担任何责任。

（四）止损线条款的商业考量及条款设计

设置止损线条款作为一项风控措施，从投资者角度，是避免投资损失进一步扩大的一种保护手段。但证券市场的波动不可避免也不可预测，更不为个人所能控制。从商业和投资管理角度，设置止损线条款，确实能够避免投资者损失过大，但也可能导致基金太早退出从而失去了将来证券价格上涨带来增值收益的机会。因此，本书建议基金管理人在充分考虑投资品种及投资策略的属性特征、证券市场的不可控因素、自身投资管理能力的基础上合理设置止损线条款。

就止损线条款本身而言,基金管理人也需充分考虑合理性和可操作性。如果约定一旦基金净值触及止损线即进行平仓操作,并不一定能够真正起到及时止损的作用。较为合理的约定是当基金净值在一定期限内持续低于止损线时才要求基金管理人进行止损,且授予基金管理人在一定期限内进行平仓操作,这样基金管理人可根据市场情况择机卖出证券,从而减少投资损失。

七 私募基金管理人法律风险防范——从如何避免被投资人主张赔偿责任的角度

(一)背景和问题

近年来,随着经济波动和私募基金行业周期变化等多种因素影响,有些私募基金的收益情况可能难达预期,许多私募基金投资人在遭受损失后或者面临遭受损失的风险时,可能会考虑私募基金管理人是否尽职履责,是否可以追究私募基金管理人的赔偿责任,以弥补自身损失。

(二)尽职履责,是私募基金管理人避免被投资人主张赔偿责任的应对策略

《民法典》第 176 条规定:"民事主体依照法律规定或者按照当事人约定,履行民事义务,承担民事责任。"最高人民法院民法典贯彻实施工作领导小组主编的《中华人民共和国民法典总则编理解与适用》指出"所谓民事责任,是指民事主体违反民事法律义务所应当承担的不利法律后果"[1]。由此可见,民事主体承担赔偿责任,源于其对应履行的法律义务的违反,如果民事主体已经充分履行其应履行的法律义务,则无须承担赔偿责任。同理,尽职履责,是私募基金管理人避免被投资人主张赔偿责任的应对策略。因此,"私募投资基金管理人如何避免被投资人主张赔偿责任",也可以转化为私募基金管理人应当履行哪些义务,方能不被投资人主张赔偿责任。

(三)私募基金管理人义务和责任的基本规则

关于私募基金管理人应当履行的义务,散见于多项法律、司法解释、行政法规、规章、行业组织自律规则等文件中。鉴于适当性义务在司法实践中的突出重要性,

---

〔1〕 最高人民法院民法典贯彻实施工作领导小组主编:《中华人民共和国民法典总则编理解与适用》,人民法院出版社 2020 年版,第 877 页。

且为了避免落入文字争议，简化行文，本书把适当性义务视为一项独立的义务，将私募基金管理人负有的基本义务归结为三大项[1]：分别为适当性义务、忠实义务、勤勉义务。私募基金管理人（及私募基金托管人、私募基金销售机构）违反义务致使投资人遭受损失的，应当承担赔偿责任。有关适当性义务、忠实义务、勤勉义务及违反义务的赔偿责任的法律法规，详见表25、表26、表27。

表25　适当性义务相关法律法规

适当性义务		
基本规定	《证券投资基金法》	第98条　基金销售机构应当向投资人充分揭示投资风险，并根据投资人的风险承担能力销售不同风险等级的基金产品。
	《证券法》	第88条　证券公司向投资者销售证券、提供服务时，应当按照规定充分了解投资者的基本情况、财产状况、金融资产状况、投资知识和经验、专业能力等相关信息；如实说明证券、服务的重要内容，充分揭示投资风险；销售、提供与投资者上述状况相匹配的证券、服务。 投资者在购买证券或者接受服务时，应当按照证券公司明示的要求提供前款所列真实信息。拒绝提供或者未按照要求提供信息的，证券公司应当告知其后果，并按照规定拒绝向其销售证券、提供服务。 证券公司违反第一款规定导致投资者损失的，应当承担相应的赔偿责任。
		第198条　证券公司违反本法第八十八条的规定未履行或者未按照规定履行投资者适当性管理义务的，责令改正，给予警告，并处以十万元以上一百万元以下的罚款。对直接负责的主管人员和其他直接责任人员给予警告，并处以二十万元以下的罚款。
细节规定	《九民纪要》	72.【适当性义务】适当性义务是指卖方机构在向金融消费者推介、销售银行理财产品、保险投资产品、信托理财产品、券商集合理财计划、杠杆基金份额、期权及其他场外衍生品等高风险等级金融产品，以及为金融消费者参与融资融券、新三板、创业板、科创板、期货等高风险等级投资活动提供服务的过程中，必须履行的了解客户、了解产品、将适当的产品（或者服务）销售（或者提供）给适合的金融消费者等义务。卖方机构承担适当性义务的目的是为了确保金融消费者能够在充分了解相关金融产品、投资活动的性质及风险的基础上作出自主决定，并承受由此产生的收益和风险。在推介、销售高风险等级金融产品和提供高风险等级金融服务领域，适当性义务的履行是“卖者尽责”的主要内容，也是“买者自负”的前提和基础。

[1] 学术上，有学者将私募基金管理人承担的义务统称为信义义务，并称“众所周知，信义义务存在于信义关系之中，事实上的信义关系就是推定信托”。参见许多奇：《论全周期视野下私募基金管理人的信义义务》，载《武汉大学学报（哲学社会科学版）》2022年第5期。

表 26 忠实义务、勤勉义务相关法律法规

忠实义务、勤勉义务	
《证券投资基金法》	第 9 条第 1 款 基金管理人、基金托管人管理、运用基金财产，基金服务机构从事基金服务活动，应当恪尽职守，履行诚实信用、谨慎勤勉的义务。
《私募投资基金监督管理条例》	第 3 条第 3 款 私募基金管理人管理、运用私募基金财产，私募基金托管人托管私募基金财产，私募基金服务机构从事私募基金服务业务，应当遵守法律、行政法规规定，恪尽职守，履行诚实守信、谨慎勤勉的义务。
《监管暂行办法》	第 4 条第 1 款 私募基金管理人和从事私募基金托管业务的机构（以下简称私募基金托管人）管理、运用私募基金财产，从事私募基金销售业务的机构（以下简称私募基金销售机构）及其他私募服务机构从事私募基金服务活动，应当恪尽职守，履行诚实信用、谨慎勤勉的义务。
《中国人民银行、中国银行保险监督管理委员会、中国证券监督管理委员会、国家外汇管理局关于规范金融机构资产管理业务的指导意见》（银发〔2018〕106 号）	第 2 条 资产管理业务是指银行、信托、证券、基金、期货、保险资产管理机构、金融资产投资公司等金融机构接受投资者委托，对受托的投资者财产进行投资和管理的金融服务。金融机构为委托人利益履行诚实信用、勤勉尽责义务并收取相应的管理费用，委托人自担投资风险并获得收益……

表 27 违反义务的赔偿责任相关法律法规

违反义务的赔偿责任	
《证券投资基金法》	第 145 条 违反本法规定，给基金财产、基金份额持有人或者投资人造成损害的，依法承担赔偿责任。 基金管理人、基金托管人在履行各自职责的过程中，违反本法规定或者基金合同约定，给基金财产或者基金份额持有人造成损害的，应当分别对各自的行为依法承担赔偿责任；因共同行为给基金财产或者基金份额持有人造成损害的，应当承担连带赔偿责任。

续表

《九民纪要》	第77条　【损失赔偿数额】卖方机构未尽适当性义务导致金融消费者损失的,应当赔偿金融消费者所受的实际损失。实际损失为损失的本金和利息,利息按照中国人民银行发布的同期同类存款基准利率计算。 金融消费者因购买高风险等级金融产品或者为参与高风险投资活动接受服务,以卖方机构存在欺诈行为为由,主张卖方机构应当根据《消费者权益保护法》第55条的规定承担惩罚性赔偿责任的,人民法院不予支持。卖方机构的行为构成欺诈的,对金融消费者提出赔偿其支付金钱总额的利息损失请求,应当注意区分不同情况进行处理: (1)金融产品的合同文本中载明了预期收益率、业绩比较基准或者类似约定的,可以将其作为计算利息损失的标准; (2)合同文本以浮动区间的方式对预期收益率或者业绩比较基准等进行约定,金融消费者请求按照约定的上限作为利息损失计算标准的,人民法院依法予以支持; (3)合同文本虽然没有关于预期收益率、业绩比较基准或者类似约定,但金融消费者能够提供证据证明产品发行的广告宣传资料中载明了预期收益率、业绩比较基准或者类似表述的,应当将宣传资料作为合同文本的组成部分; (4)合同文本及广告宣传资料中未载明预期收益率、业绩比较基准或者类似表述的,按照全国银行间同业拆借中心公布的贷款市场报价利率计算。 第78条　【免责事由】因金融消费者故意提供虚假信息、拒绝听取卖方机构的建议等自身原因导致其购买产品或者接受服务不适当,卖方机构请求免除相应责任的,人民法院依法予以支持,但金融消费者能够证明该虚假信息的出具系卖方机构误导的除外。卖方机构能够举证证明根据金融消费者的既往投资经验、受教育程度等事实,适当性义务的违反并未影响金融消费者作出自主决定的,对其关于应当由金融消费者自负投资风险的抗辩理由,人民法院依法予以支持。

(四)从司法实践角度考察,私募基金管理人如何防范承担赔偿责任

从司法实践角度看,私募基金管理人如何避免被投资人主张赔偿责任,可以从正反两个方面同时进行探讨,(1)什么情形下私募基金管理人需要担责,即私募基金管理人没有尽到应尽的义务;(2)什么情形下私募基金管理人无须担责,即私募基金管理人已经尽到应尽的义务,或者投资人自身存在过错。

由于法律法规对于私募基金管理人义务的规定均较为原则,实践中,需要结合个案的具体事实情况,综合研判何种情形属于私募基金管理人已经充分履行义务,如未充分履行义务,可能承担何种责任。

1. 基金募集阶段:以履行适当性义务为重点

(1)严格、及时地履行适当性义务

适当性义务,是私募基金管理人应当首要履行的义务,有人甚至称“适当性义务是私募基金募集机构的核心义务”[1]。适当性义务包括三个方面，了解客户、了解产品、将适当的产品或服务匹配给适合的客户。《九民纪要》第72条指出，“适当性义务的履行是‘卖者尽责’的主要内容，也是‘买者自负’的前提和基础”。依据现行的司法政策明确，私募基金管理人未尽到适当性义务（包括未及时履行适当性义务）的，应当承担赔偿责任。

关于举证责任和违反适当性义务的赔偿范围，据《九民纪要》第75条、第77条，私募基金管理人对其是否履行了适当性义务承担举证，卖方机构应当赔偿金融消费者所受的实际损失，损失包括本金和利息，利息按照中国人民银行发布的同期同类存款基准利率计算。如果卖方构成欺诈，可能承担更重的赔偿责任，如按照贷款利率赔偿利息损失。具体的赔偿范围，在个案之间存在一定程度差异。

【案例1】(2022)沪74民终92号

2017年3月1日，联储证券有限责任公司（以下简称联储证券公司）通过风险承受能力调查问卷对包某进行风险承受能力测评，根据测评结果，包某的投资风险承受度大致为积极型，同日，包某与联储证券公司签订资管合同（含承诺函、说明书、风险揭示书）。2017年3月8日，包某通过银行向联储证券公司缴款100万元。包某在案件审理中对资管合同、风险承受能力调查问卷签名申请司法鉴定，鉴定意见明确上述文件并非包某本人签署，联储证券公司亦未举证证明通过其他方式进行了风险认知、风险承受能力测评。深圳××局出具的30号答复函明确联储证券公司在运作和管理聚诚15号资管产品的过程中存在资管业务内部控制不到位、尽职调查不充分的问题，联储证券公司并未按照其向中国××协会承诺要求，做到主动识别、防范、应对业务风险和勤勉尽责。

法院认为：首先，关于适当性义务。联储证券公司未与包某签署资管合同、风险承受能力调查问卷，并未按照其在合规审查意见书中所作承诺要求，对其进行风险承受能力测评，存在销售不规范的情形，未能让投资者真正了解高风险等级金融产品的投资风险，联储证券公司在销售案涉产品时存在未了解客户、未将适当的产品销售给适合的金融消费者的问题，未能完全尽到投资者适当性义务。其次，关于谨慎勤勉义务。包某二审提交的深圳××局出具的答复函明确联储证券公司在运作和管理聚诚15号资管产品的过程中存在资管业务内部控制不到位、尽职调查不充

[1] 黄伟峰、程俊杰：《私募基金涉诉纠纷疑难问题研究》，载《法律适用》2023年第4期。

分的问题，联储证券公司并未按照其向中国××协会承诺要求，做到主动识别、防范、应对业务风险和勤勉尽责，法院认定联储证券公司作为私募基金管理人未履行谨慎勤勉的管理义务。最终，法院酌定联储证券公司对该案投资者的赔偿范围为包某投资本金的50%，未支持原告主张投资收益的诉讼请求。

【案例2】(2021)京74民终482号

投资人董某于2015年4月1日向管理人北京中融鼎新投资管理有限公司(以下简称中融鼎新公司)转款认购“白羊一号”基金产品。2015年4月15日，双方实际签署《基金合同》，中融鼎新公司对董某进行风险承受能力评估并确定其属于高风险承受能力投资者。

法院认为：首先，虽然董某在评估时点符合案涉基金产品的合格投资者要求，但是中融鼎新公司未及时进行投资者适当性评估的过失无法通过事后补充提供来弥补，其销售产品过程中的不当行为难以嗣后治愈。其次，在中融鼎新公司的推介材料中未见主要风险提示事项，中融鼎新公司并未提交证据证明在向投资者募集基金前充分揭示了投资风险，中融鼎新公司在履行风险告知义务方面亦存在一定瑕疵。最终，法院酌情确定中融鼎新公司按照投资者认购金额20%的标准对投资者予以适当赔偿。

(2)投资人所投基金应当和私募基金管理人宣传推广基金相一致

某些基金管理人同时募集或者管理多只基金，各基金的要素(如名称、行业、基金期限、目标企业所处行业和发展阶段等)可能有所重合，如果投资人所投标的和宣传推广不符，则可能导致投资人行使合同解除权。

【案例】(2019)沪74民终123号

2015年5月12日，沈某、励琛(上海)投资管理有限公司(以下简称励琛公司)签订《安信稳健系列新三板定向股权投资基金合同(一期)》(以下简称《安信稳健合同》)，合同约定基金名称为“安信稳健新三板基金”，类别是“有限合伙式定向基金”。2015年5月13日，沈某向励琛公司账户汇款1,000,000元。励琛公司作为基金管理人，在中国基金业协会的备案登记时间为2015年9月18日。该管理人名下产品除两个有限合伙企业外，还包括励琛公司。就励琛公司基金产品而言，根据中国基金业协会公示信息，其成立于2014年8月30日，备案于2016年8月1日，基金类型为“创业投资基金”。根据该基金清算期信息披露报告，其定向投资于“永安新三板策略壹期证券投资基金”(以下简称永安一期基金)。励琛公司表明该基金产品系争合同约定基金,在备案过程中予以变更。基于系争合同,沈某于2018年6月14日收到46,633元。励琛公司主张该款项为基金到期后第一次分配收益,剩余部分尚未全部清算退出。

法院认为:安信稳健新三板基金和励琛公司基金二者的名称、类型、规模均不相同。励琛公司也并未按照合同约定与投资者协商变更上述事项。沈某已完全履行了出资义务,但其投资基金产品并未成立备案,显然,《安信稳健合同》的订立目的不能实现,且该合同目的不能实现之结果应归因于励琛公司未履行相应义务。最终,判决解除涉案基金合同,励琛公司向沈某返还未退出投资款本金并赔偿损失(按照全部投资款为基数,以中国人民银行同期存款基准利率计算)。

2. 投资和存续管理阶段:以忠实义务和勤勉义务为重点

(1)未落实尽职调查报告中风控措施,可能构成违反勤勉谨慎义务

私募股权投资行业属于高风险行业,私募基金管理人应当尽到充分的忠实义务和勤勉义务。

【案例】(2022)京74民终671号

2017年5月19日,周某作为基金投资者、信文资产管理(江苏)有限公司(以下简称信文资产公司)作为基金管理人、兴业银行股份有限公司苏州分行作为基金托管人签订《信文兴乐基金合同》,同日,周某向信文资产公司募集专户分两次转账汇款共计150万元。基金合同约定基金委托银行通过委托贷款形式向融资主体发放贷款,贷款用途为一部分资金用于补充企业流动性,剩余部分用于参与收购一开集团股权;项目类型为固定收益类融资项目;风控措施包括:兴乐集团61.5%股权后置质押给委托贷款银行,兴乐集团实际控制人虞某杰、董事长虞某品提供个人连带责任保证,一开集团土地抵押,开立资金监管专户作为接收融资贷款的账户等。基金合同约定的风控措施未实际落实。

法院认为:虽然信文资产公司提交了尽职调查报告,主张其在基金运作前进行了详细的尽职调查,但尽职调查报告中载明的相应风控措施并未完全充分落实,信文资产公司仍指示受托银行放款,增加了案涉私募基金的投资风险,且未能及时向投资者披露相关信息。法院认定信文资产公司未能尽到基金管理人的勤勉谨慎义务,构成重大违约,遂判决基金管理人赔偿周某本金和利息损失。

(2)明池基金的特殊要求

明池基金,有时被称为专项基金,是指在基金募集时,拟投资的标的已经确定的

基金，其投资标的一般是目标企业，也可能是通过投资连接基金再投资于目标企业。与明池基金相对应的是盲池基金，即基金募集时，投资标的不确定的基金。明池基金由于标的确定，便于投资人直观了解，受到部分基金投资人的青睐。

对于明池基金，首先，私募基金管理人需要做到宣传和实际投资相符合。其次，私募基金管理人操作明池基金时，需要格外关注是否经过了合格投资人确定等程序，投资文件需要明确新投资人是基金的投资人，而非一般的份额受让人。司法实践中，个别明池基金先完成特定标的投资，之后，新投资人通过受让基金份额而成为基金的有限合伙人，法院认为该受让行为不是投资行为，此时，如果新投资人不能实现合同目的，则新有限合伙人可解除合同。此类裁判观点否定了份额受让者的投资行为属性，其是否经得起时间检验而被后续裁判借鉴，尚待观察。

【案例1】(2020)鲁71民初159号

2017年，林某与上海新耒股权投资基金管理有限公司(以下简称新耒公司)、恒丰银行案涉基金合同，约定林某认购九龙寺传统文化私募投资基金，认购金额为110万元。三方在基金合同中约定：基金管理人为新耒公司、托管人为恒丰银行；管理人保证已通过中国基金业协会登记，管理人登记编码为P1060927；私募基金存续期限自基金成立之日起1年，另有1年退出期；合同期满前1个月，经投资人、管理人及托管人协商一致可签订书面的延期协议。基金合同第11节私募基金的投资约定，基金主要投资于常州通则久40%的股权，最终投资于常州九龙禅寺项目；闲余资金可用于投资各类资管计划优先级、货币基金和银行存款等固定收益类及其他低风险、高流动性金融产品。2017年7月31日，林某向案涉基金8574××××1731账号转账110万元。涉案基金并未按照约定取得常州通则久40%的股权。

法院认为：首先，涉案基金未按照约定取得常州通则久40%的股权。其次，基金管理人也未举证证明其已将包括未能取得常州通则久股权在内的基金投资重大事项向投资者进行信息披露，并与投资者、托管人协商一致变更了投资范围，以及依据基金对外投资协议主张违约赔偿责任等事实。再次，在基金约定存续期满情况下，基金管理人应当履行组织并参加基金财产清算小组，参与基金财产的保管、清理、估价、变现和分配等义务。但基金管理人在诉讼中未提交证据证明其组织清算小组对基金财产进行清理、变现和分配，代表基金向实际用资人、担保人进行追索等事实，不能证明基金到期未向基金份额持有人兑付本金和收益属于正常的投资商业风险。因此，法院认定，涉案基金管理人，未能尽到恪尽职守、谨慎勤勉等适当性义务。最后，判决基金管理人赔偿林某本金和利息损失。

【案例 2】(2019)苏 09 民终 1568 号

2016 年 9 月 20 日，北京子沐创富投资中心(有限合伙)(以下简称子沐创富)与重庆业如股权投资基金管理有限公司等案外人签订《股权转让协议》，约定：子沐创富从案外人处受让高锐视讯股权的 3.33%；价款总额为人民币 2 亿元；子沐创富应于 2016 年 10 月 15 日前支付 4000 万元，应于 2016 年 10 月 31 日前支付价款 1.6 亿元。2016 年 9 月 21 日，子沐创富与 Highlight Vision Limited 等案外人签订《股权回购协议》，约定：若高锐视讯未能在 2018 年 12 月 31 日之前完成重大资产重组，则子沐创富有权要求案外人对子沐创富受让的标的股权进行回购。2016 年 9 月 23 日，经工商变更登记，子沐创富成为高锐视讯股东。

2016 年 11 月 12 日，原告与被告铭典投资签订《北京子沐金柜投资中心(有限合伙)合伙份额转让协议》(以下简称《合伙份额转让协议》)。该协议约定：河北铭典投资有限公司(以下简称铭典投资)向刘某转让其持有的北京子沐金柜投资中心(有限合伙)(以下简称子沐金柜)15% 的合伙份额，合伙份额转让价为 3000 万元。铭典投资保证原告受让子沐金柜 3000 万元的合伙份额款项于 2016 年 11 月 16 日前投资于子沐创富，并最终投资高锐视讯重组上市项目。《合伙份额转让协议》第 1.3 条约定："甲方(铭典投资)保证乙方(刘某)受让子沐金柜叁仟万的合伙份额款项于 2016 年 11 月 16 日前投资于子沐创富并最终投资于高锐视讯重组上市项目，并向乙方提供支付凭证。"同日，子沐(北京)基金管理有限公司(以下简称子沐基金，子沐金柜的管理人)、铭典投资与刘某三方签署了子沐金柜合伙协议，协议约定，当合伙协议的内容与合伙人之间的其他协议或文件内容相冲突时，以合伙协议为准。当日，刘某还同子沐基金签署了风险揭示书。

2017 年 7 月初，刘某获悉高锐视讯上市重组项目终止。

法院认为：首先，根据私募股权投资交易习惯和运作实践，投资者资本增值的过程是通过"筹资—投资—退出"来完成的。案涉份额转让行为不符合私募股权投资的相关规定和资本运作特征，刘某与铭典投资之间基于案涉《合伙份额转让协议》和《补充协议》形成的是合伙份额转让关系，而不是私募股权投资关系。其次，该案法律关系并非私募基金投资关系，而是两合伙人之间的份额转让关系，法律并没有禁止合伙企业财产份额的转让人向受让人作出相关的承诺。再次，高锐视讯重组上市项目最终失败，应当认定铭典投资违背合同订立最基本的诚信原则，构成违约，导致刘某的合同目的不能实现，刘某依法享有合同解除权。最后，法院判决确认涉案《合伙份额转让协议》等解除，铭典投资于判决生效之日起10日内向刘某返还2000万元并赔偿刘某利息损失。

（3）多层嵌套基金，上层基金投资人是否可以向底层基金管理人追责

嵌套基金结构下，不同层级的基金之间往往通过合伙协议、公司章程、基金合同等契约性文件连接。一般情况，受限于合同的相对性，基金投资人难以向其他层级的基金管理人主张权利。但在司法实践中，遇特殊情形时，上层基金投资人可以突破合同相对性，向底层基金管理人主张权利。

【案例】（2022）沪74民终43号

2016年，戴某某投资聚潮—中科A资管计划，该计划由上海聚潮资产管理有限公司（以下简称聚潮公司）发行并作为管理人，华泰证券股份有限公司（以下简称华泰证券）作为托管人，资管计划存续期限为24个月，可展期12个月。资管计划投资于中科招商投资管理集团股份有限公司（以下简称中科公司）担任普通合伙人及执行事务合伙人的中科华海有限合伙企业（以下简称中科华海）的有限合伙份额。

2017年6月，中科公司未经中科华海投决会决议，将民生银行账户中尚未退回至托管账户的6030万元擅自用于购买恒宇55号基金产品，并导致合伙企业实际投资超过合伙协议比例限制。聚潮公司得知后提起了仲裁，取得裁决结果：中科公司向中科华海支付6030万元与恒宇55号清算或债权处理结果差额的80%款项及相应利息等。

2018年资管计划到期后，未实现退出。2019年12月，聚潮公司、华泰证券、中科公司签订备忘录，约定：鉴于中科华海不能于短期内实现对投资标的的清收，由中科公司指定其关联公司众科盛祥受让聚潮公司持有的中科华海份额；各方承诺在受让方开始履行付款义务之日起不自行或者通过任何人以任何形式为投资者提供法律援助等。各方根据：第三方对中科华海投资的四家项目公司的评估（合计2985.6万元）、仲裁裁决确定的中科公司赔偿金额（按恒宇55号0清算价值计算）及部分溢价补偿19,389,804元，确定份额转让价款，并向投资者公告。

本案投资者戴某某认购300万元A资管计划份额，本金亏损1,318,033.83元。

法院认为：该案的特殊之处在于，聚潮公司与中科公司约定，相互间不起诉也不为投资者提供法律援助，且A资管计划已于一审判决前完成清算，即聚潮公司或投资者代表A资管计划提起诉讼的基础已不复存在，投资者难以通过常规的途径寻求

救济。戴某某在 A 资管计划中的受益权属于原《侵权责任法》所保护的合法财产权益,比照第三人侵害债权的相关规则,中科公司作为资管合同之外的第三人,知道或者应当知道债权债务关系存在,如违反了勤勉尽责等《信托法》规定的以保护该权益为目的的法定义务,造成投资者合法权益受到损害的,行为人应承担相应的侵权责任。最终,法院判决聚潮公司、中科公司于判决生效之日起 10 日内连带赔偿戴某某投资款本金损失 876,597.95 元。

(4)违反信息披露义务的赔偿责任

私募基金管理人在基金的整个运行过程中,负有如实、及时、完整披露信息的义务。如果私募基金管理人违反信息披露义务的行为和投资人损失存在因果关系,私募基金管理人应该承担赔偿责任。实践中,由于私募基金管理人在募资过程中的信息披露会直接影响投资人的投资决策,故募资阶段的信息披露尤为重要,而且募资阶段的信息披露义务与私募基金管理人的适当性义务可能存在交叉或者重叠。

【案例】(2021)沪 74 民终 1380 号

涉案资管计划于 2016 年 12 月 29 日成立,于 2017 年 1 月 16 日在中国××协会进行了备案。王某与联储证券公司签订了资管合同(含计划说明书、风险揭示书),合同约定,王某为涉案资管计划的委托人,联储证券公司为涉案资管计划的管理人。王某于 2017 年 1 月 6 日通过银行转账缴款 220 万元。

法院认为:联储证券公司未在资管合同中充分披露应收账款债权与此前宏某公告公布应收账款之关系和差别,存在信息披露瑕疵,王某基于信赖联储证券公司的资产管理能力而投资涉案资管产品发生损失,客观上存在因果关系。涉案资管计划最终尚未清算结束,但考虑到投资者已经产生损失的事实,法院判令基金管理人联储证券公司对该案投资者的赔偿范围为投资本金的 10%。

3. 基金清算阶段

(1)出现清算事由时,基金管理人对私募基金负有清算义务

本章中的基金清算,是指基金终止时,对基金财产进行的清算活动。

基金清算属于基金管理事务的组成部分,当基金出现清算事由时,基金管理人对私募基金负有清算义务。《登记备案办法》第 57 条第 1 款明确规定:"私募基金合同终止的,私募基金管理人应当按照基金合同约定,及时对私募基金进行清算,自私募基金清算完成之日起 10 个工作日内向协会报送清算报告等信息。一定期限内无法完成清算的,还应当自清算开始之日起 10 个工作日内向协会报送清算承诺函、清

算公告等信息。”

不同法律形式的基金，基金清算的事项会有所差异，以合伙制基金为例，出现以下情形时，通常应当解散并清算：①经所有合伙人同意决定合伙企业提前解散；②合伙企业期限届满；③合伙企业的投资全部变现、基金管理人决定合伙企业解散；④合伙协议约定的目的无法实现（包括但不限于无法通过中国基金业协会备案）；⑤普通合伙人根据本协议约定退伙或被除名，且合伙企业没有接纳新的普通合伙人；⑥合伙企业被吊销营业执照；⑦基金管理人因依法解散、被依法撤销、被中国基金业协会公告失联、被监管机构处罚或被采取其他自律监管措施等情况导致客观上使其丧失继续管理私募投资基金的能力和资格时，合伙人会议作出决议终止合伙企业，或自前述情形发生之日起6个月内没有新基金管理人承接的；⑧基金托管人依法解散、被依法撤销或被依法宣告破产或被依法取消基金托管资格，且自前述情形发生之日起6个月内没有新的托管人承接的；⑨出现《合伙企业法》或者合伙协议规定的其他解散原因。

（2）基金清算完成前，私募基金管理人存在过错的导致投资人损失的，赔偿责任如何确定

实务中，为避免诉累，基金进入清算阶段但清算完成前，私募基金管理人赔偿范围可以确定的，法院可能先行判决责任范围。但如果损害事实确已得到充分证明，法院有可能直接确定责任金额。由此可以看出，私募基金管理人可能在基金进入清算后被判令承担赔偿责任，但承担赔偿的事由却发生在基金进入清算之前，只不过是在基金进入清算程序之后才明确了私募基金管理人应当承担的赔偿责任。

【案例】（2020）沪74民终461号

2015年6月16日，常某作为资产委托人与华设资产管理（上海）有限公司（以下简称华设资管上海公司）、平安银行股份有限公司上海分行（以下简称平安银行上海分行）签订了资管合同，华设资管上海公司和平安银行上海分行分别为资产管理人和资产托管人。根据资管合同约定，资管计划的存续期自资管合同生效之日起最长不超过24个月，资管合同于2015年6月23日生效，资管计划存续期至2017年6月22日截止。华设资管上海公司应依约在期限届满之日起30个工作日内组织成立清算小组，但华设资管上海公司在2017年6月14日发布延期公告，决定延长投资期限，直到2019年6月26日才成立清算组。

法院认为：首先，华设资管上海公司并未举证证明其在推荐基金前已对常某的

风险认知、风险偏好和风险承受能力进行了评估,对于基金产品进行过风险评级,并且产品与客户相互匹配,故应认定华设资管上海公司违反了投资者适当性义务。其次,根据资管合同,资管计划存续期应至2017年6月22日届满,因全体资产委托人、资产管理人和资产托管人并未协商一致延长资管计划存续期,故华设资管上海公司应依约在资管计划期限届满之日起30个工作日内组织成立清算小组。但华设资管上海公司直至2019年6月26日才成立清算组,违反合同约定,存在迟延清算的违约行为。该案因案涉资管计划尚未完成清算,故常某损失的具体金额尚未确定,但华设资管上海公司因违反适当性义务而应承担的赔偿责任范围已可确定。为避免常某诉累,法院先行就华设资管上海公司的赔偿范围作出判决,判令华设资管上海公司应于资产管理计划清算完成后10日内对常某清算后的实际损失(包括损失的本金和利息)承担赔偿责任。

该案中,法院认定基金管理人同时存在违反适当性义务和清算迟延,但真正让基金管理人承担赔偿责任的原因仍是违反适当性义务,由此反映了适当性义务的特殊重要性。此外,在基金清算未完成,投资人具体损失金额亦未确定的情况下,法院先行判决确定赔偿范围的做法也值得注意。

八 投后管理阶段如何维护特殊目的条款的有效性

在投资过程中,投资人为了保障自身投资权益的实现,往往会设置对赌条款、领售权、反稀释等特殊目的条款(又称特殊权利条款)。由于市场环境、政策环境的不断变化,特殊权利条款的有效性在投后管理阶段也会受到各种因素影响,从而使项目投资的风险性和不稳定性增加。对于如何维护特殊权利条款的有效性,其重点应是及时发现风险和妥善处置风险。

(一)检查现有条款有效性

在投后管理过程中发现风险,首先,要对投资协议进行"体检",即关注现有特殊权利条款的有效性。其次,随着投融资领域法律法规、司法解释、会议纪要等法律文件的不断更新变化,司法裁判规则随之不断发展与演进,部分特殊权利条款可能从"无效"变为"有效",如对赌条款的有效性认定,从2012年最高人民法院(2012)民提字第11号"海富案"认定投资方与目标公司对赌因违反资本维持原则而无效,到

2019 年江苏省高级人民法院作出(2019)苏民再 62 号“华工案”裁判,支持了投资方与目标公司对赌的效力,再到如今法院已普遍认可对赌协议的效力,反映了司法实践中对特殊权利条款的认知在不断深化。另外,部分特殊权利条款在国外的应用已日益广泛,但在国内却难以查询到公开的裁判案例,如引发关注的“俏江南收购”事件中所涉及的领售权条款,作为股权投资领域中较为常见的一种风险规避措施,能够保障领售权股东的投资退出路径有效实现。虽然其在国外如美国特拉华州衡平法院的 TDS *v.* Holding、英国上诉法院 2015 年审判的 Arbuthnott *v.* Bonnyman and others 等司法判例中已得到广泛认可,但在我国司法实践中,仍缺少法院对其合法效力的直接判断。

因此,为保证特殊权利条款的有效性,投资人应关注相关领域法律法规及国内外裁判案例的更新,根据裁判导向对投资协议中可能存在风险的条款及时通过签订补充协议等方式进行调整,对于被认定无效的条款及时更换替代条款内容。

(二)关注现有条款可诉性和可执行性

除特殊权利条款的有效性外,投资人同时应关注条款的可诉性和可执行性,如在由公司回购股权的对赌条款中约定“应当召开董事会并通过决议”“应当提请董事会商议”“应当由股东大会做出决议”等内容,考虑到保护外部债权人利益及公司自治原则,法院一般不会判决强制公司履行内部程序,前述约定不具有可诉性和可执行性,投资人在寻求司法救济时可能遇到障碍,应当及时调整表述。在(2021)京民终 495 号案中,法院认为北京中投公司未能及时履行减资程序违反了合同的附随义务,导致其未能在约定时间内足额支付南京钢研合伙企业赎回价款,其应承担因未及时履行合同义务而产生的迟延履行违约责任,北京中投公司应当向南京钢研合伙企业支付逾期履行违约金。前述案例为投资人在回购交易无法实际履行的情况下提供了新的解决思路,即设定在股权回购违约情形下公司对投资人承担逾期违约金、诚信补偿/违约金的条款、退市补偿/违约金条款等违约赔偿条款,做到既不干涉公司自治,同时也通过债权给付方式确保了回购权条款的可执行性。

(三)妥善进行存证

投后管理过程中的另一要点就是“存证”,即对投后管理过程中产生的各类证据做好保存工作。需要留存的证据既包括用于证明违约及追责的各种实质证据,如各方在投资协议后就达成变更事项签署的补充协议、目标公司财务账簿(用于判断目标公司经营状况、财务状况是否正常)、由会计师事务所出具的审计报告(用于判断目标公司利润、收入等业绩承诺是否达标)、目标公司承担担保责任的股东会决议文件等,也包括催告通知过程中产生的函件等程序性证据,如向违约方发出的律师函、目标公司作出减资决议时向债权人发出的书面通知及相关文件的邮递记录(通过快递官网查询下载)、接收方的签收记录等。前述文件的纸质原件应妥善留存,无法留存纸质原件的证据,应至少留存电子扫描件或复印件,同时须注意,若发出文件被接收方退回,退回的文件及也应完整留存,以在诉讼程序或其他目的中证明已履行通知催告的程序性义务。

(四)注意窗口期设置,及时行权

投资人在投后管理中还应注意及时行权。特殊权利条款如股权回购条款,由于涉及公司股权结构稳定性的问题,所以在投资协议中一般会对主张救济的期限进行限制,如在(2019)京01民终8440号案中,投资方与目标公司约定如果发生约定的股权回购情形,投资方有权自约定期限期满之日起两个月内以书面方式向目标公司提出股权回购的要求。法院认为,从目的解释的角度来看,回购条件满足后投资方若不尽快做出是否回购的意思表示,将对目标公司的经营产生严重不确定性,若给予投资方无任何期限的回购权,亦会造成双方合同权利义务的严重失衡,因此,对投资人超出股权回购权行使期限后要求支付股权回购款的诉讼请求,法院不予支持。在设计特殊权利条款内容时,投资人应特别注意谨慎设置窗口期条款,如明确行权的触发条件及标志性时间,以此节点起算行权期限;要求特殊权利条款触发后目标公司应书面通知投资人行权,细化通知送达条款等,为权利的行使留有充分合理的期限,并及时在窗口期内行权,避免权利丧失。

九 基金清算的基本程序

私募基金(以下或称基金)清算是私募基金投资人取回基金剩余财产并实现退出的最后环节,随着近年来市场上部分基金逐渐进入退出期或清算期而受到基金参与各方的关注。实践中私募基金清算往往面临着诸多实务问题,一方面基金清算流程中涉及多个环节并向多个监管部门履行相关相应流程,另一方面基金清算需要众多主体参与和配合,可能出现非现金分配或其他诸多原因导致清算出现僵局的情形。我国关于私募基金清算的主要法律规则主要是组织法层面的规则,私募监管角度的规则与前述法律法规尚有进一步衔接和兼容的空间,因此在规则适用层面也可能产生新的问题。本书旨在现行法律法规和监管规则的框架下厘清私募基金清算的相关概念和规则,并试图回复若干实务问题为基金退出提供更多可行的方案。

(一)私募基金清算概念辨析

我国立法和法理上均未对“清算”作出概括定义。基于文义理解,清算是针对产品或企业存续期拟将结束时的财产处置方式。组织法(如《合伙企业法》《公司法》)规则层面的清算是指市场主体在市场监管管理部门进行登记的载体(本部分主要指合伙企业与公司,以下简称市场登记载体)解散后,依据相关法律规定成立专门机构清理债权债务并分配剩余财产,最终通过市场监督管理部门注销终止市场主体的程序,私募基金监管层面的清算是指基金对外投资项目的退出、回收资金归集和分配等过程。

但是,清算对市场登记载体和私募基金产品产生的后果是不同的。对于私募基金而言,完成清算流程即意味着私募基金作为中国基金业协会监管备案的产品不复存在,而对于私募基金的市场登记载体而言,清算仅是市场登记载体人格灭失的步骤之一,其需经过完整的解散、清算与注销三步之后方才实现市场登记载体主体灭失,其中清算是解散的后果,注销才是主体灭失的最后一步。鉴于私募基金市场登记载体是私募基金的存续前提,市场登记载体一旦清算注销,私募基金也将不复存在,但私募基金完成清算后市场登记载体并不一定灭失。

目前主流的观点并未区分私募基金清算与市场登记载体清算,通常大家认为二者是一致的。但随着市场需求的多样化,实践中部分管理人或投资人希望将私募基金清算但保留市场登记载体继续存续,这也引发出二者是否可以分开进行的思考(具体详见下文分析)。

(二)私募基金清算事由

基于前述分析,清算存在于私募基金市场登记载体和产品本身两个层面,故而也分别存在市场登记载体清算的事由和基金产品清算事由。

1. 市场登记载体清算事由

根据我国《民法典》《合伙企业法》《公司法》等法律法规,市场登记载体清算的前提条件是法定或约定的解散事由出现。事实上,我国法律法规也未对“解散”作出法律意义上的定义,但列举了若干解散事由,解散事由一经出现,则可进入清算环节。因此,解散与清算在组织法规则层面及工商实践层面常被相提并论甚至混同。解散主要是针对组织形式上的清零,清算则主要是针对财产上的清零,二者均是市场载体人格灭失的过程。

(1)解散清算

根据《民法典》《公司法》《合伙企业法》的规定,市场登记载体的解散事由包括法定事由和约定事由,法定解散事由主要包括:①存续期限届满,合伙人或股东决定不再展期;②公司章程或合伙协议约定的解散事由触发;③股东会决议解散公司或全体合伙人决定解散合伙企业;④依法被吊销营业执照、责令关闭或被撤销等。约定事由则是公司章程或合伙协议约定的解散事由出现。一般而言,除有特定目的的特殊项目载体外,实操中公司章程或合伙协议不会针对未来的解散事由作出非常具体的约定,则是交由决策机构如股东会或合伙人会议讨论决定。根据法律规定,企业应当在解散事由出现15日内成立清算组进行清算。

由此可见,企业清算是解散事由出现的法定后果,并不以项目是否完成退出为前提,私募基金期限届满后,如不再延期经营(包括但不限于投资人就延期经营无法达成一致意见或一致同意不再延期),则应当进入解散清算。但实践中,如果企业进入清算期,清算人原则上将以尽快处置资产为首要任务,如无法处置或处置并不符合基金或投资人最大利益则可能面临非现金分配的情形,这可能是许多投资人不愿接受的结果。故此,在项目未完成退出时,不排除投资人延长存续期,以避免解散事由触发。

(2)注销

根据我国法律法规规定,企业清算结束后应当制作清算报告,清算报告经全体合伙人签署或经股东会、股东大会或人民法院确认,报送登记机关申请注销,企业终止。其中,合伙企业在完成清算报告15日内,公司在30日内,应当申请注销登记。

如果市场登记载体归于灭失,私募基金也将不复存在。因此,在私募基金的市场登记载体出现解散事由时,对市场登记载体进行清算也意味着对基金清算,二者在这个层面上是等同的,此种情形下的私募基金清算则需履行从解散到注销的全部流程(具体详见下文分析)。

2. 私募基金清算事由

本段所指的私募基金清算是狭义的理解,即当私募基金作为在中国基金业协会备案的一种金融产品特定的需要被清算的情形,包括但不限于商业上无法继续经营或不必要继续存续。

从商业逻辑上讲，鉴于基金是专门进行项目投资的产品，因此当投资项目已完成全部退出或其他原因导致其已无法作为适格的投资主体进行投资时（如基金实缴始终未到位，或普通合伙人或管理人不适格但无法产生接替者导致基金无法运作），基金可能通过清算以保证各方退出。

但是，我国私募基金监管规则尚未就基金清算出具专门规则，因此，前述商业上可能导致基金清算的事由往往纳入基金合同约定。在实操层面，据了解，AMBERS系统中载明了相关“基金清算原因”，除《公司法》《合伙企业法》规定的解散事由之外，AMBERS 系统清算事由选项卡中还包括基金管理人或托管机构依法解散、被依法撤销或被依法宣告破产、被依法取消私募基金管理人相关资质/基金托管资格，以及其他原因。

在某种意义上，基金因为组织法规定的解散事由之外的原因需要清算的，尤其是 AMBERS 系统中清算事由中列示的管理人或托管人的问题而非合伙人/股东或企业的问题（当然，该等情形也会经过合伙人会议或股东会等决策机构决策后方可进入解散清算）需要清算的，并非必须解散该等市场登记载体，而仅需清算该等私募基金产品。考虑到这一点，基金清算与市场登记载体的清算在某种层面上并不完全一致。这种情形下是否存在一种可能性，即作为投资主体的基金产品不复存在，但作为市场主体的企业仍可继续存在。基于这种情况，在实践中也遇到部分基金的确存在类似问题及对应的诉求。

（三）私募基金清算流程

根据我国现行法律法规体系，市场登记载体的清算流程比较完整，从指定清算人、债务申报、清算报告到税务注销、市场主体登记注销涉及多个部门，但同时中国基金业协会有其单独的清算流程。目前常见的基金清算情形主要是市场载体清算的同时进行基金清算，故涉及两套体系环节嵌套，具体详见以下流程。

1. AMBERS 系统清算流程

根据中国基金业协会发布的《【登记备案事项服务指南】私募投资基金清算业务办理》，私募基金清算业务流程如图 2 所示：

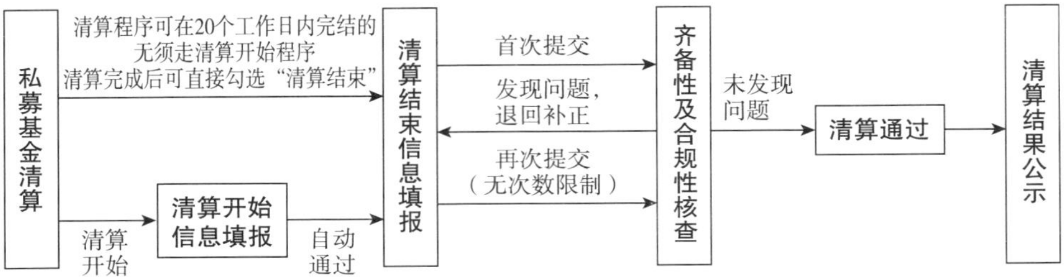

图 2　私募基金清算业务流程

中国基金业协会主要是对基金管理人提交的清算材料进行齐备性核查和形式合规性核查。其中,清算材料齐备性核查,指中国基金业协会按照《私募投资基金清算申请材料清单》对私募基金清算材料的齐备性进行反馈;形式合规性核查,指在清算材料齐备的基础上核查私募基金清算是否符合相关法律法规和自律规则要求。

根据中国基金业协会发布的《关于公布私募投资基金备案申请材料清单的通知》以及《【登记备案事项服务指南】私募投资基金清算业务办理》,清算开始应上传基金清算承诺函和基金清算公告。清算完成应上传基金清算报告及投顾关系解除文件,清算报告应包括基金财产分配情况。清算报告应有管理人、托管人或投资者签章。

2. 私募基金清算完整流程

(1)成立清算组或确定清算人

根据《公司法》第 183 条规定和《合伙企业法》第 86 条规定,在解散事由出现之日起 15 日内,公司应当成立清算组,合伙企业应当确定清算人。其中,有限责任公司的清算组由股东组成,合伙企业的清算人由全体合伙人或经全体合伙人过半数同意指定的清算人担任。实践中,清算人常见由基金管理人/普通合伙人担任。

清算组/清算人行使以下权利:①清理基金财产,编制资产负债表和财产清单;②处理与清算有关的基金未了结事务;③清缴税款;④清理债权、债务;⑤处理基金清偿债务后的剩余财产;⑥代表基金参加诉讼或者仲裁活动。

(2)在 AMBERS 系统平台办理清算开始备案

根据中国基金业协会发布的《关于公布私募投资基金备案申请材料清单的通知》,清算开始应上传基金清算承诺函和基金清算公告。基金清算承诺函应加盖管理人公章。

(3)通知债权人

根据《公司法》《合伙企业法》《最高人民法院关于适用〈中华人民共和国公司法〉若干问题的规定(二)》(以下简称《公司法司法解释二》)的规定,公司型基金和合伙型基金还应当履行债权人申报程序,公司清算组、合伙企业清算人应当自成立或确定之日起10日内将解散清算事宜通知债权人,并于60日内在报纸上公告。

(4)清理基金财产

在本阶段,清算组或清算人应对基金财产进行整体清理,核实现金资产、非现金资产、债权债务情况,编制资产负债表和财产清单。清偿基金的债务,收回基金的债权。基金清算阶段,所投项目应当全部退出。实践中,对于部分项目无法完成退出的情形,则需对该部分非现金资产进行估值。

(5)基金清算分配

在完成基金的财产变现或估值以及债权债务的处理后,剩余的基金财产应按照如下顺序进行处置:①支付清算费用;②支付应缴纳的税费;③支付基金费用;④按照基金合同的约定向投资人进行分配。前三项费用一般以现金形式支付,第四项费用分为现金分配和非现金分配。

(6)制作清算报告

清算报告是清算人编制的对基金清算情况的汇报与总结,内容通常包括基金概况、基金的运作情况、清算组的组成、基金的清算流程、清理后的基金财产、基金财产的处置与分配情况等。

根据《公司法》第188条和《合伙企业法》第90条的规定,清算报告需取得股东会、股东大会审议通过或全体合伙人一致同意。公司型基金清算报告需报股东会、股东大会或者人民法院确认,合伙型基金清算报告需全体合伙人签字。对于合伙型基金而言,基金清算报告需征得每一位合伙人签字,否则无法注销登记。

(7)向税务部门申请注销税务登记

纳税人向税务部门申请办理注销时,税务部门进行税务注销预检,检查纳税人是否存在未办结事项,并注销税务登记。

实践中各地登记机关就注销登记的原则与要求基本一致,合伙型基金注销需取得全部合伙人同意,公司型基金注销需取得股东会或股东大会等决策机构同意,但在具体操作和所需材料上可能略有不同。

(8)在 AMBERS 系统平台办理完成清算备案

根据中国基金业协会发布的《关于公布私募投资基金备案申请材料清单的通知》,清算完成应上传基金清算报告和上传投顾关系解除文件,清算报告应包含基金财产分配情况。清算报告应有管理人、托管人或投资者签章。值得注意的是,根据中国基金业协会官网回复意见,工商注销与在 AMBERS 系统平台办理完成清算备案没有先后顺序之分。

(四)私募基金清算相关实务问题

1. 是否可以适用简易程序

近年来,国家市场监督管理总局正在积极推进简易注销登记。对于未开业或无债权债务的有限责任公司或合伙企业,可将注销所需提交的材料即解散的决议(决定)、成立清算组、经其确认的清算报告等文书合并简化为全体投资人签署的包括全体投资人决定企业解散注销、组织并完成清算工作等内容的全体投资人承诺书。由于私募基金在商业运行逻辑、收益分配模式、可分配财产、涉及主体和投资人构成与一般的公司或合伙企业有所不同,并且 AMBERS 系统仍然要求上传清算报告,因此实践中采用简易注销模式的情况较少。

2. 是否可以适用强制清算

根据我国现行法律法规,基金清算方式分为自行清算和强制清算。其中,自行清算是基金自行决定清算并确定清算方案;强制清算是在自行清算无法进行的情况下由人民法院进行清算,是对陷入无法清算的企业的救济手段。

(1)自行清算

根据我国现行法律法规和基金监管规则,合伙型基金合伙协议应列明合伙企业终止、解散与清算有关的事项,具体包括合伙企业终止、解散的条件、清算程序、清算人及任命条件、清偿及分配等,公司型基金则应在章程中载明。因此,基金合同或章程如有约定或规定的,参照执行,进行自行清算。实践中,对于合伙型基金而言,市场监督管理部门一般要求全体合伙人一致签署解散清算的决议文件,才能办理合伙企业的解散、清算、注销等事宜。如果解散及/或清算决议未能获得全体合伙人签字同意,则只能尝试申请法院强制清算基金。

(2)强制清算

在自行清算无法推进的情况下,我国法律规定了公司强制清算的救济手段,以保障股东或债权人的相关利益。根据《公司法》第 183 条规定,公司在解散事由出现之日起 15 日内成立清算组，逾期不成立的则可由债权人申请人民法院进行清算（强制清算）。《公司法司法解释二》第 2 条规定股东也可以申请强制清算。

就合伙企业而言，我国现行法律、法规和司法解释规定了请求法院指定清算人的机制。《合伙企业法》第 86 条第 3 款规定，自合伙企业解散事由出现之日起 15 日内未确定清算人的，合伙人或者其他利害关系人可以申请人民法院指定清算人。《民法典》第 108 条规定："非法人组织除适用本章规定外，参照适用本法第三章第一节的有关规定。"《民法典》第 70 条第 3 款规定："清算义务人未及时履行清算义务，造成损害的，应当承担民事责任；主管机关或者利害关系人可以申请人民法院指定有关人员组成清算组进行清算。"第 71 条规定："法人的清算程序和清算组职权，依照有关法律的规定；没有规定的，参照适用公司法律的有关规定。"实践中，部分案例支持合伙企业强制清算，其中包括（2019）粤 0304 清申 14 号、（2019）苏 0211 清申 1 号、（2019）沪 03 强清 97 号。因此，合伙企业也可以适用强制清算。

根据《公司法司法解释二》第 7 条第 2 款规定，"有下列情形之一，债权人、公司股东、董事或其他利害关系人申请人民法院指定清算组进行清算的，人民法院应予受理：（一）公司解散逾期不成立清算组进行清算的；（二）虽然成立清算组但故意拖延清算的；（三）违法清算可能严重损害债权人或者股东利益的"。除以上三种情形外，实践中，导致基金强制清算的事由还有清算方案、清算报告等事项无法获得股东会、合伙人大会通过，即出现"自行清算僵局"。北京市高级人民法院在《关于审理公司强制清算案件操作规范（试行）》中，将"自行清算出现僵局，无法作出有效决定的"列为强制清算的一项理由。在前述情形触发前，股东或合伙人均可对私募基金提起强制清算的请求。采用强制清算的，投资人必须接受强制清算的结果，不论其采用现金分配还是非现金分配。但是，我国税务登记机关和市场监督管理部门目前尚缺乏非现金分配的相关经验，因此，不排除要求清算人完成资产处置后再作清算和注销。

受限于各种原因，法院指定的清算组/清算人对于基金财产的处理结果并不一定符合投资人的最大利益。因此，强制清算的前提是公司或合伙企业无法获得其他救济方式后的最后救济，强制清算意味着公司或合伙企业不可逆地走向注销终止。在现行的商业环境下，在公司或合伙企业未穷尽其他途径打破僵局的情况下，应当优先寻求其他途径解决。在（2017）最高法民申 1151 号案中，最高人民法院认为，有限责任公司股东申请公司强制清算，其目的是通过解散公司收回其股东投资及收益从而退出公司,如果公司通过自力救济的方式(如公司其他股东收购申请强制清算股东的股权)可以打破公司僵局,也并非要采取强制清算,这一裁判结论体现了最高人民法院关于是否需强制清算的实质重于形式的精神。

3. 是否可仅作基金产品清算而保留市场登记载体

实践中部分私募基金出于特定目的拟以一般合伙企业或公司的形式存续并开展经营活动而消灭其作为非私募基金产品的身份。

众所周知,基金管理人有明确的注销机制,基金管理人可以选择主动注销,或因列入异常机构等原因被协会注销,但该等注销登记仅是取消了基金管理人从事私募基金管理的资质,并不影响基金管理人的市场登记载体继续存续。但对于私募基金而言,并没有类似的注销机制,仅可进行清算,但该等清算是否意味着市场登记载体的清算,我国私募基金监管规则并未作出明确规定。本书对此曾咨询中国基金业协会,并未得到明确回复。

从目前的规则来看,基金清算不等同于市场登记载体的清算存在一定的解释空间。首先,目前我国私募基金监管规则并未明确私募基金清算等同于市场登记载体清算,也未要求对市场载体进行注销。根据中国基金业协会官网回复意见,“公司型或者合伙型基金是否需要注销工商载体后再提交清算申请,目前协会暂不作要求。需要明确的是,基金清算后不得以本基金名义进行基金投资活动”。其次,中国基金业协会要求的清算资料清单及操作流程并未要求提供市场登记载体的解散清算决议文件或相关证明文件。基金清算承诺函模板主要强调基金清算后不违规宣传本基金投资运作情况、不以本基金名义进行基金投资活动、不再以本基金为载体另行募集投资者资金。AMBERS 系统上完成私募基金清算的核心在于提供基金相关主体(包括管理人、托管人和投资人)签署的清算报告,并明确财产分配结果。如果相关主体均一致同意仅就基金产品出具清算报告,不排除仅作基金清算而不作合伙企业或公司解散清算的可能性。

然而,就实操角度而言,由于中国基金业协会明确清算报告需包括财产分配结果,如果基金将财产分配完成后合伙企业或公司已无财产,实际上已难以开展正常经营活动。

(五)私募基金清算相关实务问题

根据我们的经验,实践中的私募基金清算可能面临各种困难甚至耗费数年。这主要是因为投资人接受非现金分配的意愿往往较低,而基金在清算前通常可能存在部分尚未退出的项目,清算期进行财产处置则具有较大的不确定性且灵活性大幅降低,不利于投资人利益(包括但不限于实现最大化现金分配)的实现,故而投资人可能不配合清算。此外,也存在特定客观原因导致基金底层资产无法完成市场主体的注销,从而导致基金清算(尤其是其市场登记载体清算及注销)在实操中也难以完成。为此,在保证基金清算顺利推进,同时满足投资人合理的退出诉求的前提下,可以考虑在基金清算后仍保留市场登记载体作为未变现资产处置的载体,并提供以下思路供读者参考和探讨。

在底层资产情况良好但因时间问题无法及时退出的情形下,且投资人不接受非现金分配或非现金分配存在障碍的情况下,投资人受限于各种因素(如其本身的存续期到期、内部审计等问题)需要退出的,而其余投资人同意继续持有基金份额的,可以考虑在基金清算后仍保留市场登记载体,其中拟退出的投资人可通过转让份额或其他方式实现退出,其余投资人则可通过继续持有市场登记载体份额间接持有底层资产,并在时机成熟时完成底层资产处置退出。

在底层资产状况不佳(包括但不限于价值贬损甚至出现较大风险)导致底层资产变现困难或难以预期处置安排的情形下,而投资人又不接受非现金分配且均有退出需求时,可以考虑在基金以底层资产未来的处置回款作为支付对价向投资人进行分配,投资人实现退出。由于该等回款在基金清算的当下无法取得且其金额暂无法预估,因此该项分配实则成为一项金额有待确定的债权性分配,即各投资人对基金享有一笔金额对应于未来底层资产处置回款的债权。在基金清算完成后,保留该市场登记载体继续持有底层资产,未来如有相应资产处置回款则向投资人进行偿还,如无则无强制性还款义务。如果存在部分国资背景投资人,为满足其国资监管要求,亦可考虑对底层资产进行评估以确定相应的金额(但仍以收到回款为偿还前提)。当然,由于该等基金清算分配方案并不属于常态化分配,实现前述退出路径需要与托管行及相关主体进行充分的沟通并取得诸如中国基金业协会认可。

如果基金清算后无法继续保留市场登记载体,管理人或关联方也可设立专门的资产处置平台承接基金未退出项目,投资人可以通过继续持有新设平台间接持有底层资产或由新设载体作为义务方对投资人支付资产处置回款。但该种方案仍应考虑投资人的背景情况,尤其是包括国资背景投资机构的情形下,可能会被重点关注承接方背景、转让对价和流程。

此外,亦可通过财务上减资或S基金[1]的方式实现投资人直接退出。实践中合伙型私募基金分配的第一步通常为优先分配收入直至全体合伙人获得分配额等于累计实缴出资额,因此,分配后将实质导致合伙人出资额减少以及合伙企业财产减少。为此,财务上可采取减资处理。鉴于投资人可能已经取回成本并获得相应的收益,其剩余实缴出资已所剩不多,则管理人或其关联方可以考虑以较低的对价回购投资人的份额。此外,基金可通过寻找合适的S基金转让项目或份额,完成清算前的资产处置。但受限于底层资产质量不良导致S基金收购意愿较低,并且国有背景基金转让份额还可能涉及公开转让、评估等程序,操作难度较大,因此实践通过S基金成功退出尚存在一定难度。

相关规定:

《民法典》

第70条　法人解散的,除合并或者分立的情形外,清算义务人应当及时组成清算组进行清算。

法人的董事、理事等执行机构或者决策机构的成员为清算义务人。法律、行政法规另有规定的,依照其规定。

清算义务人未及时履行清算义务,造成损害的,应当承担民事责任;主管机关或者利害关系人可以申请人民法院指定有关人员组成清算组进行清算。

第71条　法人的清算程序和清算组职权,依照有关法律的规定;没有规定的,参照适用公司法律的有关规定。

第108条　非法人组织除适用本章规定外,参照适用本编第三章第一节的有关规定。

《公司法》

第180条　公司因下列原因解散:

(一)公司章程规定的营业期限届满或者公司章程规定的其他解散事由出现;

(二)股东会或者股东大会决议解散;

(三)因公司合并或者分立需要解散;

(四)依法被吊销营业执照、责令关闭或者被撤销;

---

[1] S基金,Secondary Fund,是一类专门从投资者手中收购另类资产基金份额、投资组合成出资承诺的基金产品。

（五）人民法院依照本法第一百八十二条的规定予以解散。

第183条 公司因本法第一百八十条第（一）项、第（二）项、第（四）项、第（五）项规定而解散的，应当在解散事由出现之日起十五日内成立清算组，开始清算。有限责任公司的清算组由股东组成，股份有限公司的清算组由董事或者股东大会确定的人员组成。逾期不成立清算组进行清算的，债权人可以申请人民法院指定有关人员组成清算组进行清算。人民法院应当受理该申请，并及时组织清算组进行清算。

第185条 清算组应当自成立之日起十日内通知债权人，并于六十日内在报纸上公告。债权人应当自接到通知书之日起三十日内，未接到通知书的自公告之日起四十五日内，向清算组申报其债权。

债权人申报债权，应当说明债权的有关事项，并提供证明材料。清算组应当对债权进行登记。

在申报债权期间，清算组不得对债权人进行清偿。

第188条 公司清算结束后，清算组应当制作清算报告，报股东会、股东大会或者人民法院确认，并报送公司登记机关，申请注销公司登记，公告公司终止。

《最高人民法院关于适用〈中华人民共和国公司法〉若干问题的规定（二）》

第2条 股东提起解散公司诉讼，同时又申请人民法院对公司进行清算的，人民法院对其提出的清算申请不予受理。人民法院可以告知原告，在人民法院判决解散公司后，依据民法典第七十条、公司法第一百八十三条和本规定第七条的规定，自行组织清算或者另行申请人民法院对公司进行清算。

第7条 公司应当依照民法典第七十条、公司法第一百八十三条的规定，在解散事由出现之日起十五日内成立清算组，开始自行清算。

有下列情形之一，债权人、公司股东、董事或其他利害关系人申请人民法院指定清算组进行清算的，人民法院应予受理：

（一）公司解散逾期不成立清算组进行清算的；

（二）虽然成立清算组但故意拖延清算的；

（三）违法清算可能严重损害债权人或者股东利益的。

《合伙企业法》

第86条 合伙企业解散，应当由清算人进行清算。

清算人由全体合伙人担任；经全体合伙人过半数同意，可以自合伙企业解散事由出现后十五日内指定一个或者数个合伙人，或者委托第三人，担任清算人。

自合伙企业解散事由出现之日起十五日内未确定清算人的，合伙人或者其他利害关系人可以申请人民法院指定清算人。

第90条　清算结束，清算人应当编制清算报告，经全体合伙人签名、盖章后，在十五日内向企业登记机关报送清算报告，申请办理合伙企业注销登记。

第六章 私募基金退出

一 私募股权基金投资人强制退出法律分析

（一）强制退出概述

1. 强制退出的概念梳理

本章所称的强制退出，是指私募股权基金（含私募创业投资基金，下同）投资人不经管理人和其他基金投资人的同意，通过回购、转让、基金清算等方式从所投资私募基金退出，从而终止私募基金投资人身份的行为。强制退出可以视作一项投资管理工具，其设定目的是投资人强行退出所投资的基金。

私募基金投资领域中的强制退出概念，并未在法律、行政法规层面出现。从现实应用的角度，强制退出主要应用在财政背景投资人出资的私募基金中。当然，也不绝对排除非财政背景投资人也在实际使用强制退出工具。在私募基金领域，科技部、财政部 2014 年 8 月 8 日发布的《国家科技成果转化引导基金设立创业投资子基金管理暂行办法》第 19 条较早规定了有关强制退出的内容，此后，国内很多财政背景的基金投资人均采取了类似的强制退出做法。《国家科技成果转化引导基金设立创业投资子基金管理暂行办法》和财政部 2015 年 11 月 12 日发布的《政府投资基金暂行管理办法》，对之后的财政背景的基金投资人影响很大，两者关于基金强制退出的条文内容经整合后，成为许多财政背景投资人对外投资的条件。但在国家机关正式规范性文件中，国内第一次出现“强制退出”一词是在 2021 年 2 月 10 日科技部、财政部共同发布的《国家科技成果转化引导基金创业投资子基金变更事项管理暂行办法》第 6 条，不过，该条将强制退出和转让退出、清算退出等方式并列。该文件第 15 条对《国家科技成果转化引导基金设立创业投资子基金管理暂行办法》第 19 条有关强制退出的规定做了进一步明确，指出强制退出可采取转让所持子基金份额、子基金减资、清算等具体方式。就文件的法律效力位阶而言，本段所引述的文件均属于部门其他文件，不是部门规章（见表28）。

表28 强制退出的概念梳理

发布日期	制定主体	文件名称	内容
2014年8月8日	科技部、财政部	《国家科技成果转化引导基金设立创业投资子基金管理暂行办法》	第18条 引导基金以出资额为限对子基金债务承担责任。子基金清算出现亏损时，首先由子基金管理机构以其对子基金的出资额承担亏损，剩余部分由引导基金和其他出资人按出资比例承担。 第19条 出现下列情况之一时，引导基金可选择退出，且无需经由其他出资人同意： （一）子基金方案获得科技部批准后，未按规定程序完成设立手续超过一年的； （二）引导基金向子基金账户拨付资金后，子基金未开展投资超过一年的； （三）子基金投资项目不符合本办法规定的政策目标的； （四）子基金未按照章程或合伙协议约定投资的； （五）子基金管理机构发生实质性变化的。
2015年11月12日	财政部	《政府投资基金暂行管理办法》	第19条 政府投资基金中的政府出资部分一般应在投资基金存续期满后退出，存续期未满如达到预期目标，可通过股权回购机制等方式适时退出。 第20条 财政部门应与其他出资人在投资基金章程中约定，有下述情况之一的，政府出资可无需其他出资人同意，选择提前退出： （一）投资基金方案确认后超过一年，未按规定程序和时间要求完成设立手续的； （二）政府出资拨付投资基金账户一年以上，基金未开展投资业务的； （三）基金投资领域和方向不符合政策目标的； （四）基金未按章程约定投资的； （五）其他不符合章程约定情形的。 第21条 政府出资从投资基金退出时，应当按照章程约定的条件退出；章程中没有约定的，应聘请具备资质的资产评估机构对出资权益进行评估，作为确定投资基金退出价格的依据。

续表

发布日期	制定主体	文件名称	内容
2019年9月9日	北京经济技术开发区管理委员会	《北京经济技术开发区科技创新基金管理办法》	第21条　自引导基金投入后1年(含)内,子基金其他出资方购买引导基金出资份额的,转让价格为引导基金原始投资金额;超过1年,不足3年(含)的,转让价格为引导基金原始投资金额本息之和,利率为退出时中国人民银行同期存款利率(单利);超过3年,不足5年(含)的,转让价格为引导基金原始投资金额本息之和,利率为退出时中国人民银行同期贷款利率(单利);超过5年的,引导基金与其他出资方同股同权。 自引导基金投入后5年(含)内,若在引导基金退出前,子基金已进行收益分配的,转让价格应扣除已分配至引导基金的金额。若引导基金采用退伙/减资方式退出的,退出价格参照上述转让价格执行。 引导基金支持子基金原则上采用上述方式退出,若引导基金与合作子基金约定其他退出方式的,经开发区管委会审议通过,从其约定。 第22条　引导基金应与其他出资方在子基金相关重要法律文件中约定,有下述情况之一的,引导基金可无需其他出资方同意,选择提前退出,退出价格按照本办法第二十一条约定执行: (一)投资方案审定后超过1年,子基金未按规定程序和时间要求完成工商设立手续的; (二)引导基金资金拨付至子基金账户6个月以上,子基金未开展投资业务的; (三)子基金投资领域和方向不符合政策目标的; (四)引导基金资金拨付至子基金账户1年内,子基金未返投开发区项目的; (五)子基金投资期内,子基金返投开发区的资金额度低于引导基金实缴出资额的2倍的; (六)子基金未按子基金相关重要法律文件约定投资的; (七)其他不符合子基金相关重要法律文件约定情形的。

续表

发布日期	制定主体	文件名称	内容
2021年2月10日	科技部、财政部	《国家科技成果转化引导基金创业投资子基金变更事项管理暂行办法》	第6条 子基金重大变更事项主要包括： (一)导致转化基金退出子基金的事项,包括转让退出、减资退出、清算退出、强制退出等; (二)科技部、财政部根据相关制度作出的其他重大变更要求。 第15条 对于出现《国家科技成果转化引导基金设立创业投资子基金管理暂行办法》第十九条规定情况的,转化基金可强制退出子基金,无需经子基金其他出资人同意。转化基金强制退出子基金可采取转让所持子基金份额、子基金减资、清算等方式,收回转化基金出资。具体情况包括： (一)子基金或其管理机构出现《国家科技成果转化引导基金设立创业投资子基金管理暂行办法》第十九条规定的事项,或出现严重违反国家法律法规的其他事项; (二)子基金分期出资的,其他任一出资人当期应缴资金未按时出资到位超过十二个月,导致转化基金无法出资; (三)子基金投资期(含延长投资期)已满,投资进度未达60%(投资进度=已投资金/子基金规模); (四)其他属于第十九条规定的情形的。
2021年7月23日	广州市科学技术局	《广州科技创新母基金管理办法》	第35条 科创母基金受托管理机构应与科创母基金合作机构通过协议等法律文件约定,有下列情形之一的,科创母基金可无需其他出资人同意,选择退出： (一)投资基金方案审定立项后超过一年,未按规定程序和时间要求完成设立手续的; (二)政府出资拨付投资基金账户一年以上,基金未开展投资业务的; (三)基金投资领域和方向不符合政策目标的; (四)基金未按章程约定投资的; (五)其他不符合章程约定情形的。

2. 强制退出的分类

(1)不同退出方式下的分类

按照退出方式的不同,强制退出可以分为份额转让、回购、减资、清算等方式。份额转让、回购,实践中可能存在混同,通常呈现为基金管理人回购或者指定第三方受让拟退出基金份额。此处的清算,是指对基金的强制清算,如果是自愿清算,则不属于强制退出的方式。

(2)不同退出事由下的分类

根据强制退出的事由是否由当事人事先约定,可以分为两类,法定事由的强制退出和约定事由的强制退出。

法定事由的强制退出,是指可以依据法律规定事由而实施的强制退出。就公司制或者合伙制基金而言,主要是《公司法》中异议股东回购权、公司解散和《合伙企业法》的法定退伙和清算的相关规定(见表29)。对于契约型基金,则主要是《民法典》中的相关规定。实践中,有法院援引原《合同法》中关于根本违约等事项的条款,支持了一方当事人解除合同的诉求。按照其效果而言,此种强行解除投资协议的做法也可以归为法定事由的强制退出。

约定事由的强制退出,是当事人之前事先自行约定的退出事由,具体情形可以参见《国家科技成果转化引导基金设立创业投资子基金管理暂行办法》《国家科技成果转化引导基金创业投资子基金变更事项管理暂行办法》和各地政府引导基金的对外投资条件(见表29)。

表29　法定事由的强制退出和约定事由的强制退出相关规定

退出事由分类	文件名称	内容
法定事由的强制退出	《公司法》	第74条　有下列情形之一的,对股东会该项决议投反对票的股东可以请求公司按照合理的价格收购其股权: (一)公司连续五年不向股东分配利润,而公司该五年连续盈利,并且符合本法规定的分配利润条件的; (二)公司合并、分立、转让主要财产的; (三)公司章程规定的营业期限届满或者章程规定的其他解散事由出现,股东会会议通过决议修改章程使公司存续的。 自股东会会议决议通过之日起六十日内,股东与公司不能达成股权收购协议的,股东可以自股东会会议决议通过之日起九十日内向人民法院提起诉讼。 第180条　公司因下列原因解散: (一)公司章程规定的营业期限届满或者公司章程规定的其他解散事由出现; …… (五)人民法院依照本法第一百八十二条的规定予以解散。 第182条　公司经营管理发生严重困难,继续存续会使股东利益受到重大损失,通过其他途径不能解决的,持有公司全部股东表决权百分之十以上的股东,可以请求人民法院解散公司。

续表

退出事由分类	文件名称	内容
法定事由的强制退出	《合伙企业法》	第45条　合伙协议约定合伙期限的，在合伙企业存续期间，有下列情形之一的，合伙人可以退伙： (一)合伙协议约定的退伙事由出现； (二)经全体合伙人一致同意； (三)发生合伙人难以继续参加合伙的事由； (四)其他合伙人严重违反合伙协议约定的义务。 第85条　合伙企业有下列情形之一的，应当解散： (一)合伙期限届满，合伙人决定不再经营； (二)合伙协议约定的解散事由出现； (三)全体合伙人决定解散； (四)合伙人已不具备法定人数满三十天； (五)合伙协议约定的合伙目的已经实现或者无法实现； (六)依法被吊销营业执照、责令关闭或者被撤销； (七)法律、行政法规规定的其他原因。 第86条　合伙企业解散，应当由清算人进行清算。 清算人由全体合伙人担任；经全体合伙人过半数同意，可以自合伙企业解散事由出现后十五日内指定一个或者数个合伙人，或者委托第三人，担任清算人。 自合伙企业解散事由出现之日起十五日内未确定清算人的，合伙人或者其他利害关系人可以申请人民法院指定清算人。
	《民法典》	第563条　有下列情形之一的，当事人可以解除合同： (一)因不可抗力致使不能实现合同目的； (二)在履行期限届满前，当事人一方明确表示或者以自己的行为表明不履行主要债务； (三)当事人一方迟延履行主要债务，经催告后在合理期限内仍未履行； (四)当事人一方迟延履行债务或者有其他违约行为致使不能实现合同目的； (五)法律规定的其他情形。
约定事由的强制退出	当事人自行约定	举例如下： 1. 基金未按规定程序和时间要求完成设立手续的； 2. 政府出资拨付投资基金账户一年以上，基金未开展投资业务的； 3. 基金投资领域和方向不符合政策目标的； 4. 基金未按章程约定投资的； 5. 基金投资期(含延长投资期)已满，投资进度未达预期的； 6. 基金未完成返投任务的； 7. 基金管理机构发生实质性变化的(如关键人事变动等)； 8. 出现严重违反国家法律法规的事项； 9. 其他不符合章程或合伙协议约定情形的。

【案例】(2021)京0101民初5706号

2017年5月,中国民生信托有限公司与北京环渤海创新产业基金管理有限公司签订合伙协议,约定成立有限合伙企业北京环渤海正源企业管理中心(有限合伙),普通合伙人为北京环渤海创新产业基金管理有限公司,普通合伙人执行合伙企业事务,中国民生信托有限公司(作为中国民生信托—至信290号深圳国企混改股权投资集合资金信托计划的受托人)为有限合伙人。合伙协议约定,合伙企业的目的在于通过投资目标企业深圳时刻互联传媒有限公司,经营和管理深圳智慧广电项目。但深圳时刻互联传媒有限公司并未通过增资扩股的方式持有时刻网络及移动视讯对应股权。

法院认为:北京环渤海创新产业基金管理有限公司作为普通合伙人,其行为严重违反合伙协议约定的义务,依据合伙协议及相关法律规定,这种情况下,民生信托作为有限合伙人有权主张退伙,遂判决中国民生信托有限公司退出北京环渤海正源企业管理中心(有限合伙)。

3. 强制退出的定价方式

从表28可以看出,如果通过份额转让、回购等方式实现强制退出,退出定价并无统一方式,有的按照本金和一定的资金成本定价,有的则按照评估价定价,有的则未规定明确的定价方式。

(二)与强制退出的相关法律问题分析

1. 关于强制退出约定法律效力的争论

实践中,强制退出中承担退出责任的一方往往是基金管理人,特别是约定由私募基金管理人回购或者指定第三方受让退出份额时,此时涉及私募基金管理人向投资人保底行为的法律效力问题。

从金融监管机构的政策文件看,监管机构似乎不鼓励私募基金管理人向投资人保底行为。

2018年4月27日发布并实施的《资管新规》第2条规定:"……出现兑付困难时,金融机构不得以任何形式垫资兑付。……私募投资基金适用私募投资基金专门法律、行政法规,私募投资基金专门法律、行政法规中没有明确规定的适用本意见,创业投资基金、政府出资产业投资基金的相关规定另行制定。"这里产生了两个难点:一是实务中,私募基金和创业投资基金的划分并不绝对严格,客观上也难以做到绝对区分;二是创业投资基金、政府出资产业投资基金的相关规定目前仍未见出台。

因此，私募基金是否完全适用《资管新规》，尚无定论。也有观点认为，“而保底协议与私募基金的本质相违背，事实上保底协议已经成为管理人等违规招募投资者从事高风险投资方式的重要手段，因此，司法实践对私募基金保底协议效力日渐倾向于认定为无效”[1]。

【案例】(2021)浙0291民初1105号

2014年4月24日，宁波青鸟创业投资有限公司成立，该公司为公司制投资基金，原告宁波市创业投资引导基金管理有限公司、被告轩宝赛林投资公司、被告利元泰投资公司、被告瀚宇投资公司、被告青鸟正元投资公司均为基金股东。《宁波青鸟创业投资有限公司公司章程》约定：公司重点投资于文化、医疗、新材料等宁波市确定的高科技产业与战略性新兴产业领域内的企业，上述投资比例不低于其注册资本的60%，公司投资于注册在宁波市区域内的企业不得少于其注册资本的50%，公司投资于注册在宁波市区域内初创期企业的金额不得少于其注册资本的20%（投资宁波新设立企业的比例不低于10%）。如下情况发生时，原告有权依照国有产权管理的相关规定要求其他股东按其各自持股比例受让原告持有的公司权益或者将其权益转让给股东以外的人，这些情况包括：……(2)公司投资领域和阶段不符合公司章程规定的相关政策目标的；(3)公司未按照公司章程约定投资的……青鸟基金实际未完成章程约定的投资目标。

法院认为：案涉基金的公司章程系双方当事人的真实意思表示，内容不违反法律法规的强制性规定，应为合法有效，原告有权按约依照国有产权管理的相关规定要求其他股东按各自持股比例受让原告持有的公司权益或将其权益转让给股东以外的人，遂判令案涉基金的其他股东按照各自股权比例受让宁波市创业投资引导基金管理有限公司持有的基金股权，受让价格为原始投资额与按照全国银行间同业拆借中心公布的贷款市场报价利率计算的收益之和。

据宁波高新技术产业开发区人民法院2023年4月17日结案通知书[编号：(2023)浙0291执恢11号]，该案已经执行完毕。

2. 强制退出条款的合理性分析

虽然强制退出制度与私募基金管理人保底等不合规现象相关度较高，但本书认为，不可一概而论地否认强制退出条款的效力，而需要针对个案斟酌后作出恰当的

---

[1] 黄伟峰、程俊杰：《私募基金涉诉纠纷疑难问题研究》，载《法律适用》2023年第4期。

认定或者裁判,理由简述如下:

(1)从现实经济活动的角度,财政背景的基金投资人已经占据较大比例的出资规模。鉴于财政背景资金一般均要求有强制退出条款,如果一概认定无效,不利于财政背景资金投资的安全性和积极性,社会效果可能并不理想。

(2)从私募基金的运行来看,投资私募基金是一种典型的金融商行为,尤其对于专业投资者而言。"金融商行为的法律规制重点则是金融可能引发的风险。"[1]现代金融商行为和传统商行为的最大差异在于,金融商行为的实施者,其主体的复杂性和行为的复杂性导致了交易对方难以充分了解其内在的结构,从而难以在对交易主体及其行为充分认知基础之上做出正确的交易判断。私募基金的非公开性,决定了私募基金的特殊性,不宜简单以外部手段打破市场主体经过博弈达成的协议平衡。

(3)道德风险和信息不对称。私募基金对外投资牵涉重大经济利益,尤其当资金来源是财政背景资金,还具有公共利益的色彩时,如果没有一定的约束机制,可能会存在较大的道德风险。私募基金的运作天然具有非公开性的特征,强制退出条款一定程度上强化了对基金管理人的约束,化解了部分信息不对称引发的风险,督促管理人尽职履责。

基于以上理由,本书认为强制退出条款未来较长期间内可能会持续存在,并在个案中呈现不同的认定和处理结果。

二 私募股权创投基金实物分配股票操作要点

2022 年 7 月 8 日,中国证监会发布《证监会启动私募股权创投基金向投资者实物分配股票试点　支持私募基金加大服务实体经济力度》(以下简称《实物分配股票试点通知》),表示启动私募股权、创业投资基金(以下简称私募股权创投基金)向投资者实物分配股票试点工作,并将结合试点工作的实践情况及时总结评估,推进完善私募股权、创业投资基金的退出机制,引导并促进私募股权创投基金规范发展,加大服务实体经济的力度。

2022 年 10 月 14 日,中国证监会发布《证监会原则同意开展私募股权创投基金

[1] 范健、丁凤玲:《商行为论》,法律出版社 2023 年版,第 324 页。

向投资者实物分配股票首单试点》，表示已原则同意上海临理投资合伙企业（有限合伙）的实物分配股票试点申请。申请人将按照有关法律法规和中国证监会关于私募基金实物分配股票试点的要求，履行相应程序和信息披露义务，适时向投资者分配股票。下一步，中国证监会将推动私募股权创投基金实物分配股票试点工作有序开展，及时总结评估试点情况，逐步扩大试点范围。试点首单落地，标志着在政策持续引导支持下，私募股权创投基金的非现金分配机制进一步完善，退出机制进一步完善，将促进行业的长期健康发展。

（一）实物分配股票概述

私募股权创投基金向投资者实物分配股票，是指私募基金管理人与投资者约定，将私募股权创投基金持有的上市公司首次公开发行前的股份通过非交易过户方式向投资者（份额持有人）进行分配的一种安排。

这一制度安排，意味着私募股权创投基金所投企业上市后，私募股权创投基金无须等所持股份减持后将获得的现金分配给投资者，还可以经与投资者协商达成一致后选择将股票直接分配给投资者，由投资者自主选择继续持有或择机退出。实物分配股票，有利于兼顾投资者差异化减持需求，解决基金管理人和投资者对股票减持的价格、数量和时点上的分歧，减少集中减持可能造成的市场波动，同时有效减轻基金的退出压力，理论上可以缩短基金的退出周期，促进投资—退出—再投资良性循环，将进一步推动私募股权创投机构更好服务实体经济发展，对行业和市场都将产生正面影响。

（二）实物分配股票的现有规定

《实物分配股票试点通知》发布后，私募股权创业投资基金向投资者实物分配股票有了框架性的规则依据，相关要求可概括如下（见表30）：

表30　实物分配股票的现有规定

试点基金类型	私募股权创投基金
投资者要求	接受实物分配股票的投资者，不得存在以下情形： （1）是该上市公司的实际控制人、控股股东、第一大股东（含一致行动人）； （2）是该上市公司董事、监事、高管； （3）投资者不具备证券市场投资资格
股票实物分配方式	非交易过户

续表

试点基金类型	私募股权创投基金
股票要求	实物分配的股票必须为私募基金持有的上市公司首次公开发行前的股份，且存在以下情形时不得参与试点： (1)作为上市公司控股股东、实际控制人、第一大股东(含一致行动人)持有的上市公司股份； (2)持有的上市公司股份尚未解除限售； (3)持有的上市公司股份依照有关规则或者承诺不得减持； (4)持有的上市公司股份涉及质押、冻结、司法拍卖； (5)持有的上市公司股份存在违法违规行为等情形
减持要求	实物分配股票应适用有关减持规定，包括但不限于： (1)《上市公司股东、董监高减持股份的若干规定》； (2)《上市公司创业投资基金股东减持股份的特别规定》(2020年修订)
减持额度	私募基金实物分配股票时，需进行减持额度管理。私募基金可按照如下方式占用减持额度并扣减相应的总减持额度： (1)占用集中竞价交易减持额度进行股票分配； (2)占用大宗交易减持额度进行股票分配
信息披露	私募基金应按照《上市公司股东、董监高减持股份的若干规定》以及信息披露有关规定，履行相应的信息披露义务

(三)实物分配股票的实操要点

《实物分配股票试点通知》仅对私募股权创业投资基金向投资者实物分配股票提出了框架性的基本要求，目前尚无相关的配套规定，许多实务中的具体问题尚待明确，目前讨论较多的问题主要有实物分配股票的审批程序、收益分配机制协调、具体过户流程、减持方式、涉税安排等。鉴于市场上大多私募股权创投基金采用合伙企业载体，下文以合伙型私募股权创投基金作为探讨的对象，对上述实务中的具体问题进行分析。

1. 实物分配股票的内部决策程序

实物分配股票给了投资者新的基金退出路径，但私募股权创业投资基金是否需要向全体投资者都同步进行股票分配？如仅对个别投资者进行分配，是否需要履行一定的内部决策程序？该等问题均尚未明确，但中国证监会推出实物分配股票这一制度安排，其目的之一就是满足不同投资者差异化的需求，给予投资者自主选择的机会，因此，无须向全体投资者都同时实物分配股票。但《加强基金监管规定》第9条第1款第5项明确规定，“私募基金管理人及其从业人员从事私募基金业务，不得有下列行为：……(五)不公平对待同一私募基金的不同投资者，损害投资者合法权益”,基于前述规定,如果基金对投资者实行的是差别分配方案,则有可能涉及不公平对待投资者的问题,进而后续产生向管理人索赔的风险。考虑到实物分配股票是新生事物,在此前的基金合同和有限合伙协议的条款中可能并未涉及,建议申请试点的基金均应就实物分配股票事项取得全体合伙人一致同意的决议文件。另外,建议在新订立的基金合同、有限合伙协议中增加设计这部分条款,明确部分投资者可申请实物分配的路径,若其余未申请分配的投资者对此亦予以确认无异议,则可以降低发生争议的风险和增加实操的便利性。

2. 实物分配股票的外部审批程序

《实物分配股票试点通知》提及“有意向参与试点且符合条件的私募基金管理人可在充分论证的基础上向基金业协会提出试点申请及具体操作方案”,但中国基金业协会目前尚未出台包括申请条件、申请流程、实物分配方案具体内容及方案审批流程要求在内的具体落地业务细则。鉴于实物分配股票尚处于试点阶段,建议基金管理人应首先向中国基金业协会提交申请及具体操作方案,最终还是要取得中国证监会或中国基金业协会的批文后方可进入实操。

3. 向投资者实物分配股票与基金收益分配机制的协调

按照私募股权创投基金的行业惯例,收益分配一般以现金形式进行,即合伙企业将投资项目退出变现以回流现金,并将回流现金按照合伙协议约定的顺序分配给全体合伙人;同时,如普通合伙人判断认为非现金分配更符合全体合伙人的利益或无法实现现金分配,合伙企业通常允许进行非现金分配。实物分配股票属于非现金分配的一种类型,采取实物分配股票的形式,通常会产生以下问题:(1)如何确定股票的价值,股票的分配价值与实际市值是否一致;(2)在无现金分配的情况下,实物分配股票如何按照收益分配条款向普通合伙人分配业绩报酬,及业绩报酬的金额如何计算。

(1)实物分配股票价值的确定

鉴于目前无相关规定对此给出指导意见,实践中需要全体合伙人协商确定,可以作出分配决定之日该等股票的市值确定其价值或以分配决定之日前一定期限的证券交易日内该等股票的每日加权平均价格的算术平均值确定其价值,其中,第二种方式考虑了股票波动带来的影响,通过选取一定期限的股票价格进行加权平均,能够降低股票价格波动带来的影响,使实物分配股票的价值更接近其实际价值。

(2)普通合伙人业绩报酬的计算及支付形式

首先,确定普通合伙人的业绩报酬金额。如上所述,实物分配股票以分配决定之日前一定期限的证券交易日内该等股票的每日加权平均价格的算术平均值确定其价值,相应地,普通合伙人的业绩报酬也将以该等实际分配价值确定。需要注意的是,对于获得分配的非现金财产,投资者有时会要求普通合伙人在该等非现金财产变现后,再提取业绩报酬,这一要求具有一定的合理性,一是非现金财产在变现前,合伙企业并没有现金向普通合伙人支付业绩报酬;二是非现金财产的实际变现价值与其评估价值之间可能存在差异,以实际变现价值计算和支付业绩报酬相对更加公允。

其次,在确定业绩报酬金额后,还需要确定向普通合伙人支付业绩报酬的形式。一般可以考虑两种方式:其一,直接向普通合伙人实物分配股票;其二,将股票变现后以现金形式向普通合伙人支付业绩报酬。在股票的实际分配价值确定后,以股票或现金形式向普通合伙人支付业绩报酬,可以取决于普通合伙人的选择,既可以获得股票,也可以由合伙企业将归属于普通合伙人业绩报酬的股票变现后,以现金形式支付给普通合伙人。

最后,还需要考虑普通合伙人业绩报酬的支付形式与回拨机制的衔接。回拨机制,是指在合伙企业解散清算时,经整体核算,如普通合伙人累计收到的业绩报酬超过根据合伙协议约定的分配方式计算所应分得的业绩报酬,则差额部分金额应返还给合伙企业。如普通合伙人获得分配的是股票,则普通合伙人需要将股票变现,并以变现价值为限返还给合伙企业,如普通合伙人获得分配的是股票变现后的现金,则普通合伙人需要将等额现金返还给合伙企业。

4. 实物分配股票的具体过户流程

根据中国结算发布的《中国证券登记结算有限责任公司证券登记规则》(以下简称《证券登记规则》)规定,证券过户登记包括证券交易场所集中交易过户登记和非集中交易过户登记。证券交易过户是指投资者通过证券交易所的交易系统按照场内竞价原则进行,任何具有交易资格的投资人均可以参与证券交易。证券非交易过户申请不进入交易系统,而是直接通过证券登记结算公司办理证券过户。实物分配股票本身不属于买卖行为,而是基于投资者的身份向其进行收益分配的行为,显然不属于交易过户,而属于非交易过户。

根据《证券登记规则》的规定,因以下原因发生转让的可办理非交易过户登记:(1)股份协议转让;(2)司法扣划;(3)行政划拨;(4)继承、捐赠、依法进行的财产分割;(5)法人终止;(6)上市或挂牌公司的收购;(7)上市或挂牌公司回购股份;(8)上市或挂牌公司实施股权激励计划;(9)相关法律、行政法规、中国证监会规章及本公司业务规则规定的其他情形。此外,根据《证券非交易过户业务实施细则(适用于继承、捐赠等情形)》(以下简称《非交易过户实施细则》)的规定,证券非交易过户包括六种情形,即继承所涉证券过户、捐赠所涉证券过户、依法进行的财产分割所涉证券过户、法人资格丧失所涉证券过户、私募资产管理所涉证券过户及中国证监会认定的其他情形。其中,私募资产管理所涉证券过户,是指投资者将其证券账户中持有的无限售流通股、债券等金融资产委托单一资产管理计划管理所涉及的证券过户。

据此,实物分配股票在规则层面处于空白状态,没有具体对应的非交易过户规则,且无法依据《证券登记规则》《非交易过户实施细则》进行非交易过户,后续中国结算可能将私募基金所持股票实物分配新增为一种独立的非交易过户情形,并出台具体过户流程指引;或在不调整原有六种非交易过户情形的前提下,明确将股票实物分配纳入"中国证监会认定的其他情形"项下。

5. 减持方式的具体适用

根据《实物分配股票试点通知》的规定,私募股权创投基金向投资者实物分配股票,适用《上市公司股东、董监高减持股份的若干规定》《上市公司创业投资基金股东减持股份的特别规定》等有关减持规定(以下合称减持规则)。

(1)锁定期

根据《实物分配股票试点通知》的规定,上市公司尚未解除限售的股票不参与试点。据此,私募股权创投基金能够向投资者实物分配的股票均已过锁定期;进一步地,投资者从私募股权创投基金获得分配的股票是否需要锁定,鉴于实物分配股票本身不属于买卖行为,而属于非交易过户。现有的减持规则并未对非交易过户股票的锁定期作出限制,同时,《实物分配股票试点通知》虽然规定私募股权创投基金可以占用集中竞价和大宗交易减持额度进行股票分配,但未明确要求私募股权创投基金适用大宗交易减持的受让方锁定期规定,故锁定期安排还待进一步明确。

(2)减持比例

理论上,可以由私募股权创投基金根据具体情况自由组合,或集合竞价,或大宗交易,或集合竞价与大宗交易结合使用,相关规定见表31。实务操作中如何落地,需与中国证监会等相关机构沟通确认。

表 31 减持比例的相关规定

	一般规定	投早、中小、高新企业的私募股权创投基金的特殊规定
集合竞价	连续 90 日内减持不超过 1%	区分投资期不同，与减持比例反向挂钩： (1)投资期小于 36 个月，则连续 90 日内减持不超过 1%； (2)投资期大于 36 个月、小于 48 个月，则连续 60 日内减持不超过 1%； (3)投资期大于 48 个月、小于 60 个月，则连续 30 日减持不超过 1%； (4)如投资期大于 60 个月，则减持比例不受限制
大宗交易	连续 90 日内减持不超过 2%	区分投资期不同，与减持比例反向挂钩： (1)投资期小于 36 个月，则连续 90 日内减持不超过 2%； (2)投资期大于 36 个月、小于 48 个月，则连续 60 日内减持不超过 2%； (3)投资期大于 48 个月、小于 60 个月，则连续 30 日减持不超过 2%； (4)如投资期大于 60 个月，则减持比例不受限制

(3)信息披露

根据《实物分配股票试点通知》的规定，私募股权创投基金应按照《上市公司股东、董监高减持股份的若干规定》以及信息披露有关规定，履行信息披露义务。根据减持规则的规定，上市公司大股东、董事、监事、高管计划通过证券交易所集中竞价交易减持股份，应当在首次卖出的 15 个交易日前向证券交易所报告并预先披露减持计划，由证券交易所予以备案，并在预先披露的减持时间区间内，按照证券交易所的规定披露减持进展情况。如私募股权创投基金属于上市公司特定股东(减持其持有的公司首次公开发行前发行的股份的股东)或大股东(不包括第一大股东)，向投资者实物分配股票也需要按照前述规定履行信息披露义务。

6. 向投资者实物分配股票的所得税问题

私募股权创投基金向投资者实物分配股票，对于投资者而言属于所得，因此，可能产生所得税的纳税义务。现行税收法规仅规定了合伙企业清算阶段非现金分配的纳税义务，但并未规定合伙企业清算前，在收益分配阶段进行非现金分配的纳税义务，这就会带来实务中非现金分配的所得税问题。

根据《关于个人独资企业和合伙企业投资者征收个人所得税的规定》(以下简称《合伙企业个人所得税规定》)的规定，企业的清算所得应当视为年度生产经营所得，由投资者依法缴纳个人所得税。前款所称清算所得，是指企业清算时的全部资产或者财产的公允价值扣除各项清算费用、损失、负债、以前年度留存的利润后，超过实缴资本的部分。据此，在合伙企业清算阶段向投资者实物分配股票的，投资者应当按照生产经营所得缴纳个人所得税。

合伙企业清算前，在收益分配阶段进行非现金分配，现行税收法规并未明确规定投资者的纳税义务。有观点认为，可以参照适用《国家税务总局关于企业处置资产所得税处理问题的通知》关于企业将资产用于股息分配视同销售的规定，将合伙企业向投资者分配股票视同销售，并按照财产转让所得缴纳个人所得税。也有观点认为，可以参照《合伙企业个人所得税规定》的规定，按照生产经营所得缴纳个人所得税。

但是，由于投资者获得实物分配的股票尚未变现，其分配价值与实际价值、未来的变现价值之间均存在差异。如果按照股票的公允价值计算投资者的应纳税所得额，在投资者尚未变现的情况下，将给投资者带来额外的税收负担；同时，合伙企业向投资者实物分配股票时，作为代扣代缴义务人，如何在未变现的情况下履行代扣代缴义务，也需要税务机关进一步明确。相应地，如能够适用递延纳税的优惠政策，递延至未来股票变现时征收个人所得税，将在很大程度上增加合伙企业选择进行实物股票分配的意愿和信心。

（四）结论

私募股权创投基金向投资者实物分配股票，有利于兼顾投资者差异化减持需求，避免集中减持造成市场波动，丰富私募股权创投基金退出渠道，进一步优化私募股权创投基金退出环境，促进行业长期健康发展，是私募基金领域中的重要事件，随着试点的推进，相信相关的配套规定将陆续出台，对实物分配股票的具体机制、职能分工，与收益分配条款、减持规则及税收法规之间的协调进行进一步的细化。

三 私募基金如何应对被投企业破产清算

类似于自然界中生命体所经历的完整生命周期，私募基金通常会经历“募、投、管、退”四个发展阶段。在朴素的逐利避害商业目的与愿景驱动下，基金退出环节显得尤为关键，亦是检验基金管理人投资管理能力的重要标杆。

然而，如遇到经济下行或被投企业经营困难等情形，私募基金自被投企业非良性退出甚至面临被投企业破产清算事件实属无奈。令人唏嘘的同时，基金管理人及其管理团队应当制定周全的应对方案，尽可能实现保值止损目标，总结经验教训以避免后续投资活动“踏入同一条河流”。

（一）破产清算的表征及判定

我国现行《企业破产法》第2条规定，企业法人不能清偿到期债务，并且资产不足以清偿全部债务或者明显缺乏清偿能力的，依照本法规定清理债务。企业法人有前款规定情形，或者有明显丧失清偿能力可能的，可以依照本法规定进行重整。

由此可见，“资不抵债”系破产清算的基本特征，亦是相关法律程序推进的前提条件和衡量标准。私募基金及其管理团队应当及时查证被投企业财务报表、审计报告，以确认其真实财务状况，如发现不符合破产清算条件，则应及时向破产管理人、该破产清算案件受理法院表明异议。根据《企业破产法》的规定，只要破产人未被法院裁定破产，其仍可通过破产重整、和解等方式转危为安。

此外，应当谨防被投企业是否存在虚假破产、违法清算等情形，相关行为将可能涉及刑事犯罪。我国《刑法》规定，公司、企业通过隐匿财产、承担虚构的债务或者以其他方法转移、处分财产，实施虚假破产，构成虚假破产罪；公司、企业进行清算时，隐匿财产，对资产负债表或者财产清单作虚假记载或者在未清偿债务前分配公司、企业财产，则触犯妨害清算罪。

（二）针对被投企业破产清算案件的应对策略

1. 破产债权申报及主要程序

就破产清算案件常规流程而言，私募基金作为与被投企业具有利害关系的主体，法院指定的破产管理人首先将向其发送接管通知书以告知相关事项，包括要求填写接管文件清单、履行妥善保管公司财产的职责，适时向破产管理人移交所保管的公司财产、印章和账簿、文书资料等。针对前述法定要求，私募基金及其管理团队需据实梳理相关事实及资料，及时出具书面文件并回复破产管理人，在此阶段亦可强调将追究被投企业或其股东、实际控制人、高管等主体的法律责任。

在正式申报破产债权之前，私募基金及其管理团队可以参照诉讼/仲裁准备流程，首先确认具体请求权及其基础。如被投企业违反投资协议有关股权回购或损害赔偿义务约定，则可发送敦促履行的书面通知，并主张被投企业按投资协议或法律规定承担相应责任。最后，结合破产管理人提供的债权申报指引、破产债权申报书、破产债权申报登记表等文书格式，妥善填报后将相关申报破产债权文件及时递交破产管理人。

接下来,破产管理人会对申报破产债权文件进行审核并下定结论。如初步认可债权人所申报破产债权,则会进一步确定债权性质并予以登记,后续通知债权人参加债权人会议并就相关草案征求意见、进行表决,宣告破产后即按所分配破产财产执行。如最终通过重整/和解方案进行清算,经债权人会议表决相关草案、法院批准后则按重整计划执行(在此情形下破产程序终结)。

倘若破产管理人不予认可债权人所申报破产债权,债权人应在第一时间提出书面异议,并陈述事实与理由、提供相关证据材料。破产管理人接到书面异议后将开展复核工作,如异议最终被接受,债权人即可参照上文行使权利。若破产管理人经复核仍不予采纳相关异议,通常要求债权人在接到复核通知后 15 日内向该破产清算案件受理法院提起诉讼,并书面通知破产管理人,否则破产管理人将按审查结论编制债权表、申请受理法院裁定确认。

2. 依法主张被投企业、股东、实际控制人、高管等主体承担回购股权或损害赔偿责任

根据我国现行《公司法》的规定,公司是企业法人,有独立的法人财产,享有法人财产权。公司以其全部财产对公司的债务承担责任。有限责任公司的股东以其认缴的出资额为限对公司承担责任;股份有限公司的股东以其认购的股份为限对公司承担责任。因此,若被投企业的性质为有限责任公司或股份有限公司,其因资不抵债而面临破产清算困境,私募基金针对被投企业的债权最终得到清偿的状况大概率不尽理想,为此,私募基金及其管理团队应向被投企业之外的潜在责任主体另行积极追偿。

具体而言,我国在公司法领域已确立公司人格否认制度从而有利于“揭开法人面纱”。根据我国《公司法》第 20 条的规定,公司股东应当遵守法律、行政法规和公司章程,依法行使股东权利,不得滥用股东权利损害公司或者其他股东的利益;不得滥用公司法人独立地位和股东有限责任损害公司债权人的利益。公司股东滥用股东权利给公司或者其他股东造成损失的,应当依法承担赔偿责任。公司股东滥用公司法人独立地位和股东有限责任,逃避债务,严重损害公司债权人利益的,应当对公司债务承担连带责任。因此,根据前述规定,被投企业的股东将可能承担法定赔偿责任。如触发公司股东回购股权情形,则私募基金及其管理团队可直接引用投资协议约定主张相关股东的股权回购义务。这也再次提醒私募基金及其管理团队,务必

在投资协议签订前尽可能将被投企业的股东、实际控制人等列为股权回购或损害赔偿主体。

同样地，公司的实际控制人、董事、监事、高管在经营管理过程中具有信义义务，如违反则将承担相应法律责任。根据我国《公司法》第147条明确规定，董事、监事、高管应当遵守法律、行政法规和公司章程，对公司负有忠实义务和勤勉义务。董事、监事、高管不得利用职权收受贿赂或者其他非法收入，不得侵占公司的财产。

此外，依据《公司法》第21条规定，公司的控股股东、实际控制人、董事、监事、高管不得利用其关联关系损害公司利益。违反前款规定，给公司造成损失的，应当承担赔偿责任。《公司法》第149条规定，董事、监事、高管执行公司职务时违反法律、行政法规或者公司章程的规定，给公司造成损失的，应当承担赔偿责任。

综上，一旦被投企业作为有限责任公司或股份有限公司因资不抵债而进入破产清算程序，私募基金及其管理团队应当多措并举、积极寻求救济途径，依法对被投企业或其股东、实际控制人、高管等主体追究法律责任。

3. 私募基金及其管理团队应履行信息披露、报告等义务

基于基金合同及现行法律法规规定，私募基金及其管理团队应当及时履行信息披露义务。《监管暂行办法》第24条规定，私募基金管理人、私募基金托管人应当按照合同约定，如实向投资者披露基金投资、资产负债、投资收益分配、基金承担的费用和业绩报酬、可能存在的利益冲突情况以及可能影响投资者合法权益的其他重大信息，不得隐瞒或者提供虚假信息。

根据《登记备案办法》第28条规定，私募基金管理人、基金销售机构向投资者募集资金，应当在募集推介材料、风险揭示书等文件中，就基金退出等重要信息，以及投资风险、运营风险、流动性风险等风险情况向投资者披露。

根据《登记备案办法》第62条第1款第3项规定，投资金额占基金净资产50%以上的项目不能正常退出的，私募基金管理人应当在10个工作日内向中国基金业协会报告。

因此，如遇被投企业破产清算事件，私募基金及其管理团队除了努力化解危机之外，仍需忠实、勤勉尽职尽责履行约定及法定义务。

4. 其他事项

值得一提的是，在本书近期处理的一宗涉及被投企业破产清算案件中，破产管理人对私募基金向被投企业的出资问题较为关注并进行问询，本书通过研究和答

复,最终帮助私募基金及其管理团队成功打消破产管理人的疑虑。

该出资问题简述如下:根据投资协议约定,私募基金对被投企业进行增资,以人民币 X 万元的价格认购被投企业新增注册资本 Y 万元,取得被投企业 20% 的股权,投资款超过新增注册资本的部分即人民币(X－Y)万元计入被投企业的资本公积金。私募基金后依约支付首期投资款人民币 X/2 万元,各方共同完成公司章程修订、工商变更登记和备案等手续。

由于投资协议未明确约定实缴出资的认定标准,私募基金依约支付投资款后双方亦未通过书面协议、股东会决议或公司章程等形式确认私募基金实缴出资事宜。破产管理人接管被投企业后,遂向私募基金问询有关增资款 X 万元是否缴足,私募基金因此面临被追缴出资的风险。

在本书看来,破产管理人的关注与问询不无道理。根据《最高人民法院关于适用〈中华人民共和国公司法〉若干问题的规定(三)》第 13 条第 1 款、第 2 款规定,股东未履行或者未全面履行出资义务,公司或者其他股东请求其向公司依法全面履行出资义务的,人民法院应予支持。公司债权人请求未履行或者未全面履行出资义务的股东在未出资本息范围内对公司债务不能清偿的部分承担补充赔偿责任的,人民法院应予支持。《企业破产法》第 35 条则规定,人民法院受理破产申请后,债务人的出资人尚未完全履行出资义务的,破产管理人应当要求该出资人缴纳所认缴的出资,而不受出资期限的限制。

然而,通过法律分析和财务基本原理可知,该案中投资款超过新增注册资本的部分计入被投企业的资本公积金后,私募基金实质上已完成所认购新增注册资本的实缴义务,从而避免被追缴出资的风险。对此,本书建议通过投资协议明确约定实缴出资的认定标准,如约支付投资款后及时通过股东会决议或公司章程等方式再次确认完成实缴出资事宜,以避免类似争议或纠纷发生。

(三)再论投资协议的起草与谈判

回溯私募基金因被投企业破产清算所面对的处境,关于投资协议尤其是其中特殊权利条款的起草与谈判再次凸显重要价值。除投资协议加以明确约定外,还可通过补充协议或股东会决议、公司章程等文件再次确认有关特殊权利。从预防及处置被投企业不良资产、破产清算等事件的角度出发,以下着重讨论相关特殊权利条款等问题。

1.“对赌协议”之股权回购条款

私募基金退出被投企业的通常路径包括股权转让/回购和IPO、并购、解散/清算等。经过近些年司法理论、裁判案例的争论,“对赌协议”涉及目标公司回购股权的效力问题业已达成共识,《九民纪要》亦明确“人民法院应当依据《公司法》第35条关于‘股东不得抽逃出资’或者第142条关于股份回购的强制性规定进行审查。经审查,目标公司未完成减资程序的,人民法院应当驳回其诉讼请求”。根据现行《公司法》的规定,减资须经代表2/3以上表决权的股东通过。因此,尽管股权回购条件成就时,私募基金可以据此主张,但实操阶段所面临的阻力不容小觑。

综上,为避免权利行使落空的不利后果,投资协议事关股权回购权益的设置应当全面而具体,特别是股权回购主体层面应当尽可能涵盖被投企业的股东、实际控制人,而不仅仅局限于被投企业自身。在投资协议后续履行过程中,对于相关主体违反约定的情形应及时表明异议并予以书面记载。当然,为长远利益及被投企业发展考虑,在被投企业或股东、实际控制人等主体出现轻微或偶发违约情形时,私募基金及其管理团队应当具备容错心理,监督被投企业及时纠偏,不至于影响被投企业的正常生产与发展。

2.损害赔偿请求权的适用与选择

当事方因合同违约或侵权行为所导致的损失,相对方有权请求损害赔偿,存在违约责任与侵权责任竞合的情况则需择一请求权主张。按照《民法典》第577条规定,当事人一方不履行合同义务或者履行合同义务不符合约定的,应当承担继续履行、采取补救措施或者赔偿损失等违约责任。《民法典》第1182条则规定,侵害他人人身权益造成财产损失的,按照被侵权人因此受到的损失或者侵权人因此获得的利益赔偿。

如因被投企业或相关主体违反投资协议约定,则私募基金及其管理团队可援引具体条款明确己方损失及主张。为避免争议及举证、界定困难,投资协议起草时及谈判过程中,应换位思考并充分预设可能出现的违约情形,以及根据违约情况所需承担的违约金额或明确约定因违约产生的损失赔偿额的计算方法。

基于侵权损害赔偿请求权主张损失,首先,应当证明行为人系因过错造成相关民事权益受到损害,且需承担该等过错与所受损害之间存在因果关系的初步举证责任。其次,考虑到私募基金及其管理团队通常不直接参与被投企业经营管理活动,甚至对于被投企业陷入破产清算的原因不甚了解,因此,如以“侵权”作为请求权的基础,无疑加重了其作为投资方的义务和责任,非必要情形下应当慎用。

3. 重新考量“优先清算权”及其定义

首先,需要明确的是,优先清算权的初衷及适用情形并非指向“破产清算”。其通常定义为“若被投企业发生任何清算、解散或结业情形,在被投企业依法支付清算费用、职工工资、社会保险费用和法定补偿金,缴纳所欠税款和清偿公司债务后投资方应有权优先于公司的原股东取得投资方清算优先额(按投资款加每年一定比例的收益率单利;或被投企业所有可供股东分配的资金和资产数额中,按照投资方届时持有的股权比例计算应分配的数额)。其次,若清算资产不足以支付投资方清算优先额,清算财产应在投资方之间按各方的持有的股权分配。投资方有权优先于公司的原股东获得全部清算资产,包括但不限于现金、知识产权以及公司其他非现金资产等”。

在前述定义下,其显然指称被投企业正常经营状态下的主动清算行为。因此,能否考虑“优先清算权”中的该等清算事件包括破产结业在内,从而切实体现“特殊权利”的内涵,保护投资方的利益?此外,当该特殊约定与破产法律规定相冲突时,如何能够更好地兼顾利益、维护公平,同样值得深思。

正如沃伦·巴菲特所言“投资就是投公司,购买确定性”,因此如何选择一家“好公司”成为投资者应当首要考虑的问题。同理,当私募基金遇到被投企业破产清算事件,除了以保值止损为己任,私募基金及其管理团队在此过程中应当始终坚持“守土有责”,维系好私募基金与被投企业/破产管理人、基金管理人与基金投资人、基金管理人与监管机构等内外部关系,促成相关问题得以妥善解决。

四 基金托管人在基金清算中的法律责任

(一)概述

1. 通常情形下,基金托管人在基金清算中的责任

基金托管人在基金清算阶段所承担的责任,属于其应当履行的托管责任的一部分。通常情形下,如果基金管理人能够正常履责,基金托管人在基金清算阶段的义务或责任主要是:(1)安全保管基金财产;(2)配合管理人的清算工作;(3)复核基金管理人制作的财产清算方案,根据基金管理人的划款指令划付清算财产;(4)配合基金管理人进行信息披露。

2. 基金管理人不能正常履责时,基金托管人在基金清算中的责任

如果基金清算时基金管理人不能正常履责,托管人应当承担什么样的责任,法律、行政法规、部门规章层面尚无十分明确的具体规定。实践中,有判决明确指出基金托管人不承担清算义务,参见后文华设资产管理(上海)有限公司、常某与平安银行股份有限公司上海分行证券投资基金交易纠纷二审民事判决书[上海金融法院(2020)沪74民终461号]。

中国证监会和原中国银保监会2020年7月10日联合发布的《证券投资基金托管业务管理办法》中也使用了"清算"一词,如该办法第2条提及,"……托管人,按照法律法规的规定及基金合同的约定,对基金履行安全保管基金财产、办理清算交割、复核审查净值信息、开展投资监督、召集基金份额持有人大会等职责的行为",但根据上下文,此处的"清算交割"显然不等同于"基金清算"。值得注意的是,《证券投资基金托管业务管理办法》第23条赋予了基金托管人在特殊情形下召开基金份额持有人大会的义务,该条规定"对于转换基金运作方式、更换基金管理人等需召开基金份额持有人大会审议的事项,基金托管人应当积极配合基金管理人召集基金份额持有人大会;基金管理人未按规定召集或者不能召集的,基金托管人应当按照规定召集基金份额持有人大会,并依法履行对外披露与报告义务"。鉴于基金管理人未按规定召集或者不能召集基金份额持有人大会的情形通常出现在基金清算阶段,由此,中国基金业协会制定的《登记备案办法》第58条在《证券投资基金托管业务管理办法》的基础上,规定"私募基金管理人因失联、注销私募基金管理人登记或者出现重大风险等情形无法履行或者怠于履行职责导致私募基金无法正常退出的",基金托管人可以选择按照基金合同约定成立专项机构或者委托会计师事务所、律师事务所等中介服务机构,妥善处置基金财产,并行使下列职权:(1)清理核查私募基金资产情况;(2)制定、执行清算退出方案;(3)管理、处置、分配基金财产;(4)依法履行解散、清算、破产等法定程序;(5)代表私募基金进行纠纷解决;(6)中国证监会、协会规定或者基金合同约定的其他职权。但需要提醒注意的是,《登记备案办法》属于行业自律规则,其约束力相对有限,其能否在实践中起到维护投资人合法权益的作用,有待今后进一步观察。

(二)相关司法实践

实务中,托管人承担的法律责任(主要指赔偿责任)的案例相对较少。从基金设立到终止的整个基金生命周期内,托管机构主要起到协助和监督基金管理人的作

用,其承担的义务具有辅助性,即便托管人承担责任,一般也是具有补充性质的责任。此外,某些托管人被判令承担赔偿责任的案例中,虽然涉案基金已经进入清算阶段,但令托管人承担法律责任的事实却往往发生在基金的募集和投资运作过程中。

【案例 1】(2018)粤 03 民终 16127 号

2016 年 6 月 28 日,史某、深圳前海中泰富资产管理有限公司(以下简称中泰富公司)、中国民生银行股份有限公司(以下简称民生银行)共同签订了《基金合同》《补充协议》,确认史某为基金投资者,中泰富公司为基金管理人,民生银行为基金托管人。《基金合同》约定,投资者交付的认购金额合计不得低于 3500 万元,对目标公司投资的总额度 5600 万元,基金存续期限为基金成立之日起 18 个月。若募集基金失败,基金管理人应当在初始销售期届满后 30 日内返还基金投资者已缴纳的款项,并加计银行的同期活期存款利息。同日,史某如约支付 100 万元投资款。2016 年 7 月 18 日,民生银行将基金募集的 300 万元投资款全部投入目标公司。截至 2018 年 3 月 30 日,基金投资者交付的认购金额仍然没有达到 3500 元,且基金存续期限已经到期,基金管理人中泰富公司未返还史某相应的投资款项以及支付利息。

法院认为:民生银行作为基金托管人,明知或应当知道基金成立条件远未成就,仍然按照基金已正常成立的情况执行基金管理人的投资指令,认定民生银行怠于履行法律及合同义务、构成违约。考虑到基金托管人的主要职责在于基金财产的保管、清算交割、投资监督、信息披露等,不参与基金财产的投资运作,基金托管人承担的责任界限也应当与基金管理人相区别,在尽可能保障投资者合法权益的同时,不应过分加重托管人责任,酌定民生银行对投资人的损失承担 15% 的补充赔偿责任。法院最终判令中泰富公司向史某返还投资款 100 万元及其逾期付款利息,民生银行对中泰富公司的前述债务不能清偿部分向史某承担 15% 的赔偿责任。

该案一审判决中,法院判令民生银行对投资人的全部损失承担补充责任,二审改判民生银行对投资人全部损失的 15% 承担补充责任。二审判决在说理部分更多强调各方当事人的过错、原因力等因素。此外,法院认为民生银行应当承担责任的事实依据发生在基金募资和对外投资阶段,而非清算阶段。

【案例 2】(2021)鲁 71 民初 21 号

2018 年 7 月 18 日,杨某作为投资人、江西世行大通资产管理有限公司(以下简称江西世行大通公司)作为基金管理人、恒丰银行作为基金托管人,共同签署了《世行大通德丰票据私募基金合同》,约定杨某认购案涉基金200万元基金份额。案涉基金存续期限为自基金成立之日起5年。案涉基金合同在基金期限届满而未延期、投资人少于2人、管理人被依法取消私募基金管理业务资格等情况下终止。合同终止后,管理人应立即组织成立清算小组,按照法律法规和合同规定对基金财产进行清算。江西世行大通公司于2021年4月9日被中国基金业协会注销私募基金管理人资质。

杨某起诉请求(部分请求)判令恒丰银行对其损失应承担连带责任。

法院认为:恒丰银行作为案涉基金托管人,在履行案涉基金托管义务中的划款行为符合约定,不能据此认定其存在违约行为并承担违约责任。

五 私募基金开始清算后能否进行再募集

《登记备案办法》第57条规定:"私募基金合同终止的,私募基金管理人应当按照基金合同约定,及时对私募基金进行清算,自私募基金清算完成之日起10个工作日内向协会报送清算报告等信息。一定期限内无法完成清算的,还应当自清算开始之日起10个工作日内向协会报送清算承诺函、清算公告等信息。私募基金在开始清算后不得再进行募集,不得再以基金的名义和方式进行投资。"据此,私募基金开始清算后不能再募集。